설무구칭경
說無垢稱經

설무구칭경

說無垢稱經

[唐] 현장玄奘 역
장순용 역

學古房

일러두기

≪유마경≫과 ≪설무구칭경≫의 차이는 특히 이름에서 차이가 크다. 이 책은 ≪설무구칭경≫을 번역한 것이지만 ≪유마경≫에서 쓰인 이름이 이미 널리 유통되고 있기 때문에 여기서도 ≪유마경≫에서 쓰인 이름을 그대로 사용했다. 그 실례는 다음과 같다(괄호 안이 설무구칭경의 용어);

사리불(사리자舍利子), 문수사리(묘길상妙吉祥), 대목건련(대목련大目連), 미륵 보살(자씨慈氏 보살), 제석천(천제석天帝釋), 대가섭(대가섭파大迦葉波), 수보리(대선현大善現), 부루나(만자자滿慈子), 마하가전연(마하가다연나摩訶迦多衍那), 아나율(무멸無滅), 라후라(라호라羅怙羅).

머리말

이 책 ≪설무구칭경(說無垢稱經)≫의 또 다른 번역본은 구마라집이 번역한 ≪유마경(維摩經)≫(또는 ≪유마힐경(維摩詰經)≫, ≪유마힐소설경(維摩詰所說經)≫)으로 모두 산스크리트 원전 ≪비말라키르티 니르데샤 수트라(Vimalakirti-nirdesa-sutra)≫를 번역한 것이다. 한국을 비롯해 중국과 일본에서도 널리 읽힌 경전은 유마경인데, 그 이유는 구마라집 번역이 원문 용어의 정확성보다는 그 뜻을 보다 쉽게 전달하기 위한 의역을 위주로 했기 때문이다. 이에 비해 현장이 번역한 ≪설무구칭경≫은 문장의 스타일은 다소 껄끄럽더라도 원문의 뜻을 손상하지 않는 보다 정밀한 직역을 추구해서 대중적으로는 ≪유마경≫보다 덜 알려졌다. 따라서 ≪설무구칭경≫을 읽는 독자에겐 ≪유마경≫을 보완해 더 원의에 가깝게 경전의 내용을 이해할 수 있다는 점이 장점일 것이다.

대승불교의 반야와 공(空) 사상을 계승한 ≪설무구칭경≫은 후대 중국의 선불교(禪佛敎)에 큰 영향을 주었다. 용수는 선을 바라밀(波羅蜜)의 근본이라고 하면서 세속의 청정치 못함과 괴로움 속에 있으면서도 중생을 제도하여 깨달음으로 이끌기 때문에 이때의 선을 바라밀이라 한다고 하였다. 특히 좌선에 대한 유마힐의 다음과 같은 설명은 선종에서 행하는 선(禪)의 핵심을 꿰뚫고 있다.

"무릇 좌선이란 삼계 어디에도 몸과 마음을 나타내지 않는 것을 좌선이라 합니다. 멸진정(滅盡定)에서 나오지 않으면서도 모든 위의(威儀)를 나타내는 것을 좌선이라 합니다. 일체의 증득한 상(相)을 버리지 않으면서도 일체 이생(異生)의 온갖 법을 나타낼 수 있는 것을 좌선이라 합니다. 마음이 안에도 머무르지 않고 밖으로도 행하지 않는 것을 좌선이라 합니다. 삼십칠 보리분법에 머무르면서도 일체의 소견들을 벗어나지 않는 것을 좌선이라 합니다. 생사를 버리지 않는데도 번뇌가 없고, 열반을 증득했더라도 그 열반에 머물지 않는 것을 좌선이라 합니다. 만약 이렇게 좌선할 수만 있다면 부처님께서 인가(印可)하실 것입니다."

이 밖에도 "중생들의 국토가 바로 보살의 청정한 불국토(1장 서품)"라거나 "마음이 오염됐기에 중생이 오염되고, 마음이 청정하기에 중생이 청정한 것이다(3장 성문품)" 등은 선종의 사상에 깊은 영향을 주었다.

선종의 종장(宗匠)인 황벽 희운(黃檗 希運) 선사는 저서 ≪전심법요(傳心法要)≫에서 "문수보살을 이(理)에 해당하고, 보현보살은 행(行)에 해당되니, 이(理)란 진공(眞空)의 걸림 없는 이치이고, 행(行)이란 모습[相]을 여의는 다함없는 행이다. 관음보살은 대자(大慈)에 해당하고, 대세지(大勢至) 보살은 대지(大智)에 해당한다. 유마는 정명(淨名)인데, 정(淨)은 성(性)이고 명(名)은 상(相)이다. 성(性)과 상(相)이 다르지 않으므로 이름하여 정명(淨名)이라 한다"고 해서 유마 거사를 매우 높게 평가하고 있다.

현장(玄奘, 602년~664년)은 당나라 초기의 고승이자 번역가로 흔히 현장삼장(玄奘三藏)이라 불린다. 중국 역사상 사대(四大) 역경가(譯經家) 중 한 사람이다. 속가(俗家)의 성은 진(陳)이고 이름은 위(褘)이며 하남(河南)의 언사(偃師) 출신이다. 10세 때 형을 따라 낙양의 정토사에서 불경을 공부하다가 13세에 승적에 이름을 올리고 현장이라는 법명을 얻게 되었다. 그를 부르는 또 다른 명칭은 삼장법사인데, 삼장(三藏)이란 명칭은 경장(經藏) · 율장(律藏) · 논장(論藏)에 능하여 얻게 된 별칭이다.

현장은 당시 한문 불교 경전의 내용과 계율에 대한 의문점을 팔리어와 산스크리트어 원전에 의거하여 연구하려고 627년 또는 629년에 천축(天竺, 인도)에 들어가 645년에 귀국하였다. 장안(長安)으로 돌아온 그는 산스크리트 판본 657부(部)를 조정에 바쳤고, 태종(太宗)은 칙령을 내려 홍복사(弘福寺)에서 경전을 번역토록 했다. 고종(高宗) 영휘(永徽) 3년에 자은사(慈恩寺)에다 서역(西域)의 법식을 따른 큰 탑을 지었고, 현경(顯慶) 4년에 고종은 옥화궁(玉華宮)을 사찰로 만들고 그 다음 해부터 현장은 ≪대반야경(大般若经經≫을 번역했고, 인덕(麟德) 원년에 제자 보광(普光)에게 명을 내려 이전에 번역된 온갖 경전과 논서들을 초록(抄錄)하게 하니 75부(部) 1335권의 분량이 되었다. 현장은 사망할 때까지 만 19년에 걸쳐 자신이 가지고 돌아온 불교 경전의 한문 번역에 종사했는데, 그의 번역은 원문에 충실해서 그때까지의 번역법이나 번역어에 커다란 개혁을 가져왔으니, 이 때문에 종래의 번역을 구역(舊譯)이라 부르고 현장 이후의 번역을 신역(新譯)이라고 부른다.

현장은 중국 불교의 법상종(法相宗) · 구사종(俱舍宗)의 개조(開祖)이다. 또 그는 자신의 천축 여행 견문기를 ≪대당서역기≫에 통합 정리하여 태종에게 바쳤다. 이 책은 당시의 인도나 중앙아시아(서역)를 알기 위한 1급 사료이다. 또 문학적으로는 현장의 천축 여행을 모티브로 하여 명나라 시대에 ≪서유기≫라는 소설이 생겨났다. 서유기는 현장 법사가 서역으로 가면서 만난 갖가지 일들을 상상력을 가미해 만든 작품이다.

서기 664년에 열반에 드니 세수(世壽)는 65세이다. 현장법사의 일생은 ≪대당서역기(大唐西域記)≫, ≪광홍명집(廣弘明集)≫, ≪속고승전(續高僧傳)≫, ≪대자은사삼장법사전(大慈恩寺三藏法师傳)≫, ≪불조통재(佛祖通載)≫ 등에 상세히 실려 있다.

차 례

해제

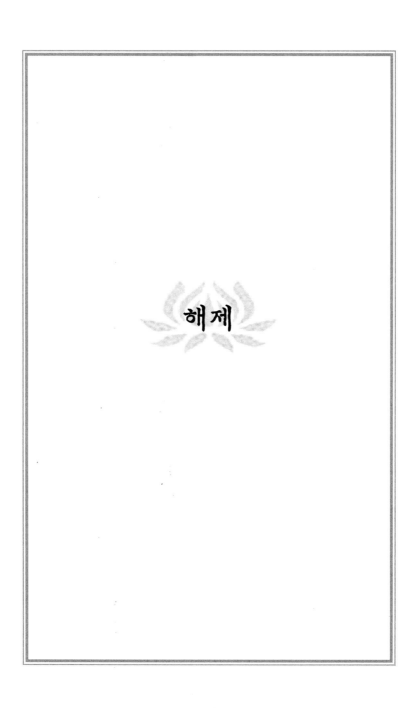

1) 성립

≪설무구칭경≫의 산스크리트 명칭은 비말라키르티 니르데샤 수트라(Vimalakirti-nirdesa-sutra)이다. '비말라'는 '청정한', '무구(無垢)한'이란 뜻이고, '키르티'는 '이름', '명칭'이란 뜻이다. 비말라키르티를 소리 나는 대로 한역(漢譯)하면 '유마힐(維摩詰)', 또는 '유마라힐(維摩羅詰)이 되고, 뜻으로 한역하면 '무구칭(無垢稱), 정명(淨名)이 된다. '니르데샤'는 '가르침을 설한다'는 뜻이며, '수트라'는 '경전'이란 뜻이다. 따라서 이 경전의 본래 이름은 '무구칭이 설한 경전' 또는 '유마힐이 설한 경전'인데, 현장은 전자를 취하여 ≪설무구칭경≫이라 했고 구마라집은 후자를 취해 ≪유마힐소설경≫이라 했다. 그리고 ≪유마힐소설경≫은 ≪유마경≫이란 약칭으로 널리 전파되었다. 현장의 ≪설무구칭경≫은 ≪유마힐소설경≫보다 덜 알려져 있지만 보다 꼼꼼하게 번역한 경전이라서 ≪유마힐소설경≫에 빠져 있거나 애매한 내용을 더 정확히 이해할 수 있다.

이 ≪설무구칭경≫은 반야경 다음으로 출현한 초기 대승경전 중에서도 성립이 오랜 것 중 하나이다. 대체로 기원 전후에서부터 서기 300년 경 사이에 반야경을 계승한 초기 대승경전으로 보인다. 인도에서는 이미 성행해서 ≪대지도론≫을 비롯한 여러 논서에서 늘 인용하고 있다. 이 반야부 계통의 사상은 당시 상좌부(上座部) 계통의 부파불교가 출가 중심적이고 교리 중심적인데 반해 일반 대중들에게도 부처의 길을 제시하면서 실천적으로는 보살행을 강조하고 있는 사상이다. ≪설무구칭경≫ 역시 이 반야부 사상을 충실히 계승하면서 공과 보살행을 강조하고 있으며, 동시에 정토 사상을 두드러지게 반영하고 있는 점이 특색으로 꼽히고 있다. 궁극적으로는 '불가사의한 해탈의 법문'이라는 별칭에서 보듯이 모든 상대성을 초월한 불이(不二)의 경지에 들어갈 것을 주장하는데, 이는 유명한 '유마(즉 무구칭)의 침묵'으로 표현되고 있다.

2) 내용

중인도 바이샬리(Vaisali)를 배경으로 그곳 암라팔리 숲[菴羅樹園]을 설법 장소로 삼은 경전인데, 1부(部)는 바이샬리의 장자(長者)인 거사(居士) 무구칭(無垢稱)의 방장(方丈)에서 벌어진다. 무구칭은 재가자(在家者)이지만 뛰어난 깨달음을 성취하고 있다. 각 품의 개요는 다음과 같다.

서품序品 제1; 암라팔리 숲에서 장자의 아들 보성(寶性)이 다른 장자의 아들 오백 명과 함께 각자 갖고 있던 칠보 양산을 부처에게 공양한다. 부처는 신통으로 그 양산들을 하나의 거대한 양산으로 변화시켜 삼천대천세계를 덮었는데, 특히 그 속에서 온갖 부처의 모습이 보이고 음성도 들렸다. 보성은 게송으로 부처의 공덕을 찬탄하고, 부처는 17가지 청정 불국토를 설하여 보살의 정토가 무엇인지 밝혔으며, 또 소경의 비유를 통해 사바세계가 본래 청정하다는 걸 설하고 있다.

현부사의방편선교품顯不思議方便善巧品 제2; 무구칭의 뛰어난 덕을 구체적으로 소개하고 있다. 또 훌륭하고 능숙한 방편[善巧方便]에 의해 병상에 누워서 열 가지 비유를 통해 사람들에게 중생의 몸이 무상(無常)하다고 설하고 있다.

성문품聲聞品 제3; 부처는 사리불(즉 사리자)을 비롯한 십대 제자에게 병상의 무구칭을 문병하라고 명하지만, 모두들 무구칭과의 문답에서 그의 변설에 압도당한 경험이 있기 때문에 그를 찾아 뵙고 문병하는 일을 감당치 못하겠다고 한다.

보살품菩薩品 제4; 제자품과 마찬가지로 부처는 미륵 등 네 보살에게 무구칭을 문병하라고 명하지만, 역시 무구칭에게 질책을 받은 기억이 있다고 하면서 문병하는 일을 감당치 못하겠다고 한다. 티베트역에서는 제자품과 보살품을 하나의 품(品)으로 취급하고 있다.

문질품問疾品 제5; 마지막으로 문수사리(文殊師利)(즉 묘길상妙吉祥) 보살이 문병하는 일을 감당하기로 하고, 붓다 주변의 대중들도 문수사리를 수행해 무구칭의 방장(方丈)에 이른다. 무구칭은 신통력으로 자신의 방을 텅 비게 만들고 문수사리와 공성(空性)에 대해 문답을 한다. 문수사리가 주로 질문을 하지만 가끔 무구칭도 질문을 하고, 또 사리불은 질문할 역량이 없지만 의심을 품어서 법좌(法座)에 작은 소동을 일으킨다. 무구칭은 '중생에게 병이 있는 한 나의 병도 계속된다'고 하는데, 이 대답에서 그의 병의 본질이 밝혀진다. 즉 보살에겐 병이 없지만 중생의 병 때문에 병이 있는 것이니, 이는 세상에서 어버이가 자식이 병들었을 때 자신은 병이 없는데도 아픈 것과 마찬가지라고 한다.

부사의품不思議品 제6; 겨자씨 안에 수미산을 들이고, 하나의 털구멍에 대양의 바닷물을 주입한다는 불가사의 해탈의 경지를 설한다. 불가사의 해탈은 이 경전의 부제(副題)라 할 수 있으며, 이 불가사의 해탈이 이 경전의 키워드란 건 상상하기 어렵지 않다.

관유정품觀有情品 제7; 보살이 중생을 공(空)이라 관찰하는 것에 대해서 갖가지 비유를 들어 서술한다. 또 천녀(天女)와 사리불의 문답 형식에서 남상(男相)과 여상(女相)을 분별하지 않는다는 가르침을 설하고 있다.

보리분품菩提分品 제8; 유명한 진흙 속의 연꽃이란 비유를 통해 모든 번뇌가 부처의 씨앗이라는 걸 설하고 있다. 또 지혜나 방편 등을 보살의 권속으로 삼는 것 등을 설하고 있다.

불이법문품不二法門品 제9; 보살이 불이(不二)를 깨달아 들어가는 것에 대해 31명의 보살들은 더러움과 청정함의 두 가지가 둘이 아님이 불이(不二)에 들어가는 등이라 하는데, 이에 대해 문수는 불이에 들어가는 것은 언설(言說)이 없는 것이라 하고, 특히 무구칭이 말 없이 침묵했을 때 문수는 그 침묵이야말로 진정으로 불이에 들어가는 것이라 하였다. 이 무구칭의 침묵은 훗날 선가(禪家)에서 칭송한 유명한 대목이다.

향대불품香臺佛品 제10; 무구칭은 최상향대(最上香臺) 부처가 머무는 일체묘향(一切妙香) 세계에서 향기 나는 음식을 얻어서 대중들에게 대접한다, 일체묘향 세계에서 이루어진 설법은 문자나 언어에 의하지 않고 향기에 의해 이루어진다고 설한다.

보살행품菩薩行品 제11; 아난다와 부처, 무구칭의 대화 형식에서 향기 음식이 불사(佛事)를 지을 수 있다고 설한다.

관여래품觀如來品 제12; 무구칭이 무동(無動) 여래의 정토인 묘희국(妙喜國)에서 온 보살이라는 게 밝혀진다. 무구칭은 신통력으로 사바 세계에 묘희국을 출현시킨다.

법공양품法供養品 제13; 제석천(즉 천제석天帝釋)이 이 경전을 받아 지닌 자를 수호하겠다고 부처에게 서약한다.

촉루품囑累品 제14; 부처가 미륵에게 이 경전의 유포를 부촉한다. 또 당시 모인 모든 보살이 이 경전을 받아 지니겠다고 부처에게 맹세한다.

3) 특색

이처럼 교리적으로는 반야개공(般若皆空) 사상에 입각해 대승보살의 실천을 천양하면서 재가 신자가 응당 행해야 할 덕목이자 정토교 종지를 따르는 재가 신자의 종교적 덕목을 천명한 것이 두드러진 특색이다(향대불품(香臺佛品)·보살품(菩薩品)·관여래품(觀如來品)참조)·이 경전의 또 다른 이름인 「불가사의해탈 법문」에서는 깨달은 보살이 중생 제도를 위해 불가사의 해탈 경계에 자유롭게 들고 나는 것을 설했는데, 이 이치를 직접 밝힌 제6 부사의품(不思議品)을 중심으로 해서 이 경전을 이해해야 할 것이다. 무구칭의 언어는 이런 대승보살의 활동 사례로 제시된 것에 다름 아니며, 무구칭의 방장과 동시에 암라팔리 숲에서 행한 부처의 직설(直說)도 중요하다. 앞서 정토설도 무구칭이 문수나 대중과 함께 부처 주변에 복귀하고 나서 설해진 것이며, 또 경전 초기의 불국품(佛國品)에서 설한 「마음이 청정하면 국토도 청정해진다」 역시 ≪설무구칭경≫의 근본적 입장을 단적으로 표현함으로서 정토교의 핵심적인 뜻이 되고 있다.

≪설무구칭경≫은 또 역설적인 표현을 많이 사용한다. "출가는 공덕도 없고 이익도 없다", "탐욕의 길을 길로 삼으면 오히려 모든 욕망

의 향락은 떨어져 나간다", "음식을 얻지 않기 위해 음식을 구걸한다", "오무간죄(五無間罪)를 범한 자야말로 보리를 향해 발심(發心)할 수 있으며 불법을 깨달을 수 있다" 등등. 이런 역설적인 표현으로 공(空)을 말한 것에 이 경전의 특징이 있다. 사실 티베트역에선 경전 자체, 그 명칭의 하나를 '대구(對句)의 결부와 역설의 완성'이라 하고 있다. 이 경전은 인도 중관파의 영향을 받았을 뿐 아니라 구마라집의 명역(名譯)에 의해 한국, 중국, 일본에도 큰 영향을 주었다.

4) 번역과 주석

이 경전은 중국에서 일곱 차례나 번역되었을 만큼 선호되었지만 현존하는 한역본은 세 가지이다. 이 세 가지 판본의 구성 내용은 거의 유사하지만 티베트본과는 약간 차이가 난다. 5세기 초에 구마라집이 번역한 ≪유마힐소설경(維摩詰所說經)≫(전3권)이 가장 널리 전파되었고 근대의 영어, 독일어 번역도 이 판본에 근거하고 있다. 오늘날엔 프랑스어 번역이나 산스크리트 판본의 복원도 시도하고 있다. 게다가 현존하는 티베트역이나 다른 한역의 참조는 필수적이다. 다른 한역 중 ≪불설유마힐경≫은 삼국시대 오(吳)나라 지겸(支謙)역으로 전 2권이며 3세기 전반에 나왔다. 또 ≪유마힐소설부사의법문경≫, ≪보입도문경(普入道門經)≫, ≪불법보입도문경≫, ≪불법보입도문삼매경≫, ≪유마경≫으로 칭하기도 한다. 대정장 14책에 실려 있으며 현존하는 가장 오래된 한역본이다. 또 하나의 한역은 앞서도 말했듯이 ≪설무구칭경(說無垢稱經)≫으로 현장(玄奘)이 번역했으며 전 6권으로 7세기 전반에 나왔다. ≪무구칭경≫이라 칭하기도 한다. 대정장 14책에 실려 있으며, 본 번역은 이 경전을 토대로 하고 있다.

현존하는 세 가지 한역본은 문장의 구조와 문리(文理)가 거의 서로 비슷하지만, 그러나 서로 차이가 나는 곳도 있다. 예컨대 제1품 찬불게(讚佛偈)는 지겸의 번역본은 10송(十頌), 구마라집의 번역본은 18송, 현장의 번역본은 19.5송이다. 번역의 정확도에선 현장본이 으뜸이고, 번역의 세련됨은 구마라집본이 으뜸이다. 구마라집의 번역은 유려해서 예로부터 우수한 불전문학(佛典文學) 작품으로 평가를 받았으며, 그 결과 번역본 중에서는 가장 널리 유통되었다. 이 경전은 또한 티베트본도 있어서 티베트 대장경 불설부(佛說部)의 경집(經集)에 실려 있으며, 이 티베트본을 저본으로 삼은 만주어, 몽골어 번역본도 있다.

이 경전의 주소(注疏) 중 중요한 것으로는 혜원(慧遠)의 ≪유마의기(維摩義記)≫, 지의(智顗)의 ≪유마경현소(維摩經玄疏)≫, 길장(吉藏)의 ≪유마경의소(維摩經義疏)≫, ≪유마경현론(維摩經玄論)≫ 등이 있다.

5) 영향

유마경(즉 무구칭경)은 대승불교가 전파된 지역에서 가장 널리 유포되었다. 특히 불이법문품에서 무언(無言), 무설(無說)의 가르침은 불립문자(不立文字)를 종지로 삼는 선(禪) 사상의 원류가 되었다. 특히 속세에 있으면서도 어떤 것에도 집착하지 않는 무구칭의 존재 방식은 선사들의 이상이 되었다.

다음은 현장과 구마라집이 번역한 『유마경』의 각 품 이름을 대비한 것이다.

1. **현장 역 『설무구칭경』**

제1권

1. 서품(序品)
2. 현부사의방편선교품(顯不思議方便善巧品)

제2권

3. 성문품(聲聞品)

4. 보살품(菩薩品)

제3권

5. 문질품(問疾品)

6. 부사의품(不思議品)

제4권

7. 관유정품(觀有情品)

8. 보리분품(菩提分品)

9. 불이법문품(不二法門品)

제5권

10. 향대불품(香臺佛品)

11. 보살행품(菩薩行品)

제6권

12. 관여래품(觀如來品)

13. 법공양품(法供養品)

14. 촉루품(囑累品)

2. 구마라집 역 『유마힐소설경(維摩詰所說經)』

상권

1. 불국품(佛國品)

2. 방편품

3. 제자품(弟子品)

4. 보살품

중권

5. 문수사리문질품(文殊舍利問疾品)

6. 부사의품

7. 관중생품(觀衆生品)

8. 불도품(佛道品)

9. 입불이법문품(入不二法門品)

하권

10. 향적불품(香積佛品)
11. 보살행품
12. 견아촉불품(見阿閦佛品)
13. 법공양품
14. 촉루품

제1장

서품
序品

1 서품序品

나는 이렇게 들었다.[1]

한 때 박가범(薄伽梵)[2]은 바이살리[3][廣嚴] 성내의 암라팔리[4] 숲에서 대비구[5]들 8천명과 함께 머물고 계셨다.

또 한편 보살마하살[6]은 3만 2천명으로 일체의 신망 받는 자들이 알

1 如是我聞(나는 이렇게 들었다); 모든 불교경전의 첫머리는 이 말로서 시작된다. 전하는 바에 따르면, 붓다가 열반에 들면서 제자 아난다에게 모든 경전의 첫머리에는 이 말을 두어 다른 종교의 경전과 구별토록 한데서 유래됐다고 한다. 이렇게(如是)는 석가세존의 설법 내용이고, 나는 들었다(我聞)는 경전 편집자인 아난다 자신이 직접 들었다는 사실을 가리킨다. 일반적으로 붓다가 직접 설한 내용이란 신뢰성을 주기 위해 사용됐다고 본다.

2 바가반(bhagavan); 소리 나는 대로 한역한 것이 박가범(薄伽梵)이다. 붓다의 다른 칭호. 세존(世尊), 위대한 자, 번뇌를 이긴 자, 온갖 덕을 갖춘 자의 뜻.

3 바이살리(vaisali); 한역 비사리(毘舍離). 석가세존 당시 번영했던 인도 고대의 상업 도시.

4 암라팔리(amrapali); 마가다국 빈비사라 왕의 왕비이거나, 혹은 창녀 암라팔리를 가리킴. 석가세존에게 귀의하면서 자기 소유의 동산을 수행 도량으로 기증했는데, 이를 암라팔리 동산(菴羅樹園)이라고 부른다.

5 대비구; 비구는 출가해서 계(戒)를 받은 자를 말함. 여자일 경우는 비구니(比丘尼). 뜻으로 번역할 때는 걸사(乞士). 위로는 여래에게 법을 구걸하고, 아래로는 세속 사람들에게 음식을 구걸해 몸을 부양하기 때문에 걸사라고 한다. 여기서 대비구는 석가세존의 가르침을 듣고 자신의 깨달음을 위해 정진 수행한 성문승(聲聞僧) 중에서 아라한의 지위를 성취한 자들이다. 예컨대 사리불이나 아난다 같은 사람들인데, 유마경에서 이들은 시종 보살승(菩薩僧)과 대비되고 있다.

6 보살(菩薩); BODHISATTVA의 음사. 뜻으로는 각유정(覺有情), 대심중생(大心衆生), 대사(大士), 고사(高士), 개사(開士) 등으로 번역. 위로는 깨달음을 구하고 아래로는 중생을 교화하는 사람. 향상적으로는 자신을 위해 보리를 체득하고, 향하적으로는 이타적으로 중생의 이익을 도모하는 자. 이 중생을 위한 이타행이 자기 수행만을 닦아나가는 성문과 구별된다. 마하살(MAHASATTVA, 摩訶薩)의 한역은 대사(大士)로서 역시 위대한 존재라는 뜻이다.

아주는 존재들이었다. 그들은 대신통(大神通)[7]의 업(業)을 이미 이루었으며, 모든 부처님의 위덕(威德)이 늘 그들을 가지(加持)하고 있었다. 그들은 법성(法城)[8]을 잘 수호해 정법(正法)을 능히 섭수(攝受)했으며, 그들이 내는 대사자후의 소리가 울려 퍼지면 그 아름다운 소리가 멀리 시방(十方)[9]까지 두루 진동하였다. 모든 중생[10]이 일부러 청하지 않았어도 그들에게 좋은 벗(善友)[11]이 되었다. 또 그들은 삼보(三寶)[12]의 종성(種姓)을 계승해 끊이지 않도록 했으며, 악마의 원수들을 항복시키고 모든 외도(外道)[13]들을 제압했다. 그리하여 덮개(蓋)와 얽힘(纏)[14]을 비롯한 일체의 장애를 영원히 벗어났다.

---

7 위대한 지혜에서 비롯되는 불가사의하고 자유자재한 활동능력.

8 법은 dharma의 한역. 1.진리, 진실, 이법(理法) 2.세계의 근저, 존재의 근원, 3.진리 인식의 규범, 법칙, 4.진리의 가르침, 5.본질, 본성, 속성, 특성, 구성요소, 6.선(善), 7.행위의 규범, 관례, 8.의무, 책무 등 다양한 뜻을 갖고 있다. 올바른 진리(正法)는 진리 아닌 것의 침입을 방지하고 막아내는 기능을 하기 때문에 성(城)을 붙혀 법성이라고 한다. 따라서 법성은 우리가 안심입명하는 곳이라 할 수 있음.

9 시방(十方)은 동, 서, 남, 북, 남동, 남서, 북동, 북서, 상, 하를 말하며, 시방세계는 이 시방에 헤아릴 수 없는 중생의 세계가 끝도 없이 존재하는 걸 말한다.

10 갖가지 요소가 결합하여 생(生)을 이루었기 때문에 중생이라고도 하고, 수많은 생사를 거쳤기 때문에 중생이라고도 하지만, 일반적으로는 생명 있는 모든 것, 즉 생명체를 가리킨다.

11 수행을 하는데 도움을 주는 사람. 바른 법을 가르쳐주는 사람.

12 붓다(BUDDHA)와 법(DHARMA)과 승가(SANGHA)를 세 가지 보배라는 뜻에서 삼보라함. 붓다는 정각을 이룬 존재이고, 법은 그 정각의 내용으로 붓다의 가르침이며, 승가는 그 법을 따르면서 수행하는 교단을 말한다. 삼보에 귀의하는 것은 불교도의 가장 기본적인 조건이다.

13 부처님의 가르침을 제외한 다른 종파의 사상을 총칭해서 외도라 했다. 석가세존 당시에는 여섯 가지 다른 종파가 있었는데, 이들을 육사외도(六師外道)라 불렀다.

14 덮개(蓋)와 얽힘(纏)은 모두 번뇌의 다른 이름으로 오개(五蓋)와 십전(十纏)이 있다. 오개는 탐내는 것, 성내는 것, 수면에 빠지는 것, 마음이 들떴다 침체했다 하는 것, 진리(즉 불법)를 의심하는 것이다. 십전은 자신에게 부끄러움이 없는 것(無慚), 남에게 부끄러움이 없는 것(無愧), 질투하는 것(嫉), 인색한 것(간), 자신을 비하하는 것(悔), 게을러 잠에 빠지

그들은 정념(念)과 선정(定)[15]과 총지(總持)[16]가 원만치 않음이 없어서 전혀 걸림이 없는 해탈지(解脫智)[17]의 문(門)을 세웠다. 즉 단절됨이 없이 수승한 일체의 염혜(念慧)와 등지(等持)와 다라니(陀羅尼)와 변재(辯才)를 얻었으며, 제1의 보시와 조복(調伏)과 적정(寂靜)과 시라(尸羅)[18]와 안인(安忍)과 정근(正勤)과 정려(靜慮)와 반야(般若)와 방편선교(方便善巧)와 오묘한 원(願) 바라밀과 역(力) 바라밀과 지(智) 바라밀[19]을 획득해서 얻을 바 없는 불기법인(不起法忍)[20]을 성취했다. 그들

는 것(睡眠), 마음이 경박해서 흔들리는 것(掉擧), 흐리멍덩한 상태에 빠져있는 것(昏沈), 성내는 것(瞋忿), 잘못을 덮어 숨기려는 것(覆)이다.

15 팔정도(八正道)의 정념(正念)과 정정(正定)을 말함.

16 dharani의 음사. 한역 總持. 선은 잘 간직해서 잃지 않고 악은 일어나지 않도록 하는 것. 붓다의 가르침을 잘 간직해 잊지 않는 것. 탁월한 기억력.

17 번뇌의 속박에서 완전히 해방되는 절대 자유의 경지를 해탈이라 하며, 해탈지는 그 해탈을 이루는 지혜.

18 Sila를 소리나는대로 읽은 것. 6바라밀의 하나로서 계율이라 번역한다.

19 PARAMITA의 음사. 의역으로는 저 언덕으로 건너가다 는 뜻을 지닌 도피안(到彼岸)으로 번역. 절대적이고 완전함, 수행의 완성, 깨달음의 길 등의 의미다. 예컨대 보시바라밀은 절대적이고 완전한 보시, 또는 보시의 완성이란 뜻이다. 바라밀에는 육바라밀과 십바라밀이 있다. 다음은 육바라밀이다.
보시(布施)바라밀; 남에게 재물을 베풀어 주는 것, 법을 가르쳐 주는 것, 편안한 마음을 갖도록 해주는 것.
지계(持戒)바라밀; 계율을 지키는 것.
인욕(忍辱)바라밀; 고통과 괴로움을 참고 견디는 것.
정진(精進)바라밀; 온몸과 마음으로 다른 오바라밀을 부지런히 닦는 것.
선정(禪定)바라밀; 마음을 가라앉히는 것.
반야(般若)바라밀; PRAJNA의 음사. 미혹을 벗어나 존재의 궁극적인 실상을 깨닫는 것. 흔히 지혜(智慧)로 번역하는데, 지(智)는 온갖 법에 대해 통달하는 것이고, 혜(慧)는 미혹을 끊고 이치를 증명하는 것이다.
여섯 번째 반야를 다시 방편(方便), 원(願), 힘(力), 지(智)로 나눠 육바라밀과 합쳐 십바라밀이라 한다.
방편바라밀; 교묘한 방법과 숙련된 기술로써 사람들을 깨달음의 길로 이끄는 것. 방편선교(方便善巧)바라밀이라고도 한다.
원바라밀; 깨달음을 성취하겠다는 소원이나 중생을 구제하겠다는 소원을 말함.

은 결코 물러날 줄 모르는 법륜(法輪)[21]을 능히 구르는데 따라 굴렸으며, 모습 없는 오묘한 인(無相妙印)[22]으로 인가(印可)를 다 받았다.

그들은 근기(根機)[23]가 뛰어난 중생과 그렇지 못한 중생을 잘 알았으며, 모든 대중이 조복할 수 없는 것도 능히 다룰 수 있어서 무소외(無所畏)[24]를 터득했다. 그들은 이미 복과 지혜의 자량을 한없이 쌓았다. 상호(相好)[25]로 꾸며진 몸은 그 색상(色像)이 비할 바 없이 빼어났

또 선량한 존재로 태어날 것을 바라는 소원의 뜻도 있다.
역바라밀; 이때의 힘은 일체 법을 관찰하는 반야의 힘과 수행을 실천하는 능력이다.
지바라밀; 일체의 사상(事象)을 있는 그대로 통달하는 것이다. 스스로 묘지(妙智)의 공덕을 누리는 지(自受法樂智)와 유정중생의 이익을 성취시키는 지(成就有情智)의 두 가지가 있다.

20 무생법인(無生法忍)과 같은 말. 일체 만법은 생(生)이 없다는 사실을 깨달아서 그 경지에 안주하는 것. 모든 집착이나 분별이 떨어져나간 상태로 어떤 것도 걷어잡을 것이 없기 때문에 무소득(無所得), 즉 얻을 바 없는 불기법인이라 한 것임.

21 붓다의 가르침. 즉 붓다의 가르침이 다른 곳에 전파되는 것을 수레바퀴에 비유한 것.

22 인(印)은 mudra의 한역. 문자적 뜻은 도장. 붓다가 깨달은 내용을 법인(法印)이라 하는데, 일정한 모습으로 형상화할 수 없기에 무상묘인이라 한 것임. 인가(印可)는 그 깨달음의 내용을 인정하는 것.

23 근본적으로 갖추고 있는 능력.

24 붓다나 보살이 가르침을 펼 때 어떤 두려움도 느끼지 않는 지혜로 네 가지가 있다.
1. 정등각무외(正等覺無畏); 일체의 현상에 대해 알고 있다고 분명히 말하는데 두려움을 느끼지 않는 것. 나는 정등각자 라고 생각하는 무외.
2. 누영진무외(漏永盡無畏); 번뇌를 모두 끊었다고 분명히 말하는 일에 두려움을 느끼지 않는 것. 나는 모든 번뇌를 끊었다 고 생각하는 무외.
3. 설장법무외(說障法無畏); 끊어야 할 번뇌를 남에게 가르치는 일에 두려움을 느끼지 않는 것. 나는 제자들에게 도를 가로막는 번뇌에 대해 가르치겠다는 무외.
4. 설출도무외(說出道無畏); 번뇌를 소멸시키는 길에 대해 설하는 것에 두려움을 느끼지 않는 것. 나는 제자들에게 번뇌를 벗어나는 길을 가르치겠다는 무외

25 붓다나 보살들의 신체에 갖춰져 있는 탁월한 특징들을 상호라 한다. 상(相)은 큰 특징이고 호(好)는 작은 특징들이다. 붓다의 신체에는 32가지 상과 80종(種)의 호가 갖춰져 있다.

지만, 세간의 온갖 아름다운 장식은 벗어나 있었다. 그들의 명성과 영예는 너무나 높아서 제석천(帝釋天)[26]을 능가했으며, 그들의 의락(意樂)도 견고한 것이 마치 금강과 같았다. 모든 불법(佛法)에 대해 파괴될 수 없는 믿음을 얻어서 일체를 비추는 법보(法寶)[27]의 광명을 유출하고 감로(甘露)[28]의 비를 내렸다.

그들의 말씨나 음성은 미묘하기 짝이 없었으며, 심오한 법의 뜻(法義)과 광대한 연기(緣起)[29]에 대해서도 상대적인 견해의 습기[二邊見]가 상속하는 것을 이미 끊어버렸다. 법(法)을 펼칠 때 어떤 두려움도 없는 것이 마치 사자후 같았으며, 그 귀중한 가르침은 마치 우뢰처럼 진동했다. 그들은 측량할 길 없는 존재였으며, 측량의 경계를 넘어선 존재였다.

그들은 법보의 슬기를 모아서 최고의 길잡이(大導師)가 되었고, 그들은 정직하고 진실하고 온화하고 은밀했으며, 모든 법의 보기 어렵고 알기 어려운 곳에도 오묘히 요달하고 있었다. 그들은 실다운 뜻(實義)에 깊이 통달하여 중생이 육도(六道)[30]의 길을 가든 가지 않든 그들 의락(意樂)[31]이 돌아가는 곳은 어디든지 따라 들어가서 비할 바 없는

26 욕계(欲界)의 제2천인 도리천(刀利天)에 살면서 삼십삼천과 사천왕을 통솔하는 천제(天帝). 불법과 불법에 귀의하는 사람을 보호하며 아수라의 군대를 정벌함.

27 삼보의 하나로서 붓다의 가르침. 일반적으로는 진리.

28 천신들의 음료로서 이를 마시면 늙지도 죽지도 않는다고 함. 그 맛이 꿀같이 달아서 감로라고 함.

29 의존하여(緣) 일어난다(起)는 뜻. 모든 존재는 서로 의존해 있으므로 홀로 독립적인 것도 없고 영원히 변하지 않는 것도 없음.

30 중생의 업(業)에 따라 윤회하는 세계를 여섯으로 나눈 것. 지옥(地獄), 아귀(餓鬼), 축생(畜生), 아수라(阿修羅), 인간(人間), 천상(天上).

31 생각이, 좋아하는 취향을 따르는 것.

붓다의 지혜(無等等佛智)로 관정(灌頂)[32]을 받아 십력(十力),[33] 사무외(四無畏), 18불공법(十八不共法)[34]에 다가갔다.

그들은 이미 삼악도(三惡道)[35]의 공포스런 나락을 건넜으며, 다시 험난하고 더러운 깊은 구덩이를 초월해 영원히 연기의 금강도장(金剛刀仗)을 버렸지만 그러면서도 온갖 유취(有趣, 6도)에 태어남을 시현

32 부처님의 자비와 지혜를 보살의 정수리에 부어서 보살이 부처님 지위에 이를 것임을 증명하는 의식.

33 붓다가 갖고 있는 10가지 지혜의 힘.

1. 처비처지력(處非處智力); 이치에 맞는 것과 맞지 않는 것을 분별하는 능력.
2. 업이숙지력(業異熟智力); 하나하나의 업의 원인과 그 과보와의 관계를 확실히 아는 능력.
3. 정려해탈등지등지지력(靜慮解脫等持等至智力); 사선(四禪), 팔해탈(八解脫), 33매(昧), 팔등지(八等至) 등의 선정을 아는 능력.
4. 근상하지력(根上下智力); 중생 근기의 높고 낮음을 아는 능력.
5. 종종승해지력(種種勝解智力); 중생의 갖가지 소망을 아는 힘.
6. 종종계지력(種種界智力); 중생이나 일체 만법의 본성을 아는 힘.
7. 변취행지력(遍趣行智力); 중생이 지옥이나 열반등 온갖 곳으로 향하는 걸 아는 힘.
8. 숙주수념지력(宿住隨念智力); 자기와 타인의 전생 일을 생각해내는 능력.
9. 사생지력(死生智力); 중생이 이곳에 죽어서 저곳에 태어나는 걸 아는 능력.
10. 누진지력(漏盡智力); 번뇌를 끊은 열반의 경지와 그 경지에 도달하는 수단방편을 확실히 아는 능력.

34 붓다만이 보유하고 있는 18가지 특성.
1.몸(身)에 잘못이 없고, 2.입(口)에 잘못이 없고, 3.뜻(意)에 잘못이 없고, 4.중생에 대한 평등심, 5.늘 선정에 의해 마음이 고요하고, 6.일체를 포용하면서 버리지 않는 마음, 7.중생제도의 바람(欲)이 감퇴하지 않고, 8.정진이 감퇴하지 않고, 9.염력(念力)이 감퇴하지 않고, 10.선정이 감퇴하지 않고, 11.지혜가 감퇴하지 않고, 12.해탈에서 퇴보하지 않고, 13.온갖 몸으로 짓는 업을 지혜에 따라 행하고, 14.온갖 입으로 짓는 업을 지혜에 따라 행하고, 15.온갖 뜻으로 짓는 업을 지혜에 따라 행하고, 16.지혜가 과거의 일을 다 알아서 막히지 않는 것, 17.지혜가 미래의 일을 다 알아서 막히지 않는 것, 18.지혜가 현재의 일을 다 알아서 막히지 않는 것이다.(때로는 10의 선정 대신 해탈지견을 넣기도 함)

35 육도(六道) 중에서 죄의 결과로 태어나 고통을 받는 곳. 지옥, 아귀, 축생을 말한다.

(示現)할 것을 늘 생각하였다. 위대한 약왕(藥王)이 된 그들은 중생의 병에 대한 치료법을 잘 알아서 중생의 병에 따라 법(法)의 약을 주어 병을 치유하고 안식을 베풀었다.

그들은 한량없는 공덕을 남김없이 성취했으며, 헤아릴 수 없는 불국토를 이 공덕의 광휘로 청정하게 장엄하였다. 그들을 보고 들은 자 중 이익을 받지 않은 자가 없었고, 그들이 하는 일은 헛된 것이 없었으니, 설사 헤아릴 수 없는 백천구지나유타(百千俱胝那庾多) 겁[36]동안 그 공덕을 칭송하더라도 그 공덕의 흐름은 고갈되지 않을 것이다.

그 보살들의 이름은 등관(等觀) 보살, 부등관(不等觀) 보살, 등부등관(等不等觀) 보살, 정신변왕(定神變王=定自在王) 보살, 법자재(法自在) 보살, 법당(法幢=法相) 보살, 광당(光幢=光相) 보살, 광엄(光嚴) 보살, 대엄(大嚴) 보살, 보봉(寶峰=寶積) 보살, 변봉(辯峰=辯積) 보살, 보수(寶手) 보살, 보인수(寶印手) 보살, 상거수(常擧手) 보살, 상하수(常下手) 보살, 상연경(常延頸=常慘) 보살, 상희근(常喜根=喜根) 보살, 상희왕(常喜王=喜王) 보살, 무굴변(無屈辯=辯音) 보살, 허공장(虛空藏) 보살, 집보구(執寶구) 보살, 보길상(寶吉祥=寶勇) 보살, 보시(寶施=寶見) 보살, 제망(帝網) 보살, 광망(光網=明網) 보살, 무장정려(無障靜慮=無緣觀) 보살, 혜봉(慧峰=慧積) 보살, 천왕(天王) 보살, 괴마(壞魔) 보살, 뇌천(雷天=電德) 보살,현신변왕(現神變王=自在王) 보살, 봉상등엄(峰相等嚴=功德相嚴) 보살, 사자후(獅子吼) 보살, 운뇌음(雲雷音=雷音) 보살, 산상격왕(山相擊王=山相擊音) 보살, 향상(香象) 보살, 대향상(大香象=白香象) 보

36 kalpa의 음사. 지극히 오랜 시간을 일컫는 시간의 단위. 무한한 시간을 말한다.

살, 상정진(常精進) 보살, 불사선액(不捨善액=不休息) 보살, 묘혜(妙慧) 보살, 묘생(妙生) 보살, 연화승장(蓮花勝藏) 보살, 삼마지왕(三摩地王) 보살, 연화엄(蓮花嚴=花嚴) 보살, 관자재(觀自在=觀世音) 보살, 득대세(得大勢) 보살, 범망 (梵網)보살, 보장(寶杖) 보살, 무승(無勝) 보살, 승마(勝魔) 보살,엄 토(嚴土) 보살, 금계(金계) 보살, 주계(珠계) 보살, 자씨(慈氏=彌勒) 보살, 묘길상(妙吉祥=文殊師利法王子) 보살 주보개(珠寶蓋) 보살 등 3만2천명의 가장 탁월한 보살마하살(菩薩大士)들이었다.

또 한편 지계범왕(持髻梵王=螺髻梵王)을 비롯한 일만 범왕[37]들이 부처님에게 예를 드리고 공양한 뒤 법을 듣기 위해 다른 사대주(四大洲=四天下)[38]가 속한 본무우(本無憂, aśoka)의 계(界)로부터 와서 앉았다. 또 1만2천의 제석천이 세존에게 예를 드리고 공양한 뒤 법을 듣기 위해 다른 사천하로부터 와서 자리에 앉았으며, 아울러 나머지 크나큰 위력을 가진 뭇 천(天)들과 용신(龍神), 약차(藥叉=夜叉), 건달박(健達縛=乾達婆), 아소락(阿素洛=阿修羅), 게로다(揭路茶=迦樓羅), 긴날락(緊捺洛=緊那羅), 막호락가(莫呼洛伽=摩喉羅伽),[39] 석(釋), 범

37 범천왕(梵天王), 범천(梵天)이라고도 함. 인도 전통 사상에서는 우주의 창조자였으나, 불교에 들어와서는 색계(色界) 초선천(初禪天)을 다스리는 자를 말한다. 불교에서는 색계 초선천(初禪天)을 다스리는 자를 말함. 제석천과 함께 불법을 수호한다. 나계범왕은 머리 정수리가 소라처럼 돌기해서 나계범왕이라 부른다.

38 사대주(四大洲), 사주(四洲)라고도 함. 수미산 사방에 있는 네개의 땅. 남쪽에 있는 것을 섬부주(贍部洲)라 하며 우리가 살고 있는 곳이다. 동쪽에 있는 것을 승신주(勝身洲), 서쪽을 우화주(牛貨洲), 북을 구로주(瞿盧洲)라 한다.

39 이 여덟을 천룡팔부(天龍八部), 용신팔부(龍神八部)라 하여 불법을 수호하는 신장(神將)들이다. 용신은 바다에 사는 용왕으로 비와 구름을 주재하고, 야차는 비사문천의 권속으로 북방을 수호하고, 건달바는 제석천의 음악을 맡은 신으로 향기만을 먹고 살고, 아수라는 투쟁을 좋아하는 신이며, 가루라는 용을 잡아먹는 금시조(金翅鳥)이며, 긴나라는 미묘한 음성으로 노래를 하고 춤을 추는 음악의 신이며, 마후라가는 몸은 사람같고 머리는 뱀같은 음악의 신이다.

(梵), 호세(護世) 등이 모두 와서 앉았으며, 뭇 비구와 비구니, 우바새(優婆塞), 우바이(優婆夷)[40]의 4부 대중들도 다 와서 앉았다.

이때 세존은 이 헤아릴 수 없는 백천(百千)의 대중들에게 경건히 둘러싸여서 그들을 위해 법을 설하시기 시작했다. 마치 산의 왕 대보묘고산(大寶妙高山=須彌山)이 대양 위로 높이 솟아있듯이, 뛰어나게 갈무리된 대사자좌(大師子座)[41]에 앉으셔서 휘황찬란한 위광(威光)을 발해 모든 대중을 뒤덮었다.

당시 바이살리 성내에 사는 릿차비(離呫毘)족 중에 보성(寶性=寶積)이라는 보살이 있었다. 그는 릿차비족 젊은이 5백 명과 함께 제각기 칠보(七寶)로 장식된 일산(日傘)을 하나씩 들고 암라팔리 숲에 있는 부처님의 처소를 찾아와 저마다 일산을 세존에게 바쳤다. 일산을 다 바치고 나서는 부처님의 두 발에 머리 숙여 절하고 오른쪽으로 일곱 번 돈 뒤[42] 한 쪽 편으로 물러나 앉았다.

부처님께서는 위신력(威神力)으로 이 칠보 일산들을 한데 합쳐 하나의 칠보 일산으로 만들어 삼천대천세계[43]를 두루 덮자 삼천대천세

40 붓다의 가르침을 따르는 재가의 남자를 우바새(upasaka, 淸信士)라 하고 여자를 우바이(upasika, 淸信女)라 함.

41 붓다가 앉는 자리를 백수의 왕 사자에 비유하여 사자좌라 함. 나중에는 설법할 때 쓰는 자리를 일컬음.

42 우요(右繞)라고 함. 인도에서 예의를 표하는 방법 가운데 하나. 보통은 오른쪽으로 세 번 돎.

43 수미산을 중심으로 사방에 사천하가 있고, 그 바깥은 철위산이 둘러쌌다고 하는 데, 이를 1사천하라고 한다. 이 사천하를 천개 합한 것이 1소천(小千) 세계, 소천 세계를 천개 합한 것이 1중천(中千) 세계, 중천 세계를 천개 합한 것이 1대천 세계이다. 1대천 세계에 소천, 중천, 대천이 포함되어 있어 삼천대천세계라 한다.

계의 광활한 모습이 다 칠보 일산 속에 나타났다. 또 이 삼천대천세계 속에 있는 대보묘고산왕, 일체의 설산(雪山), 목진린타산(目眞隣陀山), 마하목진린타산(摩訶目眞隣陀山), 향산(香山), 보산(寶山), 금산(金山), 흑산(黑山), 윤위산(輪圍山=鐵圍山), 대윤위산(大輪圍山=大鐵圍山), 큰 바다와 강, 냇물, 샘물 및 연못, 백구지(百拘胝)에 달하는 사대주(四大洲), 해, 달, 별, 천궁(天宮), 용궁(龍宮)과 모든 천신들의 신궁(神宮), 모든 나라의 성읍과 왕도, 마을들이 남김없이 칠보 일산 속에 드러났다. 또 시방세계의 모든 부처 여래가 정법을 설하는 것이 이 일산 안에서 마치 메아리처럼 울려 퍼져서 보고 듣지 못함이 없었다.

그곳에 모인 대중들은 누구나 똑똑히 이 부처님의 신력(神力)을 볼 수 있었다. 대중들은 누구나 기쁨과 놀라움으로 가득차서 일찍이 볼 수 없던 일이라고 찬탄하였다. 모두들 합장하고 예배한 뒤 세존의 존귀한 얼굴을 우러러 보면서 잠시도 한 눈 팔지 않고 고요히 앉아있었다.

이때 보성이 부처님 앞에 나아가 오른쪽 무릎을 땅에 대고 손을 들어 합장하고서 경건히 예배하였다. 그리고는 붓다를 찬탄하는 오묘한 가타(伽他, 게송)[44]를 읊었다.

> 청정한 눈은 길고도 넓게 오묘히 장엄되어 있으니
> 마치 푸른 연꽃 잎처럼 깨끗하구나.
> 이미 제1의(義)의 청정한 의락(意樂)을 증득했으며
> 탁월한 사마타(奢摩陀, 삼매)[45]로서 피안[46]에 이르셨네.

---

44 시의 형식으로 부처님을 찬양하거나 깨달음을 읊는 것.
45 마음을 한 곳에 모아 편안히 머무르게 하는 것.

가이없는 청정한 업(業)[47] 오래 쌓아서
광대하고 뛰어난 영예를 얻으셨네
나 이제 깊고 오묘한 열반의 길로 인도하시는
위대한 대사문(大沙門)[48]께 큰절합니다.

대성(大聖)께선 이미 신통변화 보이셔서
시방세계의 한량없는 국토 나타내시니
그 속에서 모든 부처님 하시는 설법
여기에서 모두 다 듣고 봅니다.

법왕(法王)[49]의 법력(法力)은 무리 가운데서 뛰어나니
일체 중생에게 늘 법재(法財)[50]로써 베풀고,
온갖 법의 모습(法相) 능히 잘 분별하면서도
제일의(第一義)[51]를 관해 원수와 적을 꺾어서
이미 모든 법에 대해 자유자재하시니
이 때문에 법왕님께 큰절합니다.

법은 유(有)도 아니고 무(無)도 아니니
다만 인연으로 모든 법이 건립됐을 뿐
나(我)도 없고 짓는(造) 자도 없고 받는(受) 자도 없지만
선악의 업은 없어지지 않는다고 설하셨네.
처음 불수(佛樹, 보리수) 밑에서 마라(魔羅)[52]의 세력을 꺾으셔서
감로(甘露)인 멸승(滅勝)의 보리(菩提)[53]를 성취하셨네.

46 생사를 거듭하는 미혹의 세계가 아닌, 깨달음의 세계인 저쪽 언덕.
47 행위. 몸이나 마음을 통해서 한 활동.
48 처자를 버리고 출가하여 수행 생활을 하는 이들을 총칭해서 사문이라 한다.
49 붓다를 가리키는 말. 법문(法門)의 왕이란 뜻.
50 부처님의 가르침을 세속적인 재물과 대비하여 법재라고 한 것.
51 절대적이고 궁극적인 원리.
52 mara의 음사. 마(魔)라고도 함. 수행자의 몸과 마음을 흔들어 장애를 일으킨다.

이 경지는 마음과 뜻으로는 지각(受)하거나 행할 수도 없는지라
모든 외도(外道)와 사도(邪道)들은 측량할 길 없도다.

대천세계(大千世界)에 세 번 법륜(法輪)을 굴리셨는데[54]
그 법륜은 능히 적멸할 뿐만 아니라 본성도 적멸하네.
이 보기 드문 법의 지혜를 천신과 인간이 증득하니
그에 따라 삼보가 세상에 출현하였네.

이 묘한 법으로 제도 받은 뭇 중생들
헛된 상념과 두려움 없어져 항상 고요하고 평화롭구나.
생노병사의 고통을 치유한 위대한 의왕(醫王)이시니
그 가없는 공덕의 바다에 큰절합니다.

여덟 가지 법[55]에 흔들리지 않음은 마치 수미산 같고
착한 자든 착하지 않은 자든 누구에게나 자비와 연민 베푸시네.
그 마음의 작용[心行] 항상 허공처럼 평등함을 유지하니
누구인들 이 인보(人寶, 能仁)[56]를 공경치 아니하랴.

이제 이 보잘 것 없는 칠보 일산 세존께 바치고 나니
그 속에다 삼천대천세계 전체를 드러내시고
뭇 천신과 인간, 용신 및 궁전들도 나타내시니
그러기에 그 지견공덕신(智見功德身)[57]에 큰절합니다.

---

53 지혜(智), 깨달음(覺), 도(道)라 한역. 붓다가 깨달은 지혜. 만법의 본성을 깨닫는 지혜. 또는 그 깨달음에 이르는 길.

54 부처님께서 고(苦), 집(集), 멸(滅), 도(道)의 가르침을 세가지 형식으로 가르치신 것. 첫 번째는 고, 집, 멸, 도를 제시한 것이고(示轉), 두 번째는 그 각각에 대해서 고를 알고 집을 끊고 멸을 얻고 도를 닦으라고 한 것(勸轉), 세 번째는 부처님 스스로 그것들을 얻었음을 증명한 것(證轉).

55 이익과 손해, 명예와 비방, 비난과 칭찬, 괴로움과 즐거움.

56 부처님을 가리킴.

57 지혜의 공덕으로 이루어진 몸.

세상의 모든 것 다 빛과 그림자 같은 것임을
십력의 신통변화로써 보여주시니
대중들은 일찍이 없던 일이라 경탄하기에
그 때문에 십력대지견(十力大智見)[58]께 큰절합니다.

모인 대중들 위대한 석가모니 우러러보니
마음에 청정한 믿음 생기지 않는 자 없네.
저마다 세존이 눈앞에 있음을 보니
이것이 바로 여래만이 갖고 있는 특성[不共法]이라네.

부처님께서는 한 소리[一音]로 법을 설하시지만
중생은 그 품류에 따라 제각기 이해하네.
그러면서도 세존이 말씀을 똑같이 한다 하니
이것이 바로 여래만이 갖고 있는 특성이라네.

부처님께서는 한 소리로 법을 설하시지만
중생들은 저마다 자기 처지에 따라 이해하여
그 가르침에 따른 실천으로 널리 이로움을 얻나니
이것이 바로 여래만이 갖고 있는 특성이라네.

부처님께서는 한 소리로 법을 설하시지만
어떤 이는 두려워하고 어떤 이는 기뻐하며
어떤 이는 염리(厭離)를 내며, 어떤 이는 의심을 끊으니
이것이 바로 여래만이 갖고 있는 특성이라네
십력(十力)의 대정진을 하는 님께 큰절합니다.
어떤 두려움도 없는 경지(無所畏)를 터득한 님께 큰절합니다.
결정코 불공법(不共法)에 도달하신 님께 큰절합니다.
일체를 이끄시는 스승님께 큰절합니다.
모든 결박을 끊으실 수 있는 님께 큰절합니다.

---

58 십력의 대지혜를 성취한 이.

이미 피안에 도달해 확고히 머물러 계신 님께 큰절합니다.
고통 받는 중생을 널리 구원하시는 님께 큰절합니다.
더 이상 생사(生死)의 길에 들지 않는 님께 큰절합니다.

중생들과 육도(六道)의 길 함께하지만
모든 육도의 마음을 훌륭히 해탈하셨네.
석가모니께서 이처럼 공(空)을 잘 닦으신 것은
마치 연꽃이 물에 젖지 않는 것과 같아라.

일체의 모습 버려도 버린 것 없고
일체의 바람 채워도 바란 것 없네.
그 대위신력(大威神力) 생각으로는 헤아릴 수 없나니
마치 허공처럼 아무데도 머물지 않는 님께 큰절합니다.

보성은 부처님을 찬탄하는 이 게송을 설한 뒤 다시 부처님께 말씀드렸다.

세존이여, 이 오백 명의 젊은 보살들은 이미 모두 아뇩다라삼먁삼보리의 마음[59]을 일으켜 나가고 있습니다. 그들 모두는 내게 불국토를 청정케하는 것에 관해 물었습니다. 여래께서 가엾이 여겨 청정한 불국토의 모습을 설해주시길 진정 원합니다. 그리고 보살의 불국토를 청정케 하는 수행이란 어떤 것입니까?

보성이 이렇게 말하자 부처님께서 말씀하셨다.

59 anuttara-samyak-sambodhi의 음사. 무상정등정각(無上正等正覺). 더 이상의 경지가 없는 최고의 깨달음. 존재의 실상을 아는 완전한 깨달음. 이 깨달음을 구하는 마음이 아뇩다라삼먁삼보리의 마음이다.

보성아, 매우 훌륭하구나. 그대가 이제 보살들을 위해 여래에게 청정한 불국토의 모습에 관해 묻고, 또 보살의 불국토를 청정케하는 수행에 관해 묻다니. 내 이제 그대들을 위하여 자세히 설명하겠으니, 그대들은 잘 듣고 명심하여라.

그러자 보성과 모든 보살이 답했다.

좋습니다, 세존이여. 법을 설해 주십시오. 저희들은 이제 모두 가르침을 받고자 합니다.

부처님께서 모든 보살들에게 말씀하셨다.

중생들의 국토가 바로 보살의 청정한 불국토이다. 왜냐하면, 선남자[60]들이여, 모든 보살은 중생들의 발전(增長)과 이익에 따라, 그만큼의 청정한 불국토를 수용(攝受)하기 때문이다. 중생들이 갖가지 청정한 공덕을 일으키는데 따라, 그만큼의 청정한 불국토를 수용하기 때문이다. 중생들이 이 같은 청정불국토에 들어감으로써 얼마나 조복(調伏)[61]되는가에 따라, 그만큼의 청정한 불국토를 수용하기 때문이다. 중생들이 이 같은 청정불국토에 들어감으로써 부처님의 지혜(佛智)를 얼마나 깨닫는가에 따라, 그만큼의 불국토를 수용하기 때문이다. 중생들이 이 같은 청정불국토에 들어감으로써 성근(聖根)의 행을 얼마나 일으키는가에 따라, 그만큼의 불국토를 수용하기 때문이다.

60 전생에 선을 닦은 인연으로 금생에 불법을 믿고 받드는 사람. 일반적으로 남자 재가신자를 일컬음. 여자는 선여인(善女人).

61 안으로는 자신의 몸과 마음을 다스려 악을 버리고, 밖으로는 장애가 되는 것을 항복시키는 것.

그 이유는 선남자들아, 보살이 청정한 불국토를 수용하는 것은 모두 중생의 이익과 발전을 위하고 또 갖가지 청정한 공덕을 일으키기 위한 것이기 때문이다. 선남자들아, 예컨대 빈 땅에다 집을 지어 마음껏 걸림 없이 꾸미고 싶어 하는 사람이 있다고 하자.(그는 땅에서는 그 일을 할 수 있겠지만), 허공에서는 끝내 불가능할 것이다. 보살도 마찬가지다. 그는 일체의 법이 허공 같음을 알지만, 오직 중생의 이익과 발전을 위하고 또 청정한 공덕을 낳게 하기 위해 그만큼의 불국토를 수용하는 것이다. 그러나 그 같은 청정한 불국토를 수용하는 것은 허공에서는 불가능하다.

또 보성아, 그대들은 알아야 한다. 무상보리심(無上菩提心)[62]을 일으키는 그 터전이 바로 보살의 청정한 불국토이니, 보살이 대보리(大菩提)를 증득할 때 대승(大乘)[63]에 대한 마음을 일으킨 모든 중생이 그 나라에 와서 태어날 것이다.

의락(意樂)을 순수하게 하는 그 터전이 보살의 청정한 불국토이니, 보살이 대보리를 증득할 때 아첨하지 않고 속이지 않는 중생이 그 나라에 와서 태어날 것이다.

훌륭히 가행(加行)하는 그 터전이 바로 보살의 청정한 불국토이니, 보살이 대보리를 증득할 때 훌륭히 가행을 일으키고 주지(主持)하는 모든 중생이 그 나라에 와서 태어날 것이다.

마음을 고결하게 하는 그 터전이 바로 보살의 청정한 불국토이니, 보살이 대보리를 증득할 때 착한 법(善法)을 구족하고 성취한 중생이 그 나라에 와서 태어날 것이다.

62 온갖 번뇌를 끊고 더 이상 위가 없는 원만한 깨달음을 구하는 마음.

63 대승은 본래 소승(小乘)에 대립되는 의미로 만들어진 말인데, 소승이 자신의 수행만을 중시하고 지나치게 현학적임을 비판하여 대승은 중생구제와 자신의 수행 둘 다를 지향하는 것을 목표로 함.

보시(布施)[64]를 실천하는 그 터전이 바로 보살의 청정한 불국토이니, 보살이 대보리를 증득할 때 일체의 재법(財法)을 능히 포기한 모든 중생이 그 나라에 와서 태어날 것이다.

청정한 계율(戒律)을 닦는 그 터전이 바로 보살의 청정한 불국토이니, 보살이 대보리를 증득할 때 열 가지 선행의 길을 원만히 성취한 순수한 마음의 중생이 그 나라에 와서 태어날 것이다.

인욕(忍辱=安忍)을 닦는 그 터전이 바로 보살의 청정한 불국토이니, 보살이 대보리를 증득할 때 그 몸을 32상으로 아름답게 장엄하고 인욕(堪忍)과 온유함과 적정(寂靜)을 닦은 중생이 그 나라에 와서 태어날 것이다.

정진(精進)을 닦는 그 터전이 보살의 청정한 불국토이니, 보살이 대보리를 증득할 때 용맹정진으로 모든 선행을 닦은 중생이 그 나라에 와서 태어날 것이다.

선정(禪定=靜慮))을 닦는 그 터전이 보살의 청정한 불국토이니, 보살이 대보리를 증득할 때 정념(正念), 정지(正知), 정정(正定)을 완벽히 성취한 중생이 그 나라에 와서 태어날 것이다.

반야(般若)[65]를 닦는 그 터전이 바로 보살의 청정한 불국토이니, 보살이 대보리를 증득할 때 이미 정정(正定)에 들어간 일체 중생이 그 나라에 와서 태어날 것이다.

사무량(四無量)[66]의 터전이 바로 보살의 청정한 불국토이니, 보살이

---

64 베푼다는 의미. 재물을 베푸는 재시(財施), 법을 베푸는 법시(法施), 두려움에서 벗어나게 해 주는 무외시(無畏施)가 있음.

65 모든 법의 도리를 꿰뚫어 보는 지혜.

66 중생에게 사랑을 베푸는 자무량심(慈無量心), 중생의 고통을 없애주려는 연민의 마

대보리를 증득할 때 늘 사랑(慈)과 연민(悲)과 기쁨(喜)과 포기(捨)로서 살아온 중생이 그 나라에 와서 태어날 것이다.

사섭사(四攝事)[67]의 터전이 바로 보살의 청정한 불국토이니, 보살이 대보리를 증득할 때 모든 해탈에 의해 거둬진 중생이 그 나라에 와서 태어날 것이다.

교묘한 방편[68]의 터전이 바로 보살의 청정한 불국토이니, 보살이 대보리를 증득할 때 온갖 법을 능숙히 잘 관찰하는 중생이 그 나라에 와서 태어날 것이다.

삼십칠보리분법(三十七菩提分法)[69]을 닦는 터전이 바로 보살의 청정한 불국토이니, 보살이 대보리를 증득할 때 일체의 사념처(四念處),[70] 사정근(四正勤),[71] 사신족(四神足),[72] 오근(五根),[73] 오력(五

음(悲無量心), 중생이 기쁨과 즐거움을 얻도록 하는 마음(喜無量心), 중생을 평등히 보아 친소를 두지 않는 마음(捨無量心)이다.

67 보살이 중생의 고통을 없애려고 불법에 이끌어 들이는 네가지 방법. 재물이나 법을 보시하는 보시섭(布施攝), 부드럽고 온화한 말로 이끄는 애어섭(愛語攝), 선한 행동과 말과 뜻으로 중생에게 이익을 주어 이끄는 이행섭(利行攝), 상대편의 상황과 함께 하면서 이끄는 동사섭(同事攝) 네가지다.

68 중생을 교화하는 방법.

69 37조도품(三十七助道品)이라고도 함. 보리를 성취하는 수행의 구성요소들이라 보리분법이라 한 것임. 궁극의 깨달음인 보리를 얻기 위해 실천 수행해야 할 방법 37가지. 사념처, 사정근, 사신족, 오근, 오력, 칠각지, 팔정도이다.

70 사념처; 육신의 청정치 못함을 관하는 신념처(身念處),우리가 즐거움이라고 보는 재산, 자녀, 음행을 즐거움이 아닌 고통으로 보는 수념처(受念處), 우리 마음은 고정불변하는 것이 아니라 늘 생멸변화하는 덧없는 것이라 관하는 심념처(心念處), 일체만법에는 나와 내 것이 없다고 관하는 법념처(法念處).

71 사정근; 착한 법은 더욱 증진시키고 악한 법은 벗어나려고 수행하는 네가지 방법. 이미 생긴 악은 부지런히 없애고, 아직 생기지 않은 악은 부지런히 방지하고, 이미 생긴 선은 부지런히 증진시키고, 아직 생기지 않은 선은 부지런히 생기도록 하는 것 네가지다.

72 사신족; 자유로운 신통력을 얻는 네가지 기초. 탁월한 선정을 얻고자 바라는 욕신족

力),[74] 칠각지(七覺支),[75] 팔정도(八正道)[76]에 통달하여 원만해진 중생이 그 나라에 와서 태어날 것이다.

회향(廻向)[77]을 닦는 터전이 바로 보살의 청정한 불국토이니, 보살이 대보리를 증득할 때 그 나라는 뭇 공덕의 장엄을 구족할 것이다.

여덟 가지 재난[78]을 잘 설해서 없애는 터전이 바로 보살의 청정한 불국토이니, 보살이 대보리를 증득할 때 그 나라는 삼악도와 여덟 가지 재난에서 영원히 벗어날 것이다.

(欲神足), 탁월한 선정을 얻고자 노력하는 근신족(勤神足), 마음을 다스려 탁월한 선정을 얻는 심신족(心神足), 지혜로써 사유관찰하여 탁월한 선정을 얻는 관신족(觀神足)이다. 여기서 신족은 신통을 일으키는 요인이라는 뜻. 사여의족(四如意足)이라고도 한다.

73 오근; 해탈에 이르기 위한 다섯 가지 능력으로 신근(信根), 정진근(精進根), 염근(念根), 정근(定根), 혜근(慧根)을 말한다.

74 오력; 깨달음에 이르게 하는 다섯 가지 힘으로 신력(信力), 정진력(精進力), 염력(念力), 정력(定力), 혜력(慧力)을 말한다.

75 칠각지; 깨달음의 지혜를 도와주는 일곱 가지 수행. 가르침 속에서 진실된 것은 취하고 거짓된 것은 버리는 택법각분(擇法覺支), 마음을 하나로 통일시켜 수행에 진력하는 정진각분(精進覺支), 참된 가르침을 실천함으로서 기뻐하는 희각분(喜覺支), 몸과 마음을 쾌적하게 하는 경안각지(輕安覺支), 대상에 집착하는 마음을 버리는 사각지(捨覺支), 마음을 한결같이 해 흐트러지지 않게 하는 정각지(定覺支), 사념을 평정시키는 염각지(念覺支).

76 팔정도; 열반에 이르는 여덟 가지 수행법.사제의 이법을 바로 보고(正見),바로 사유하고(正思惟), 바로 말하고(正語), 바로 행동하고(正業), 바로 생활하고(正命), 바로 정진하고(正精進), 정도를 기어해 사념을 없애고(正念), 바른 깨달음의 경지에 들어가는(正定) 것이다.

77 자신이 닦은 선근의 공덕을 중생이나 지고의 깨달음으로 돌리는 행위.

78 부처님을 볼 수도 없고 불법을 들을 수도 없는 여덟 가지 경계. 1.지옥, 2.아귀, 3.축생(이상 셋은 고통이 너무 심해 불법을 듣지 못함), 4.장수천(長壽天, 장수를 즐기느라 구도심을 일으키지 않음), 5.변지(邊地, 즐거움이 너무 많아 불법을 듣지 않음), 6.농맹음아(聾盲 음아, 감각기관이 망가져서 불법을 듣거나 보지 못함), 7.세지변총(世智辯聰, 세간의 지혜에 뛰어나 올바른 이법을 따르지 않음), 8.불전불후(佛前佛後, 부처님이 세상에 나오지 않았을 때).

스스로 계행을 지키고 남을 비방 않는 터전이 바로 보살의 청정한 불국토이니, 보살이 대보리를 얻을 때 그 나라는 범죄나 금지라는 이름조차 없을 것이다.

열 가지 선행의 길을 닦는 지극히 청정한 터전이 바로 보살의 청정한 불국토이니, 보살이 대보리를 증득할 때 수명의 양이 결정되고, 크게 부유하며, 고결한 행동(梵行)을 하며, 그 말이 진실하고, 늘 부드럽게 말하며, 권속들을 이간질하지 않고, 은밀한 뜻(密意)을 잘 선양하고, 모든 탐욕에서 벗어나 있고, 성내는 마음이 없는 정견(正見)을 가진 중생이 그 나라에 와서 태어날 것이다.

선남자들아, 이처럼 보살이 무상보리심을 일으키면, 그에 따라 의락(意樂)이 순수하고 청정해진다.
의락(意樂)이 순수하고 청정해지면, 그에 따라 오묘하고 선한 가행(加行)이 있게 된다. 오묘하고 선한 가행이 있으면, 그에 따라 의락(意樂)은 더욱 증장한다. 의락이 더욱 증장하면, 그에 따라 그치고 쉼(止息)이 있게 된다. 그치고 쉼이 있게 되면, 그에 따라 발기(發起)함이 있게 된다. 발기함이 있게 되면, 그에 따라 회향이 있게 된다. 회향이 있게 되면, 그에 따라 적정(寂靜)이 있게 된다. 적정이 있게 되면, 그에 따라 청정한 중생이 있게 된다. 청정한 중생이 있게 되면, 그에 따라 장엄청정한 불국토가 있게 된다. 장엄청정한 불국토가 있게 되면, 그에 따라 청정한 법의 가르침이 있게 된다. 청정한 법의 가르침이 있으면, 그에 따라 청정하고 오묘한 복이 있게 된다. 청정하고 오묘한 복이 있으면, 그에 따라 청정한 묘한 슬기[妙慧]가 있게 된다. 청정한 묘한 슬기가 있으면, 그에 따라 청정한 묘한 지혜[妙智]가 있게 된다. 청정한 묘한 지혜가 있으면, 그에 따라 청정한 묘한 행(行)이 있게 된다. 청정한 묘한 행이 있으면, 그에 따라 청정한 스스로의 마음(自心)이 있게 된다. 청정한 스스로의 마음이 있으면, 그에 따라 청정한 온갖 묘한 공덕이 있게 된다.

선남자들아, 따라서 보살이 불국토를 청정케 하는 수행을 부지런히 닦고자 한다면 먼저 방편을 통해 스스로의 마음(自心)을 청정케 해야 한다. 왜냐하면 보살들 스스로의 마음이 청정해지는데 따라서 불국토도 청정해지기 때문이다.

이때 부처님의 위신력에 의해 사리불이 이런 생각을 했다.

만약 보살들 마음이 청정해지는데 따라서 불국토가 청정해진다면, 우리 세존께서 보살수행을 하실 때 얼마나 마음이 청정치 못했기에 이 불국토가 이토록 더러움으로 오염됐을까?

부처님께서 사리불의 생각을 알아차리시고 즉시 말씀하셨다.

사리불아, 어떻게 생각하느냐? 태어날 때부터 장님이 세상의 해와 달을 보지 못하는 게 그 해와 달이 청정치 못하기 때문이냐?

사리불이 대답했다.

아닙니다. 그것은 장님의 잘못이지 해나 달의 허물이 아닙니다.

부처님께서 말했다.

마찬가지로 세존의 불국토가 청정하게 장엄된 걸 보지 못하는 것은 중생의 죄 때문이지 여래의 허물이 아니다. 사리불아, 내 땅은 청정하지만 네가 보지 못하는 것이다.

이때 지계범왕(持髻梵王)이 사리불에게 말했다.

세존의 불국토가 청정치 못하다고 생각지 마시오. 왜냐하면 세존의 불국토야말로 가장 청정하기 때문입니다.

사리불이 말했다.

대범천왕이여, 지금 이곳의 불국토가 청정하다니, 무슨 말씀이오?

지계범왕이 말했다.

사리자여. 비유하자면 타화자재천궁(他化自在天宮)[79]이 한량없는 보배 공덕으로 장엄되어 있는 것과 같다 하겠소. 내가 보건대, 세존이신 석가모니불의 땅이 청정하여 한량없는 보배 공덕으로 장엄된 것이 바로 타화자재천궁과 같소.

사리불이 말했다.

대범천왕이여, 내 보기에 이 땅은 높은 곳도 있고 낮은 곳도 있습니다. 언덕과 구덩이, 그리고 모래와 자갈, 흙과 돌로 이루어진 산들은 온갖 더러움으로 가득 찼습니다.

지계범왕이 말했다.

대존자여, 그대의 마음에 높고 낮음이 있어 청정치 못한 까닭에 부처님의 지혜와 의락(意樂)에도 높고 낮음이 있다고 생각한 것입니다. 그래서 그대에겐 불국토가 청정치 못한 것으로 보인 것입니다. 만약 보살들이 중생에 대해 지니는 마음이 평등하고 공덕이 청정하다면

79 욕계의 여섯 천상계 중에서 가장 높은 천상계. 남이 만들어 놓은 대상도 자유롭게 자기의 즐거움으로 삼을 수 있기 때문에 타화자재천이라고 함.

붓다의 지혜와 의락(意樂)도 그러리라 생각할 것이며, 그렇게 되면 이내 불국토가 지극히 청정하다는 걸 볼 것입니다.

이때 세존께서는 대중들의 마음에 망설임이 있는 걸 알고서 발가락으로 대지를 누르셨다. 그러자 즉시 삼천대천세계가 헤아릴 수 없는 백천(百千)의 묘한 보배로 장엄된 세계로 변했는데, 마치 공덕장엄불(功德莊嚴佛)이 한량없는 공덕의 보배로 장엄한 것 같았다. 모든 대중들은 경이감에 차서 찬탄하였으며, 모두들 자신들이 보배 연꽃(寶蓮華) 보좌에 앉아있는 걸 발견하였다.

그러자 세존께서 사리불에게 말씀하셨다.

그대는 온갖 공덕으로 장엄한 이 청정한 불국토를 보느냐?

사리불이 답했다.

네, 봅니다. 세존이여. 결코 본 적도 없고 들은 적도 없는, 공덕으로 장엄된 청정한 불국토가 제 앞에 모두 드러났습니다.

부처님께서 말했다.

나의 불국토는 항상 이렇게 청정하다. 다만 여래는 열등한 중생들을 성숙시키기 위해 수많은 잘못과 더러움으로 오염된 땅을 보일 뿐이다. 사리불아, 비유하자면 삼십삼천(三十三天)의 천신들은 모두 단일한 보배 그릇으로 음식을 먹지만, 저마다 쌓아온 업의 차이에 따라 제각기 취하는 음식이 다른 것과 마찬가지다. 이처럼 사리불아, 한량없는 중생이 동일한 불국토에 나지만, 그들 자신의 마음이 깨끗하냐 더러우냐에 따라서 불국토를 보는데도 차이가 있는 것이다. 만약 사람의 마음이 청정하다면, 그 즉시 이 땅이 한량없는 공덕의 묘한 보배로 장엄되어 있음을 볼 것이다.

부처님께서 이 청정한 불국토를 나타내 보이시자, 보성이 데리고 온 오백 청년들은 모두 무생법인(無生法忍)[80]을 얻었고, 팔만사천의 중생들도 모두 아뇩다라삼먁삼보리의 마음을 일으켰다. 그때 부처님인 세존께서 자신의 신족(神足)을 거두자 세계는 다시 전과 같아졌다. 그리하여 3만2천명의 성문승을 추구하는 자와 수많은 천신과 인간들은 모두 유위법(有爲法)[81]의 무상함을 알고서 티끌의 더러움을 멀리 여의어 법안(法眼)[82]의 청정함을 얻었다. 팔천 비구들도 온갖 번뇌를 영원히 여의어서 마음을 훌륭히 해탈하였다.

80 모든 법은 나지도 않고 없어지지도 않음[不生不滅]을 깨닫는 것.

81 인연으로 이루어진 모든 현상을 가리키며 생멸의 법칙을 따른다.반대로 무위법은 인연의 조작을 벗어나 생멸이 없는 만법의 진실한 바탕을 말한다. 열반, 법성(法性), 실상(實相)은 무위의 다른 이름이다.

82 5안(五眼) 중 하나로 만법의 진실한 모습을 비춰보는 눈.

1 序品第一

如是我聞。一時薄伽梵。住廣嚴城菴羅衛林。與大苾芻眾八千人俱。菩薩摩訶薩三萬二千。皆為一切眾望所識。大神通業修已成辦。諸佛威德常所加持。善護法城能攝正法。[16]為大師子吼聲敷演。美音遐振周遍十方。為諸眾生不請善友。紹三寶種能使不絕。降伏魔怨制諸外道。永離一切障及蓋纏。念定總持無不圓滿。建立無障解脫智門。逮得一切無斷殊勝。念慧等持陀羅尼[17]辯。皆獲第一布施調伏。寂靜尸羅安忍正勤靜慮般若方便善巧。妙願力智波羅蜜多。成無所得不起法忍。已能隨轉不退法輪。咸得無相妙印所印。善知有情諸根勝劣。一切大眾所不能伏。而能調御得無所畏。已積無盡福智資糧。相好嚴身色像第一。捨諸世間所有飾好。名稱高遠踰於帝釋。意樂堅固猶若金剛。於諸佛法得不壞信流法寶光澍甘露雨。於眾言音微妙第一。於深法義廣大緣起。已斷二邊見習相續。演法無畏猶師子吼。其所講說乃如雷震。不可稱量過稱量境。集法寶慧為大導師。正直審諦柔和微密。妙達諸法難見難知。甚深實義隨入一切。有趣無趣意樂所歸。獲無等等佛智灌頂。近力無畏不共佛法。已除所有怖畏惡趣。復超一切險穢深坑。永棄緣起金剛刀仗。常思示現諸有趣生。為大醫王善知方術。應病與藥愈疾施安。無量功德皆成就。無量佛土皆嚴淨。其見聞者無不蒙益。諸有所作亦不唐捐。設經無量百千俱胝那庾多劫。讚其功德亦不能盡。其名曰等觀菩薩。不等觀菩薩。等不等觀菩薩。定神變王菩薩。法自在菩薩。法幢菩薩。光幢菩薩。光嚴菩薩。大嚴菩薩。寶峯菩薩。辯峯菩薩。寶手菩薩。寶印手菩薩。常舉手菩薩。常下手菩薩。常延頸菩薩。常喜根菩薩。常喜王菩薩。無屈辯菩薩。虛空藏菩薩。執寶炬菩薩。寶吉祥菩薩。寶施菩薩。帝網菩薩。光網菩薩。無障靜慮菩薩。慧峯菩薩。天王菩薩。壞魔菩薩。電天菩薩。現神變王菩薩。峯相等嚴菩薩。師子吼菩薩。雲雷音菩薩。山相擊王菩薩。香象菩薩。大香象菩薩。常精進菩薩。不捨善軛菩薩。妙慧菩薩。妙生菩薩。蓮花勝藏菩薩。三摩地王菩薩。蓮花嚴菩薩。觀自在菩薩。得大勢菩薩。梵網菩薩。寶杖菩薩。無勝菩薩。勝魔菩薩。嚴土菩薩。金髻菩薩。珠髻菩薩。慈氏菩薩。妙吉祥菩薩。珠寶蓋菩薩。如是等上首菩薩摩訶薩三萬二千。復有萬梵。持髻梵王而為上首。從本無憂四大洲界為欲瞻禮供養世尊及聽法故。來在會坐。復有萬二千天帝。各從餘方四大洲界。亦為瞻禮供養世尊及聽法故。來在會坐。并餘大威力諸天．龍．藥叉．健達縛．阿素洛．揭路荼．緊捺洛．莫呼洛伽．釋．梵．護世等。悉來會坐。及諸四眾苾芻．苾芻尼．鄔波索迦．鄔波斯迦。俱來會坐。

爾時世尊。無量百千諸來大眾。恭敬圍繞而為說法。譬如大寶妙高山王處于大海巍然迥出。踞大師子勝藏之座。顯耀威光蔽諸大眾。時廣嚴城有一菩薩離呫毘種。名曰寶性。與離呫毘五百童子。各持一蓋七寶莊嚴。往菴羅林詣如來所。各以其蓋奉上世尊。奉已頂禮世尊雙足。右繞七匝却住一面。佛之威神令諸寶蓋合成一蓋。遍覆三千大千世界。而此世界廣長之相悉於中現。又此三千大千世界。所有大寶妙高山王。一切雪山。目真隣陀山。摩訶目真隣陀山。香山寶山。金山黑山。輪圍山。大輪圍山。大海江河。陂泉池沼。及百拘胝四大洲渚。日月星辰。天宮龍宮。諸尊神宮。并諸國邑王都聚落。如是皆現此寶蓋中。又十方界諸佛如來所說正法皆如響應。於此蓋內無不見聞。

時諸大眾覩佛神力。歡喜踊躍歎未曾有。合掌禮佛瞻仰尊顏。目不暫捨默然而住。

爾時寶性即於佛前。右膝著地合掌恭敬。以妙伽他而讚佛曰。

目淨脩廣妙端嚴　皎如青紺蓮花葉
已證第一淨意樂　勝奢摩陀到彼岸
久積無邊清淨業　獲得廣大勝名聞
故我稽首大沙門　開導希夷寂路者
既見大聖以神變　普現十方無量土
其中諸佛演說法　於是一切悉見聞

法王法力超群生　常以法財施一切
能善分別諸法相　觀第一義摧怨敵
已於諸法得自在　是故稽首此法王
說法不有亦不無　一切皆得因緣立
無我無造無受者　善惡之業亦不亡
始在佛樹降魔力　得甘露滅勝菩提
此中非心意受行　外道群邪所不測
三轉法輪於大千　其輪能寂本性寂
希有法智天人證　三寶於是現世間
以斯妙法濟群生　無思無怖常安寂
度生老死大醫王　稽首無邊功德海
八法不動如山王　於善不善俱慈愍
心行如空平等住　孰不承敬此能仁
以斯微蓋奉世尊　於中普現三千界
諸天龍神宮殿等　故禮智見功德身
十力神變示世間　一切皆如光影等
眾覩驚歎未曾有　故禮十力大智見
眾會瞻仰大牟尼　靡不心生清淨信
各見世尊在其前　斯則如來不共相
佛以一音演說法　眾生隨類各得解
皆謂世尊同其語　斯則如來不共相
佛以一音演說法　眾生各各隨所解
普得受行獲其利　斯則如來不共相
佛以一音演說法　或有恐畏或歡喜
或生厭離或斷疑　斯則如來不共相
稽首十力諦勇猛　稽首已得無怖畏
稽首至定不共法　稽首一切大導師
稽首能斷眾結縛　稽首已住於彼岸
稽首普濟苦群生　稽首不依生死趣
已到有情平等趣　善於諸趣心解脫
牟尼如是善修空　猶如蓮花不著水
一切相遣無所遣　一切願滿無所願
大威神力不思議　稽首如空無所住

爾時寶性。說此伽他讚世尊已。復白佛言。如是五百童子菩薩。皆已發趣阿耨多羅三藐三菩提。彼咸問我嚴淨佛土。唯願如來哀愍為說淨佛土相。云何菩薩修淨佛土。作是語已。佛言。寶性。善哉善哉。汝今乃能為諸菩薩。請問如來淨佛土相。及問菩薩修淨佛土。汝今諦聽善思念之。當為汝等分別解說。於是寶性及諸菩薩。咸作是言。善哉世尊。唯願為說。我等今者皆希聽受。爾時世尊。告眾菩薩。諸有情土是為菩薩嚴淨佛土。所以者何。諸善男子。一切菩薩隨諸有情增長饒益。即便攝受嚴淨佛土。隨諸有情發起種種清淨功德。即便攝受嚴淨佛土。隨諸有情應以如是嚴淨佛土而得調伏。即便攝受如是佛土。隨諸有情應以如是嚴淨佛土悟入佛智。即便攝受如是佛土。隨諸有情應以如是嚴淨佛土起聖根行。即便攝受如是佛土。所以者何。諸善男子。菩薩攝受嚴淨佛土。皆為有情增長饒益。發起種種清淨功德。諸善男子。譬如有人欲於空地造立宮室。或復莊嚴隨意無礙。若於虛空終不能成。菩薩如是。知一切法皆如虛空。唯為有情增長饒益生淨功德。即便攝受如是佛土。攝受如是淨佛土者非於空也。

復次寶性。汝等當知。發起無上菩提心土。是為菩薩嚴淨佛土。菩薩證得大菩提時。一切發[3]起大乘有情來生其國純意樂土。是為菩薩嚴淨佛土。菩薩證得大菩提時。所有不諂不誑有情來生其國善加行土。是為菩薩嚴淨佛土。菩薩證得大菩提時。發起[4]住持妙善加行一切有情來生其國上意樂土。是為菩薩嚴淨佛土。菩薩證得大菩提時。具足成就善法有情來生其國修布施土。是為菩薩嚴淨佛土。菩薩證得大菩提時。一切能捨財法有情來生其國修淨戒土。是為菩薩嚴淨佛土。菩薩證得大菩提時。圓滿成就十善業道。意樂有情來生其國修安忍土。是為菩薩嚴淨佛土。菩薩證得大菩提時。三十二相莊嚴其身堪忍柔和寂靜有情來生其國修精進土。是為菩薩嚴淨佛土。菩薩證得大菩提時。諸善勇猛精進有情來生其國修靜慮土。是為菩薩嚴淨佛土。菩薩證得大菩提時。具足成就正念正知正定有情來生其國修般若土。是為菩薩嚴淨佛土。菩薩證得大菩提時。一切已入正定有情來生其國四無量土。是為菩薩嚴淨佛土。菩薩證得大菩提時。常住慈悲喜捨有情來生其國四攝事土。是為菩薩嚴淨佛土。菩薩證得大菩提時。諸有解脫所攝有情來生其國巧方便土。是為菩薩嚴淨佛土。菩薩證得大菩提時。善巧觀察諸法有情來生其國修三十七菩提分土。是為菩薩嚴淨佛土。菩薩證得大菩提時。通達一切念住正斷神足根力覺支道支圓滿有情來生其國修迴向土。是為菩薩嚴淨佛土。菩薩證得大菩提時。其國具足眾德莊嚴。善說息除八無暇土。是為菩薩嚴淨佛土。菩薩證得大菩提時。其國永離惡趣無暇。自守戒行不譏彼土。是為菩薩嚴淨佛土。菩薩證得大菩提時。其國無有犯禁之名。十善業道極清淨土。是為菩薩嚴淨佛土。菩薩證得大菩提時。壽量決定大富梵行。所言誠諦常以軟語眷屬不離。善宣密意離諸貪欲心無瞋恚。正見有情來生其國。

諸善男子。如是菩薩隨發菩提心則有純淨意樂。隨其純淨意樂則有妙善加行。隨其妙善加行則有增上意樂。隨其增上意樂則有止息。隨其止息則有發起。隨其發起則有迴向。隨其迴向則有寂靜。隨其寂靜則有清淨有情。隨其清淨有情則有嚴淨佛土。隨其嚴淨佛土則有清淨法教。隨其清淨法教即有清淨妙福。隨其清淨妙福則有清淨妙慧。隨其清淨妙慧則有清淨妙智。隨其清淨妙智則有清淨妙行。隨其清淨妙行則有清淨自心。隨其清淨自心則有清淨諸妙功德。

諸善男子。是故菩薩若欲勤修嚴淨佛土。先應方便嚴淨自心。所以者何。隨諸菩薩自心嚴淨。即得如是嚴淨佛土。

爾時舍利子。承佛威神作如是念。若諸菩薩心嚴淨故佛土嚴淨。而我世尊行菩薩時。心不嚴淨故。是佛土雜穢若此。佛知其念即告之言。於意云何。世間日月豈不淨耶。而盲不見。對曰不也。是盲者過非日月咎。佛言。如是眾生罪故不見世尊佛土嚴淨。非如來咎。舍利子。我土嚴淨而汝不見。

爾時持髻梵王語舍利子。勿作是意謂此佛土為不嚴淨。所以者何。如是佛土最極嚴淨舍利子言。大梵天王。今此佛土嚴淨云何。持髻梵言。唯舍利子。譬如他化自在天宮。有無量寶功德莊嚴。我見世尊釋迦牟尼佛土嚴淨。有無量寶功德莊嚴亦復如是。舍利子言。大梵天王。我見此土其地高下。丘陵坑坎毒刺沙礫。土石諸山穢惡充滿。持髻梵言。唯大尊者。心有高下不嚴淨故。謂佛智慧意樂亦爾。故見佛土為不嚴淨。若諸菩薩於諸有情其心平等功德嚴淨。謂佛智慧意樂亦爾。便見佛土最極嚴淨。爾時世尊知諸大眾心懷猶豫。便以足指按此大地。即時三千大千世界無量百千妙寶莊嚴。譬如功德寶莊嚴佛無量功德寶莊嚴土。一切大眾歎未曾有。而皆自見坐寶蓮華。

爾時世尊告舍利子。汝見如是眾德莊嚴淨佛土不。舍利子言。唯然世尊。本所不見本所不聞。今此佛土嚴淨悉現。告舍利子。我佛國土常淨若此。為欲成熟下劣有情。是故示現無量過失雜穢土耳。舍利子。譬如三十三天共寶器食。隨業所招其食有異。如是舍利子。無量有情生一佛土。隨心淨穢所見有異。若人心淨便見此土無量功德妙寶莊嚴。當佛現此嚴淨土時。寶性所將五百童子。一切皆得無生法忍。八萬四千諸有情類。皆發無上正等覺心。時佛世尊即攝神足。於是世界還復如故。求聲聞乘三萬二千諸天及人。知有為法皆悉無常。遠塵離垢得法眼淨。八千苾芻永離諸漏心善解脫。

제2장

현부사의방편선교품
顯不思議方便善巧品

2 현부사의방편선교품顯不思議方便善巧品

당시 바이살리 성내에는 릿차비족의 대보살이 있었는데, 이름을 무구칭(無垢稱)이라 하였다. 그는 일찍부터 한량없는 부처님께 공양하여 선행의 뿌리를 깊이 심었으며, 훌륭한 설득력을 갖췄으며 무생법인을 성취했다. 모든 다라니를 터득했고 신통이 자유자재였으며, 전혀 두려움이 없는 경지[無所畏]를 터득해 마라(魔羅)의 세력을 꺾었다. 법문(法門)에 깊이 정통하고, 지혜의 바라밀을 성취하고, 방편에도 통달했으며, 크나큰 염원[大願]을 원만히 성취했다. 그리하여 중생의 의락(意樂)과 행실도 환히 요달했으며, 또한 중생 근기의 좋고 나쁨도 잘 알았고, 지혜바라밀로 변재도 갖추어서 법을 능숙하게 설했다. 결정코 대승 속에서만 닦아 익혔으며, 지어진 업에 대해서도 사량(思量)을 능히 잘했다. 붓다의 위의(威儀)에 머물면서 마음의 슬기 바다[慧海]로 들어갔다. 그리하여 모든 부처님께서 감탄하면서 칭찬하고 드러내는 말씀을 했으며, 제석천(釋), 범천(梵), 호세(護世)[1]가 늘 예를 드리고 공경하였다.

모든 중생을 성숙시키기 위해 무구칭은 훌륭한 방편으로 바이살리성에서 살았다. 가난하고 의지할 길 없는 이들을 구해주기 위한 그의 재물은 결코 고갈될 줄 몰랐으며, 금기를 범하거나 한도를 넘은 자들을 돌보기 위해 청정한 계율을 지켰으며, 난폭하고 성내고 질투하고 독랄한 이들을 다스리기 위해 인내와 자기통제를 잘 하였으며, 모든 게으르

1 호세사천왕(護世四天王)이라고도 함. 수미산을 둘러싼 사천하를 수호하는 천신으로 동쪽의 지국천왕(持國天王), 남쪽의 증장천왕(增長天王), 서쪽의 광목천왕(廣目天王), 북쪽의 다문천왕(多聞天王)을 말함.

고 나태한 자들을 다스리기 위해 대정진(大精進)을 하였으며, 일체의 흐트러진 마음을 다스리기 위해 선정(禪定), 정념(正念), 해탈(解脫), 등지(等持), 등지(等至)[2]에 편안히 머물렀으며, 일체의 잘못된 생각과 나쁜 지혜를 거두도록 하기 위해 올바른 결택(決擇)을 성취했다.

비록 속세에서 입는 흰옷을 입었지만 사문(沙門)의 위의와 공덕을 갖췄으며, 비록 집에서 살았지만 삼계(三界)[3]에 집착하지 않았으며, 아내와 자식이 있었지만 늘 청정한 행실[梵行]을 닦았다. 딸린 권속으로 둘러싸여 있었지만 늘 원리(遠離; 멀리 여읨)함을 좋아했고, 보석으로 장식한 옷을 입었지만 늘 상호(相好)로써 그 몸을 장엄했고, 비록 음식을 먹고 마시긴 했지만 늘 선정(禪定)과 등지(等持)의 맛을 섭취했다. 비록 바둑, 장기 같은 오락을 중생들과 함께 즐겼지만 실제로는 늘 그들을 성숙시키기 위한 것이었으며, 비록 일체 외도의 궤의(軌義)를 품수 받았어도 불법을 즐기는 마음을 무너뜨리지 않았다. 일체 세간[4]의 모든 경서와 논(論)에 밝았어도 내원(內苑)[5]에서는 늘 법락(法樂)[6]을 음미하였다.

---

2 samapatti를 번역한 것이다. 몸과 마음이 평화롭고 안온해지는 상태를 말함.

3 생사유전이 되풀이되는 미혹의 세계를 셋으로 분류한 것. 탐욕(특히 식욕, 음욕, 수면욕)이 치열하게 타오르는 욕계(欲界)가 가장 밑에 있다. 이 욕계 안에 육도(六道)))가 있으며, 욕계의 천상계를 육욕천(六欲天)이라 한다. 욕계 위에 있는 세계가 색계(色界)로서 탐욕은 없으나 미묘한 형상으로 이루어진 세계다. 욕망을 벗어난 청정한 세계로 사선천(四禪天)으로 이루어졌으며, 이 사선천을 다시 17천으로 나눈다. 무색계(無色界)는 색계 위의 가장 높은 세계로 물질과 형상을 초월한 정신만이 존재하는 세계다. 4천으로 이루어졌으며, 가장 높은 천계가 비상비비상천(非想非非想天)이다.

4 세계라는 뜻으로, 윤회전생을 거듭하는 중생의 세계를 말함. 속세와 같은 뜻으로 쓰이며, 모든 생사(生死)의 법을 이름.

5 올바른 법의 세계, 진여의 세계를 뜻한다.

마을의 모든 집회에 나가서도 늘 최고의 설법자로 존경받았으며, 존귀함과 비천함에 대한 세상의 가르침을 따르면서도 하는 일에는 늘 빈틈이 없었으며, 세간의 재물을 바라지 않으면서도 세속의 이익에 대해 익힌 바가 있었다. 중생을 이롭게 하기 위해 저자와 거리에 나가 노닐었으며, 중생을 보호하기 위해 온갖 정사(政事)를 다스렸으며, 법을 강론하는 곳에 들어가서는 대승으로 인도했으며,[7] 어린이를 깨우쳐 주기 위해 학당에 들어갔으며, 욕망의 지나침을 보여 주기 위해 음란한 곳에도 들어갔으며, 술을 마셔도 정념정지(正念正知)를 잃지 않는 걸 보여주기 위해 유흥가에서 노닐었다.

장자들 가운데 있으면 장자들의 어른이 되서 그들에게 뛰어난 법을 설해주었고, 거사들 가운데 있으면 거사들의 어른이 되서 그들의 탐욕과 집착을 끊었으며, 크샤트리아[8] 가운데 있으면 크샤트리아의 어른이 되서 인욕을 가르쳤고, 브라만 가운데 있으면 브라만의 어른이 되서 아만(我慢)을 없애주었고, 대신 가운데 있으면 대신들의 어른이 되서 정법으로 가르쳤고, 왕자들 가운데 있으면 그들의 어른이 되서 충효(忠孝)로써 보여주었고, 내관 가운데 있으면 내관들의 어른이 되서 궁녀들을 올바르게 교화했고, 서민들 가운데 있으면 그들의 어른이 되

6 불법의 묘하고 깊은 맛을 즐기는 것.

7 불교에서 소승과 대승은 교단의 성립과 불교 철학의 전개와 관련된 복잡한 문제이지만, 여기서는 소승을 자신의 해탈만을 목적으로 하는 것으로 보고, 대승은 자신뿐만 아니라 다른 사람의 해탈까지도 목표로 하는 보살 정신을 표방하는 것으로 보아 둘을 비교한 것임.

8 인도에는 신분에 따른 계급 제도 캐스트가 있다. 이 캐스트는 사제 계급인 브라만, 왕족 무사 계급인 크샤트리아, 평민 계급인 바이샤, 천민 계급인 수드라로 이루어져 있다.

서 비슷한 복덕과 뛰어난 의락(意樂)을 수행했으며, 범천(梵天) 가운데 있으면 그들의 어른이 되서 모든 대중들에게 선정의 차별을 보여주었고, 제석천 가운데 있으면 그들의 어른이 되서 모두가 다 무상함을 자재하게 나타내 보였고, 호세[9] 가운데 있으면 호세의 어른이 되서 일체의 이익과 안락을 수호했다. 이처럼 무구칭은 불가사의하고 한량이 없는 능숙한 방편의 지혜문으로 중생들에게 이익을 주었다.

무구칭은 방편으로 몸에 병이 있음을 나타내었다. 그러자 그 병 때문에 국왕, 대신, 장자, 거사, 브라만과 왕자들 및 나머지 관속들 수천 명이 모두 가서 문병을 하였다. 무구칭은 그들이 도착하자 몸의 병을 이유로 널리 법을 설하였다.

> 어진 이들이여, 사대(四大)[10]의 합성으로 이루어진 이 몸은 강하지도 굳세지도 못하고 힘도 없는 무상한 것입니다. 너무나 빨리 썩기 때문에 믿고 간직할 수 있는 것이 아니며, 고통스럽고 번뇌스러운 온갖 병의 그릇으로서 허물과 근심이 많기 때문에 어차피 무너지기 마련입니다. 어진 이들이여, 이 같은 몸은 총명하고 지혜 있는 사람이 의지할 바가 못 됩니다.
>
> 이 몸은 잡거나 만질 수 없는 거품 덩어리 같은 것이며, 이 몸은 오래 지속될 수 없는 포말 같은 것이며, 이 몸은 뭇 번뇌와 갈애(渴愛)[11]로부터 생겨난 아지랑이 같은 것이며, 이 몸은 알맹이 없는 파

9 호세사천왕(護世四天王)이라고도 함. 수미산을 둘러싼 사천하를 수호하는 천신. 지국천왕(持國天王), 증장천왕(增長天王), 광목천왕(廣目天王), 다문천왕(多聞天王)을 말한다.

10 사계(四界)라고도 함. 지(地), 수(水), 화(火), 풍(風)을 말함. 대(大)는 원소를 말한다. 이 네가지 원소로 일체의 물질을 구성한다.

초와 같은 것이며, 이 몸은 뒤바뀜[顚倒][12]으로부터 생겨난 허깨비[幻]같은 것이며, 이 몸은 허망하게 나타난 꿈과 같은 것이며, 이 몸은 업연(業緣)[13]에 따라 나타나는 그림자 같은 것이며, 이 몸은 인연따라 생기는 메아리 같은 것이며, 이 몸은 순식간에 변하면서 사라지는 구름 같은 것이며, 이 몸은 순간순간 불현듯 소멸되는 번개 같은 것이며, 이 몸은 주(主; 주재)가 없는 것이 마치 땅과 같으며, 이 몸은 나(我)라는 것이 없음이 마치 물과 같으며, 이 몸은 유정(有情)이 없는 것이 마치 불과 같으며, 이 몸은 목숨(命)이 없는 것이 마치 바람과 같으며, 이 몸은 보특가라(補特伽羅)[14]가 없는 것이 마치 허공과 같습니다.

이 몸은 실답지 않은 것으로 사대(四大)로 집을 삼으며, 이 몸은 텅 비어서(空) 나(我)와 내 것(我所)을 여의었으며, 이 몸은 지성이 없는 것이 마치 초목과 같으며, 이 몸은 작위하는 자가 없어서 바람의 힘으로 돌아가는 것이며, 이 몸은 청정치 않아서 더러움과 악으로 가득 찼으며, 이 몸은 거짓된 것이니 비록 임시로 입고 먹고 마시면서 기르고 있긴 하지마는 끝내는 부서져 사라지는 것이며, 이 몸은 우환이 많으니 404가지 병들이 모인 곳이며, 이 몸은 부서지기 쉬우니 오래된 우물이 말라붙듯이 늘 노쇠함의 핍박을 받으며, 이 몸은 고정불변의 것이 아니라서 반드시 죽게 마련이며, 이 몸은 원수의 해침이 두루하고 독사가 가득 차 있는 것과 같으며, 이 몸은 빈 마을과 같으니 온(蘊),[15] 처(處),[16] 계(界)[17]가 합성해서 이루어진 것이기

11 목 마른 사람이 애타게 물을 찾듯이 욕망을 채우려는 데 급급한 것을 말함.

12 바른 것은 잘못됐다고 생각하고 잘못된 것은 바르다고 뒤바꾸어 생각하는 것.

13 행위를 하게 되는 간접적인 조건. 배경.

14 pudgala를 소리나는 대로 읽은 것. 개체, 개체성, 개인을 말하는데, 죽어서 다시 태어나는 주체, 즉 아(我)와 같은 의미.

15 '쌓임', '유별(類別)됨'의 뜻으로 인간 존재를 구성하는 요소로서, 불교에서는 인간 존재를 비롯한 일체 만법을 다섯 가지 온으로 파악함. 1.색온(色蘊) : 대상 일반. 신체나 사물 등 일체의 대상. 2.수온(受蘊) : 감각과 지각하는 작용, 3.상온(想蘊) : 마음에 떠오르는 심상(心像), 표상작용, 4.행온(行蘊) : 의지 작용. 잠재적인 형성

때문이다.

어진 이들이여, 이러한 몸에 대해서는 응당 염증을 느껴 벗어나려고 해야 한다.그리고 여래의 몸에 대해서는 기뻐하는 마음을 내야한다. 왜냐하면 여래의 몸은 한량없는 선법(善法)이 모여 이루어진 것이기 때문이다. 즉 탁월한 복덕과 지혜를 헤아릴 수 없이 닦은 데서 생겨난 것이기 때문이요, 탁월한 계율(戒), 선정(定), 지혜(慧), 해탈(解脫), 해탈지견(解脫知見)[18]을 헤아릴 수 없이 닦은 데서 생겨난 것이기 때문이요, 사랑(慈) 연민(悲) 기쁨(喜) 포기(捨)를 닦은 데서 생겨난 것이기 때문이요, 보시, 지계, 인욕, 조복, 적정, 정진, 선정, 해탈, 등지(等持), 등지(等至), 반야, 방편, 원, 력, 지(智)등 일체의 바라밀을 닦은 데서 생겨난 것이기 때문이며, 육신통(六神通)[19]을 닦은 데

력, 5.식온(識蘊) : 인식 작용. 식별 작용. 의식. 마음의 작용 전체를 총괄하는 것.

16 눈, 귀, 코, 혀, 몸, 뜻의 여섯 가지 감각 기관을 육근(六根)이라 하며, 이 감각 기관의 대상인 빛깔, 소리, 냄새, 맛, 접촉, 법을 육경(六境)이라 함. 이 내적인 육근과 외적인 육경을 합쳐서 십이처라 하는데, 처(處)는 마음의 작용이 일어나기 위한 터전임.

17 온(蘊)은 쌓임, 유별(類別)됨의 뜻으로 인간 존재를 구성하는 요소다. 인간존재를 비롯한 일체 만법을 다섯 가지 온으로 파악한다.
1.색온(色蘊); 대상 일반. 신체나 사물 등 일체의 대상을 말한다. 2.수온(受蘊); 감각과 지각하는 작용. 3.상온(想蘊); 마음에 떠오르는 심상(心像), 표상작용. 4.행온(行蘊); 의지 작용. 잠재적인 형성력. 5.식온(識蘊); 인식작용. 식별작용. 의식. 마음의 작용 전체를 총괄한다. 처(處); 눈, 귀, 코, 혀, 몸, 뜻의 여섯가지 감각기관을 6근(六根)이라 하며, 이 감각기관의 대상인 빛깔, 소리, 냄새, 맛, 접촉, 요량(法)을 6경(六境)이라 한다. 이 내적인 6근과 외적인 6경을 합쳐서 12처라 한다. 처(處)는 이 마음의 작용이 일어나기 위한 터전(場)이다. 계(界); 12처에다 각각의 식별작용(六識)을 덧붙힌 것. 즉 눈과 빛깔에다 시각, 귀와 소리에다 청각, 코와 냄새에다 후각, 혀와 맛에다 미각, 몸과 접촉에다 촉각, 뜻과 요량에다 식별작용이다.

18 자신의 해탈을 자각하는 것. 또 계율, 선정, 지혜, 해탈, 해탈지견의 공덕을 갖춘 것을 5분법신이라 하는데 그 중 하나다. 즉 계율에서 선정이 나오고, 선정에 의해 지혜를 낳고, 지혜에 의해 해탈에 도달하고, 해탈에 의해 해탈지견을 안다.

19 여섯 가지 신통력. 1.자기와 타인의 먼 미래까지 투시하는 천안통(天眼通), 2.육신의 귀로는 들을 수 없는 소리를 듣는 천이통(天耳通), 3.타인의 심리를 자유자재로 아는

서 생겨난 것이기 때문이며, 삼명(三明)[20]을 닦아 생긴 것이기 때문이며, 삼십칠보리분법을 닦아서 생긴 것이기 때문이며, 지관(止觀)[21]을 닦아서 생긴 것이기 때문이며, 십력(十力)과 사무외(四無畏)를 닦아서 생긴 것이기 때문이며, 십팔불공법(十八不共法)을 닦아서 생긴 것이기 때문이며, 일체의 착하지 못한 법을 끊고 모든 착한 법을 쌓은 데서 생긴 것이기 때문이며, 진제(眞諦)의 실제를 방일치 않고 닦은 데서 생긴 것이기 때문이며, 한량없는 청정한 업을 닦은 데서 생긴 것이기 때문이다.

어진 이들이여, 여래의 몸은 공덕이 이와 같으니, 그대들 모두는 반드시 마음을 일으켜서 증득을 구해야 한다. 그대들이 이러한 여래의 몸을 성취해 모든 중생의 병을 없애고 싶다면, 그대들은 반드시 아뇩다라삼먁삼보리[22]의 마음을 일으켜야 한다.

무구칭은 문병하러 온 자들에게 알맞은 법을 설해서 그곳에 온 수십만 대중으로 하여금 모두 아뇩다라삼먁삼보리의 마음을 일으키게 했다.

타심통(他心通), 전생의 일을 아는 숙명통(宿命通), 마음대로 변화를 나타낼 수 있는 신족통(神足通), 번뇌를 완전히 벗어난 누진통(漏盡通).

20 명(明)은 지혜로 밝게 아는 것. 육신통 중 천안통, 숙명통, 누진통을 가리킨다.

21 망념을 쉬고 고요히 가라앉는 것이 지(止)이며, 지혜로 비추어보아 실상에 계합하는 것이 관(觀)이다. 양자는 동전의 앞뒤처럼 뗄 수 없는 상보적 관계임.

22 무상정등정각(無上正等正覺). 더 이상의 경지가 없는 최고의 깨달음.

2 說無垢稱經顯不思議方便善巧品第二

爾時廣嚴城中有大菩薩離呫毘種名無垢稱。已曾供養無量諸佛。於諸佛所深殖善根。得妙辯才具無生忍。逮諸總持遊戲神通。獲無所畏摧魔怨力。入深法門善於智度。通達方便大願成滿。明了有情意樂及行。善知有情諸根勝劣。智度成辦說法淳熟。於大乘中決定修習。於所作業能善思量。住佛威儀入心慧海。諸佛咨嗟稱揚顯說。釋梵護世常所禮敬。為欲成熟諸有情故。以善方便居廣嚴城。具無盡財。攝益貧窮無依無怙。具清淨戒。攝益一切有犯有越。以調順忍。攝益瞋恨暴嫉楚毒。以大精進。攝益一切懈怠懶惰。安住靜慮正念解脫等持等至。攝益一切諸有亂心。以正決擇。攝益一切妄見惡慧。雖為白衣而具沙門威儀功德。雖處居家不著三界。示有妻子常修梵行。現有眷屬常樂遠離。雖服寶飾而以相好莊嚴其身。雖現受食而以靜慮等至為味。雖同樂著博弈嬉戲。而實恒為成熟有情。雖稟一切外道軌儀而於佛法意樂不壞。雖明一切世間書論。而於內苑賞玩法樂。雖現一切邑會眾中。而恒為最說法上首。為隨世教於尊卑等。所作事業示無與乖。雖不希求世間財寶。然於俗利示有所習。為益含識遊諸市鄽。為護群生理諸王務。入講論處導以大乘。入諸學堂誘開童蒙。入諸婬舍示欲之過。為令建立正念正知遊諸伎樂。若在長者。長者中尊為說勝法。若在居士。居士中尊斷其貪著。若在剎帝利。剎帝利中尊教以忍辱。若在婆羅門。婆羅門中尊除其我慢。若在大臣。大臣中尊教以正法。若在王子。王子中尊示以忠孝。若在內官。內官中尊化正宮女。若在庶人。庶人中尊修相似福殊勝意樂。若在梵天梵天中尊。示諸梵眾靜慮差別。若在帝釋帝釋中尊。示現自在悉皆無常。若在護世護世中尊。守護一切利益安樂。是無垢稱。以如是等不可思議無量善巧方便慧門饒益有情。其以方便現身有疾。以其疾故。國王大臣長者居士婆羅門等。及諸王子并餘官屬。無數千人皆往問疾。時無垢稱。因以身疾廣為說法。言諸仁者。是四大種所合成身。無常無強無堅無力。朽故迅速不可保信。為苦為惱眾病之器。多諸過患變壞之法。諸仁者。如此之身。其聰慧者所不為怙。是身如聚沫不可撮摩。是身如浮泡不得久立。是身如陽焰從諸煩惱渴愛所生。是身如芭蕉都無有實。是身如幻從顛倒起。是身如夢為虛妄見。是身如影從業緣現。是身如響屬諸因緣。是身如雲須臾變滅。是身如電念念不住。是身無主為如地。是身無我為如水。是身無有情為如火。是身無命者為如風。是身無有補特伽羅與虛空等。是身不實四大為家。是身為空離我我所。是身無知如草木等。是身無作風力所轉。是身不淨穢惡充滿。是身虛偽雖假覆蔽飲食將養必歸磨滅。是身多患四百四病之所集成。是身易壞如水隧級。常為朽老之所逼迫。是身無定為要當死。是身如怨害周遍毒蛇之所充滿。是身如空聚諸蘊界處所共合成。諸仁者。於如是身應生厭離。於如來身應起欣樂。所以者何。如來身者。無量善法共所集成。從修無量殊勝福德智慧所生。從修無量勝戒定慧解脫解脫知見所生。從修慈悲喜捨所生。從修布施調伏寂靜戒忍精進靜慮解脫等持等至般若方便願力智生。從修一切到彼岸生。修六通生。修三明生。修三十七菩提分生。修止觀生。從修十力四無畏生。從修十八不共法生。從斷一切不善法集一切善法生。從修諦實不放逸生。從修無量清淨業生。諸仁者。如來之身功德如是。汝等皆應發心求證。汝等欲得如是之身息除一切有情病者。當發阿耨多羅三藐三菩提心。是無垢稱。為諸集會來問疾者如應說法。令無數千人皆發阿耨多羅三藐三菩提心。

제3장

성문품
聲聞品

3 성문품聲聞品

그때 무구칭은 이런 생각을 했다.

내 이런 병을 앓아 침상에 누워있으니 세존의 대자비심으로 어찌 불쌍히 여기지 않겠는가마는, 그래도 사람을 보내 문병을 시키지 않는구나.

그러자 세존께서는 무구칭의 생각을 알고 그를 불쌍히 여겨 사리불[1]에게 말씀하셨다.

그대가 무구칭에게 가서 문병하여라.

사리불이 말했다.

세존이여, 저는 무구칭을 뵙고 문병하는 일을 감당치 못하겠습니다. 그 이유는 이렇습니다. 언젠가 저는 큰 숲 속 나무 아래서 좌선을 하고 있었습니다. 그때 무구칭이 제가 좌선하는 곳에 와서 제 발에 절을 하고는 이렇게 말했습니다.

'사리불이여, 앉는 것만이 꼭 좌선은 아닙니다. 무릇 좌선이란 삼계 어디에도 몸과 마음을 나타내지 않는 것을 좌선이라 합니다. 멸진정(滅盡定)[2]에서 나오지 않으면서도 모든 위의(威儀)를 나타내는 것을

1 부처님의 십대제자 가운데 지혜가 가장 뛰어났으므로 지혜제일(智慧第一)이라고 불림. 현장은 사리자(舍利子)라고 함.

2 일체의 심리 작용을 완전히 소멸시킨 선정. 마음과 마음의 활동을 완전히 소멸시킨 무심(無心)의 경지.

좌선이라 합니다. 일체의 증득한 상(相)을 버리지 않으면서도 일체 이생(異生)의 온갖 법을 나타낼 수 있는 것을 좌선이라 합니다. 마음이 안에도 머무르지 않고 밖으로도 행하지 않는 것[3]을 좌선이라 합니다. 삼십칠 보리분법[4]에 머무르면서도 일체의 소견들을 벗어나지 않는 것을 좌선이라 합니다. 생사를 버리지 않는데도 번뇌가 없고, 열반을 증득했더라도 그 열반에 머물지 않는 것을 좌선이라 합니다. 만약 이렇게 좌선할 수만 있다면 부처님께서 인가(印可)하실 것입니다.'
당시 저는 무구칭의 말을 듣고서도 아무 대꾸도 못한 채 묵묵히 있었습니다. 이 때문에 저는 무구칭을 뵙고 문병하는 일을 감당치 못하겠습니다.

그러자 세존께서는 대목건련[5]에게 말씀하셨다.

그대가 무구칭을 찾아뵙고 문병하여라.

대목건련이 말했다.

세존이여, 저도 무구칭을 뵙고 문병하는 일을 감당치 못하겠습니다. 그 이유는 이렇습니다. 예전에 저는 바이살리 성에 들어가 거리에서 거사들을 위해 법의 요체를 설하고 있었습니다. 그때 무구칭이 그 장소에 와서 제 발에 절을 하고는 이렇게 말했습니다.
'대목건련이여, 흰옷 입은 거사(白衣居士)를 위해 법을 설할 때는 존자(尊者; 대목건련을 말함)처럼 설해서는 안됩니다. 무릇 법을 설할

3 오온으로 이루어진 몸과 마음을 보지 않으니 안에도 머물지 않고, 외부의 대상 사물에도 끄달리지 않으니 밖으로도 행하지 않는 것임.

4 깨달음을 성취하는 데 필요한 37가지 수행 요소. 사념처, 사정근, 사신족, 오근, 오력, 칠각지, 팔정도.

5 십대제자 가운데 신통력이 가장 뛰어나서 신통제일(神通第一)이라고 불림. 현장은 대목련(大目蓮)이라고 함.

때는 반드시 법대로 설해야 합니다.'

그래서 제가 무구칭에게 물었습니다.
'어떻게 해야 법대로 설하는 것입니까?'
무구칭은 즉시 이렇게 답했습니다.
'법에는 '나'(我)가 없으니 '나'라는 티끌(我垢)에서 벗어났기 때문이며, 법에는 정(情)이 있지 않으니 정(情)의 티끌에서 벗어났기 때문이며, 법에는 수명이 없으니 생사에서 벗어났기 때문이며, 법에는 보특가라(補特伽羅)[6]가 없으니 먼저와 나중이 끊어졌기 때문입니다.

법은 늘 고요하니 모든 모습을 멸했기 때문이며, 법은 탐욕과 집착을 벗어났으니 반연(攀緣)[7]하는 바가 없기 때문이며, 법에는 문자가 없으니 언어가 끊어졌기 때문이며, 법은 표현할 길이 없으니 일체 사념의 물결을 멀리 벗어났기 때문이며, 법은 일체 모든 것에 두루 현현하니 허공과 같기 때문이며, 법은 드러낼 것도 없고[無顯], 형상도 없고[無形], 모습도 없는[無相] 것이니 일체의 행하고 움직이는 일을 멀리 벗어났기 때문이며, 법에는 '내 것'(我所)이 없으니 '내 것'이라는 관념을 벗어났기 때문이며, 법은 요달하고 구별함이 없으니 마음과 의식(心識)에서 벗어났기 때문이며, 법에는 비교함이 없으니 상대가 없기 때문이며, 법은 인(因)에 속하지 않으니 연(緣)에 연루되지 않기[8] 때문이며, 법은 법계(法界)[9]와 동일하니 일체의 참법계(眞法界)[10]에 평등하게 들어가기 때문이며, 법은 그 자체(如)를 따르

6 개체, 개체성, 개인을 말하며, 죽어서 다시 태어나는 주체, 즉 아(我)와 같은 의미.
7 반은 어딘가에 달라붙는다는 의미. 바깥의 대상을 인식하는 것, 또는 마음이 그 대상에 의해서 움직이는 것.
8 인(因)은 직접적인 원인, 연(緣)은 간접적인 조건.
9 법은 일체 만법. 계는 원래 요소를 의미했으나 불교에서 성품(性)의 의미가 부가된 것으로 보임. 결국 법계는 사물의 본성이란 뜻이나 특히 대승에서는 진리의 현현인 진여(眞如)와 동일하게 쓰인다.
10 법은 일체 만법. 계는 원래 요소를 의미했으나 불교에서 성품(性)의 의미가 부가된 것으로 보임. 결국 법계는 사물의 본성이란 뜻이나 특히 대승에서는 진리의 현현인

니 따를 바가 없기 때문이며, 법은 실재의 경계(實際)[11]에 머무니 궁극적으로는 부동(不動)이기 때문이며, 법에는 흔들림이 없으니 여섯 경계(六境)[12]에 의존치 않기 때문이며, 법에는 가고 옴(去來)이 없으니 머무는 바가 없기 때문이며, 법은 공(空)에 순응하고 무상(無相)을 따르고 무원(無願)에 응하니[13] 일체의 증장하고 줄어드는 사념에서 멀리 벗어났기 때문이며, 법에는 취하고 버림이 없으니 생멸에서 벗어났기 때문이며, 법에는 갈무리하는 근본 의식[執藏][14]도 없으니 일체의 눈, 귀, 코, 혀, 몸, 뜻의 범주를 초월했기 때문이며, 법에는 높고 낮음이 없으니 늘 부동에 머무르기 때문이며, 법은 분별에서 나온 어떤 행실도 벗어났으니 모든 쓸데없는 논쟁을 절대적으로 끊었기 때문입니다.

자, 대목건련이여, 법상(法相)이 이러하니 어떻게 설할 수 있겠습니까? 무릇 '법을 설한다'는 것은 일체가 모두 늘어나고 줄어드는 것이며, 그 '법을 듣는다는 것'도 마찬가지로 모두 늘어나고 줄어드는 것입니다. 만약 이 곳(是處)에서 늘어남도 없고 줄어듦도 없다면, 바로 이 곳(是處)에 도무지 설할 수도 없고 들을 수도 없고 명료히 구별할 것도 없습니다. 존자 목건련이여, 비유하자면 환술사(幻士)가 환술로 만든 자(幻化者)에게 모든 법을 설하는 것과 같으니, 이런 마음에

진여(眞如)와 동일하게 쓰임.

11 허망하지 않은 있는 그대로의 진실된 모습.

12 눈, 귀, 코, 혀, 몸, 뜻으로 감각하는 대상.

13 공(空), 무상(無相), 무원(無願)을 삼해탈문이라 하며, 깨달음에 이르는 세가지 길을 말함. 첫째, 공 해탈문; 일체 만법이 비어있음을 관(觀)하는 것, 둘째, 무상 해탈문; 일체 만법이 비어있기 때문에 어떤 차별상도 없음을 관하는 것, 세번째, 무원 해탈문; 어떤 차별상도 없는 무상이기 때문에 염원해서 구할 것이 없음을 관하는 것.

14 알라야(ālaya) 식(識). 알라야는 갈무리하는 곳, 저장소를 뜻하는데, 마음의 가장 깊숙한 곳에 갈무리되어 있다고 해서 근본식(根本識)이라고도 함. 전(前) 순간의 심리 작용의 씨앗(種子)을 저장해 다음 순간의 심리 작용을 야기함. 모든 현상의 직접적인 원인인 종자를 받아들여 저장하는 정신적 원리이지 어떤 실체적인 것은 아님. 이 알라야 식도 본성은 비어 있기 때문임.

입각해야 비로소 법을 설할 수 있는 것입니다. 반드시 일체 중생의 근기(根機)[15]의 성향이 다르다는 걸 잘 알아야 하고, 오묘한 지혜의 눈으로 걸릴 바가 없음을 살펴야 하고, 대자비를 나타내야 하고, 대승을 찬양해야 하고, 부처님의 은혜를 갚을 걸 생각해야 하고, 의락(意樂)이 청정해야 하고, 법의 표현들을 능숙해야 하고, 삼보의 종성[16]이 영원토록 끊어지지 않게 해야 비로소 법을 설하는 것입니다.'
세존이여, 저 대거사 무구칭이 이렇게 법을 설하자 그곳에 모인 사람들 중 팔백거사가 모두 아뇩다라삼먁삼보리의 마음을 일으켰습니다. 당시 저는 뭐라고 변명할 수가 없어 잠자코 있었습니다. 이 때문에 저는 그를 찾아뵙고 문병하는 일을 감당치 못하겠다고 한 것입니다.

그러자 세존께서는 대가섭[17]에게 말씀하셨다.

그대가 무구칭을 찾아뵙고 문병하여라.

대가섭이 말했다.

세존이여, 저는 무구칭을 찾아뵙고 문병하는 일을 감당치 못하겠습니다. 그 이유는 이렇습니다. 예전에 저는 바이살리 성내의 가난한 마을을 돌면서 걸식하고 있었습니다. 그때 무구칭이 제가 있는 곳에 와서 제 발에 절을 하고는 이렇게 말했습니다.
'대가섭이여, 자비심이 있으면서도 평등하게 행하지를 못하는군요. 부잣집을 피해 가난한 집만 걸식하다니. 존자 가섭이여, 일체가 모두 평등하다는 법에 입각해서 응당 차례대로 걸식을 행해야 합니다. 궁극적으로는 먹지 않기(不食)[18] 위해 걸식해야 하며, 먹는데 대한

15 가르침을 듣고 이해해서 그것을 따를 수 있는 소질, 능력.
16 부처님과 법과 승단의 본래 성품.
17 십대제자 가운데 두타제일(頭陀第一)이라고 불림. 두타란 의식주에 대한 집착을 끊고 엄격한 수행생활을 하는 것을 이름. 현장은 가섭파(迦葉波)라고 함.

집착을 없애고 싶기 때문에 걸식[19]해야 하며, 남이 베푸는 음식도 받고자 하기 때문에 걸식해야 합니다.

마을에 들어갈 때는 마을이 텅 비어있다는 생각으로 들어가고, 그러면서도 크고 작은 남녀를 성숙시키기 위해 모든 성읍(城邑)을 지나가야 하고, 또 부처님의 가정을 방문하는 것처럼 들어가야 합니다. 걸식하는 집에 가서는 받지 않기 때문에 그 음식을 응당 받아야 하고, 보이는 빛깔은 장님이 보듯이 보아야 하고, 들리는 소리는 메아리처럼 들어야 하고, 맡는 냄새는 바람을 냄새 맡듯 해야 하고, 음식의 맛은 분별치 않아야 하고, 감촉을 지각하는 것은 지혜(智)로 증득한 듯해야 합니다. 모든 법은 환상과 같아서 자체의 고유한 성질(自性)도 없고 그렇다고 다른 별개의 성질(他性)도 없으며, 치열히 불타는 것도 없고 적멸한 것도 없다는 걸 알아야 합니다.

존자 가섭이여, 여덟 가지 삿됨(八邪)[20]을 버리지 않고 여덟 가지 해탈(八解脫)[21]에 들어갈 수만 있다면, 그 여덟 가지 삿됨의 평등성을 갖고 올바른 평등성으로 들어갈 수 있습니다. 또 한 그릇 음식을 모든 중생에게 베풀면서 모든 붓다와 성현들에게도 공양할 수 있다

18 실제로 아무 것도 먹지 않는다는 뜻이 아니라 열반의 경지를 말함. 승조(僧肇)는 열반의 경지에서는 생과 사, 추위와 더위, 굶주림과 목마름이 없다고 했다.

19 탁발(托鉢)이라고도 하며 재가자의 집 앞에 서서 음식을 비는 것을 말하는데, 출가자들은 이 걸식을 통해서 생활함.

20 팔정도와 대립되는 것. 즉 사견, 사사유, 사어, 사업, 사명, 사정진, 사념, 사정.

21 멸진정에 이르는 여덟 가지 해탈. 번뇌의 속박을 벗어나 해탈하는 여덟 가지 선정. 이 선정을 닦으면 미혹을 벗어나 아라한의 깨달음을 얻기 때문에 해탈이라 말한 것임. 1.어떤 대상을 일심으로 생각(念想)함으로서 욕정을 없애고, 2.나아가 생각 중의 마음을 하나로 집중시켜 통일하고, 3, 4.그 위에 마음을 외부 대상으로부터 분리시켜 냉정히 유지하면서 몸과 마음을 청정한 경계에 이르게 하고, 이 단계에서 5.무한한 공간을 일심으로 생각하여 외부 세계의 차별상을 소멸시키고, 6.그 마음의 작용이나 신체도 무한한 경계에 이르게 하고, 7.그러한 공간이나 마음의 경계를 초월한 근원에 도달하고, 8.그 근원이 되는 터전이 늘 현실로서 나타나는 경계에 도달한다. 때로는 여기다가 멸진정을 덧붙히는 경우도 있다.

면, 그때 비로소 나 자신도 먹을 수 있는 것입니다. 이렇게 먹는 자는 번뇌에 물들지 않으면서도 번뇌를 벗어나지도 않으며, 선정에 들지 않으면서도 선정에서 나오지도 않고, 생사에 머물지 않으면서도 열반에도 머물지 않으니, 이래야만 먹을 수 있는 것입니다.

존자의 걸식에 음식을 베푸는 사람들은 작은 과보도 없고 큰 과보도 없으며, 이익됨도 없고 손해됨도 없으니, 이는 바로 바로 붓다의 길(佛趣)로 들어가는 것이요 성문[22]의 길로 들어가는 것이 아닙니다. 존자 가섭이여, 만약 이렇게 음식을 먹을 수만 있다면 남이 베푸는 음식을 헛되이 받아먹는 것은 아닙니다.'

세존이여, 당시 저는 이 말을 듣고 깜짝 놀라서 그 즉시 모든 보살들에 대해 깊이 공경하는 마음을 일으켰습니다. 정말 신기한 것은 세존이여, 세속 선비의 말솜씨(辨才)와 지혜가 이 정도라는 것입니다. 지혜(智) 있는 사람이 그의 설법을 듣는다면 누구인들 아뇩다라삼먁삼보리의 마음을 일으키지 않겠습니까? 저도 그때부터 중생에게 성문승의 길이나 독각승[23]의 길 따위를 권하지 않고, 오직 마음을 일으켜 아뇩다라삼먁삼보리를 구하기를 가르쳤습니다. 이 때문에 저는 그를 찾아뵙고 문병하는 일을 감당치 못하겠다고 한 것입니다.

세존께서는 다시 수보리[24]에게 말씀하셨다.

22 본래는 부처님의 가르침을 듣는 사람으로 서 부처님의 제자를 뜻했으나 후대에 보살 사상을 주장하는 대승불교가 등장하고서는 자신의 깨달음만을 추구하는 소승불교의 수행자를 뜻하게 됨.

23 성문승, 독각승, 보살승을 삼승(三乘)이라고 한다. 승(乘)은 실어나르는 수레이니 붓다의 가르침으로 중생을 실어 피안에 이르게 한다는 비유에서 나왔다. 성문승은 붓다의 직접적인 설법을 듣고 해탈을 얻는 무리, 독각승은 스승없이 깨달음을 얻은 무리, 보살승은 자기의 해탈 뿐아니라 타인도 해탈로 인도하는 수행을 하는 무리이다.

24 십대제자 가운데 공(空)의 이치를 가장 잘 알았다고 해서 해공제일(解空第一)이라고 불림. 현장은 대선현(大善現)이라고 함.

그대가 무구칭을 찾아뵙고 문병하여라.

수보리가 대답했다.

세존이여, 저는 무구칭을 찾아 뵙고 문병하는 일을 감당치 못하겠습니다. 그 이유는 이렇습니다. 예전에 저는 바이살리 성내에 들어가 걸식을 행하다가 그의 집에 들어가게 되었습니다. 그때 무구칭은 저에게 예의를 표하고는 제 밥그릇[25]에다 맛있는 음식을 가득 채워주면서 말했습니다.

'존자 수보리여, 이 음식에 대한 평등성으로 일체 만법의 평등성에 들어갈 수 있다면, 또 일체 만법의 평등성으로 모든 부처님의 평등성으로 들어갈 수 있다면,이 음식을 먹어도 좋습니다.

존자 수보리여, 탐냄, 성냄, 어리석음[26]을 끊지 않으면서도 그런 것들과 함께 하지 않을 수 있다면, 살가야견(薩迦耶見)[27]을 무너뜨리지 않고서도 단 하나의 평등한 길(一趣道)에 들어갈 수 있다면, 무명(無明)[28]과 아울러 삶에 대한 갈망을 멸하지 않고서도 슬기의 광명을 일으켜 해탈을 이룰 수 있다면, 오무간업(五無間業)[29]의 평등한

25 발우(鉢盂)를 말하며, 비구가 걸식할 때 쓰는 그릇임.

26 이것을 삼독(三毒)이라고 하는데 중생이 열반에 이르지 못하는 이유는 바로 이 탐냄과 성냄과 어리석음 때문임. 이것은 괴로움의 원인인 갈애와도 같은 말임.

27 satkaya-drsti를 소리나는대로 읽은 것. 유신견(有身見)이라고 번역한다. 우리 존재가 오온이 임시로 합성해서 이루어진 것인 줄 모르고, 그것을 실체적으로 존재한다고 생각해 진짜 '나'가 있다고 집착하는 견해.

28 현상계의 있는 그대로를 보지 못하는 어리석음.

29 오무간은 팔대지옥 중 여덟번 째인 아비(阿鼻) 지옥을 말한다. 이 아비 지옥에 떨어지는 걸 감수해야하는 다섯 가지 죄(五逆罪)를 오무간업이라 한다. 오역죄는 아버지를 죽이는 것, 어머니를 죽이는 것, 아라한을 살해하는 것, 붓다의 몸에 피를 내는 것, 승단의 화합을 파괴하는 것이다.

법성(法性)으로 해탈의 평등한 법성으로 들어가서 해탈도 없고 속박도 없다면, 사제(四諦)[30]를 본 적이 없으면서도 사제를 보지 않은 적도 없다면, 과보를 성취하지 않았으나 과보를 성취하지 않는 사람도 없다면, 범인이 아니지만 범인의 법을 여읜 것도 아니라면, 성인이 아니지만 성인 아님도 아니라면, 일체의 법을 성취하면서도 모든 법상(法想)에서 벗어나 있다면, 이 음식을 먹어도 좋습니다.

존자 수보리여, 그대가 부처님을 보지도 않고 법을 듣지도 않으며 승가를 섬기지도 않으면서, 동시에 저 외도(外道)의 여섯 스승 프라나 카샤파, 마스카린 고살리푸트라, 산자인 바이라티푸트라, 카쿠다 카차야나, 아지타 케사킴발라, 니르그란타 나티푸트라[31] 등을 그대의 스승으로 삼아 그들을 의지해 출가해서 그 여섯 스승이 떨어진 곳에 존자 역시 떨어질 수 있다면, 이 음식을 먹어도 좋습니다.
존자 수보리여, 모든 온갖 잘못된 소견의 길에 빠져있으면서도 양극단이나 중도[32]에 이르지 않는다면, 여덟 가지 재난(無暇)에 묶여있으면서도 유리한 조건(有暇)을 구하지 아니한다면, 온갖 오염된 욕망과 어울리면서도 청정함을 성취하지 않는다면, 모든 중생이 얻는 아라나(無諍)[33]를 존자 역시 얻지만 그것을 청정한 복전이라 이름 붙이지 않는다면, 그대에게 음식을 보시한 사람들이 여전히 삼악도(三惡道)[34]에 떨어진다면, 존자를 온갖 마(魔)와 함께 손잡고서 모든 번뇌를 반려로 삼는다고 여긴다면, 일체 번뇌의 본성(自性)이 곧 존자의

30 붓다가 설한 네가지 명제의 진리. 일체 모든 것이 고통이라는 고제(苦諦), 고통의 원인인 갈애(渴愛)를 설한 집제(集諦), 갈애를 소멸시킨 열반의 경지를 설한 멸제(滅諦), 열반에 이르는 길, 즉 팔정도를 설한 도제(道諦)이다.

31 이들을 육사외도(六師外道)라고 하는데, 부처님 생존시에 세력을 떨쳤던 6명의 사상가들임.

32 어느 한 쪽에 치우치지 않은 바른 길. 수학적 의미의 가운데가 아니라 바름(正)을 의미하는 중(中)임.

33 araṇa를 소리나는 대로 읽은 것. 논쟁하지 않음. 쟁(諍)은 번뇌와 같은 뜻이므로 번뇌가 없음을 이름.

34 죄를 지은 결과 태어나는 곳. 지옥, 아귀, 축생.

본성이라면, 모든 중생에 대해 원망하고 해치는 감정을 갖는다면, 모든 부처님을 경멸한다면, 부처님의 모든 가르침을 비방한다면, 승가에 의존하지 않는다면, 마지막으로 궁극의 열반에 들어가지 않는다면, 이 음식을 먹어도 좋습니다.'

세존이여, 그때 저는 무구칭의 말을 듣고서 무엇을 어찌해야 좋을지 앞이 캄캄해 방향감각을 잃었습니다. 무슨 말을 하는지 알지도 못했고 어떻게 대답해야 할지 몰랐습니다. 밥그릇을 버려둔 채 그 집을 나오려 하자 무구칭이 제게 말했습니다.
'존자 수보리여, 밥그릇을 가져가시고 내 말을 두려워 마십시오. 어떻게 생각하십니까? 만약 그대에게 이런 말을 한 분이 여래가 만든 화신[化人]이었다면 두려워하겠습니까?'
제가 대답했습니다.
'아니, 두려워하지 않습니다.'

그러자 무구칭이 다시 말했습니다.
'일체 만법의 성품(性)과 모습(相)은 다 허깨비 같은 것입니다. 일체 유정과 모든 언설의 성품과 모습도 역시 마찬가지입니다. 이것이 모든 지혜 있는 사람이 문자에 대해 집착하지도 않고 두려워하지도 않는 이유입니다. 왜냐하면 일체의 언설이 모두 성품과 모습을 여의었기 때문이며, 이는 일체 문자도 성품과 모습을 여의었기 때문입니다. 도무지 문자가 아니라면 일체가 바로 해탈이니, 이 해탈의 모습(解脫相)이 바로 일체 만법입니다.'

세존이여, 저 대거사인 무구칭이 이 법을 설하자 이만명의 천자(天子)가 번뇌의 어둠과 욕망의 오염에서 벗어나 일체 만법에 대한 법안(法眼)의 청정함을 얻었습니다. 그리고 오백 명의 천자는 순법인(順法忍)[35]을 터득했습니다. 그런데도 저는 묵묵히 할 말을 잃어버

35 모든 것은 나지도 않고 없어지지도 않는다는 깨달음.

려 대답하질 못했습니다. 이 때문에 저는 그를 찾아뵙고 문병하는 일을 감당치 못하겠다고 한 것입니다.

세존께서 다시 부루나[36]에게 말씀하셨다.

그대가 무구칭을 찾아뵙고 문병하여라.

부루나가 말했다.

세존이여, 저는 무구칭을 찾아뵙고 문병하는 일을 감당치 못하겠습니다. 그 이유는 이렇습니다. 예전에 저는 큰 숲속에서 처음 배우는 비구들을 위해 법을 설하고 있었습니다. 그때 무구칭이 그곳에 와서 제 발에 절을 하고는 이렇게 말했습니다.

'부루나여, 먼저 선정에 들어 비구들의 마음을 관찰하고 난 다음에 그들을 위해 법을 설하시오. 더러운 음식을 보배 그릇에 담지 마시오. 반드시 비구들의 마음이 어딜 지향하고 있는지 먼저 확실히 알아야 할 것이니, 값으로 따질 수도 없는 사파이어 보석(吠琉璃寶)을 깨지기 쉬운 유리 구슬(水精珠)과 혼동해서는 안됩니다. 존자 부루나여, 모든 중생들 근기의 차별성을 살피지 않고서 보잘 것 없는 근기가 수용하는 법을 주어선 안됩니다. 저들 스스로는 상처가 없으니 그대가 상처를 주지 마시오. 대도(大道)를 행하고자 한다면 작은 길을 제시하지 마시오. 햇빛을 저 반딧불과 비교하지 마시오. 큰 바다를 소 발자국 안에 넣으려고 하지 마시오. 수미산을 겨자씨 안에 넣으려고 하지 마시오. 대사자후[37]를 들짐승들의 울음소리와 함께

36 십대제자 가운데 설법을 가장 잘 해서 설법제일(說法第一)이라고 불림. 현장은 만자자(滿慈子)라고 함.

37 사자의 울음소리. 사자가 그 울음소리로 모든 짐승을 굴복시키듯이 부처님의 설법이 모

취급하지 마시오.
존자 부루나여, 이 비구들은 전에는 대승의 마음을 내었는데 최근에 와서 보리를 기원하다가 그 마음을 잊었을 뿐이오. 그러니 어찌 성문승의 법을 보여주겠소. 내가 성문들의 지혜를 살펴보니 미천하기가 태어날 때부터 앞을 보지 못하는 장님 이상으로 캄캄해서 대승이 없습니다. 그들은 중생의 근기와 지혜(智)를 관찰해도 그들 근기의 날카롭고 무딤을 분별할 수 없습니다.'

그리고 무구칭은 이같은 뛰어난 삼매에 들어가서 모든 비구들이 한량없는 숙세(宿世; 전생)[38]의 차별을 기억해낼 수 있도록 했습니다. 즉 그들은 과거 오백 명의 부처님의 처소를 섬기면서 모든 선근을 심고 한량없이 뛰어난 공덕을 쌓아 아뇩다라삼먁삼보리의 마음으로 회향했었습니다. 비구들이 숙세의 일을 모두 기억하자 보리를 구하는 마음이 다시 현재에 드러났습니다. 그들은 즉시 무구칭의 발에 머리 숙여 절을 하였습니다. 그러자 무구칭은 법을 설한 것을 인연으로 그들이 아뇩다라삼먁삼보리의 마음에서 다시는 물러나지 않도록 하였습니다.

세존이여, 당시 저는 이렇게 생각했습니다. '성문승들은 남들의 생각과 근기의 성향을 알지 못하니, 여래에게 말씀드리지 않고서는 어느 누구에게도 결코 법을 설해서는 안된다.' 이렇게 생각한 이유는 성문승들은 중생의 근기의 낫고 못함을 잘 알아내지도 못하고, 부처님이신 세존처럼 늘 선정 상태에 있지도 못하기 때문입니다. 이 때문에 저는 그를 찾아뵙고 문병하는 일을 감당치 못하겠다고 한 것입니다.

세존께서 마하가전연[39]에게 말씀하셨다.

든 중생을 조복시킨다는 의미에서 부처님의 음성을 사자후에 비유하곤 함.

38 전생(前生).

39 십대제자 가운데 교리에 뛰어났으므로 논의제일(論議第一)이라고 불림. 현장은 마하가다연나(摩訶迦多衍那)라고 함.

그대가 무구칭을 찾아뵙고 문병하여라.

가전연이 말했다.

저는 무구칭을 찾아뵙고 문병하는 일을 감당치 못하겠습니다. 그 이유는 이렇습니다. 예전에 붓다께서는 비구들을 위해 법을 설한 뒤 선정에 들었습니다. 저는 세존께서 선정에 든 바로 직후 세존이 가르친 내용을 분별하고 결택(決擇)해서 이건 무상(無常)의 뜻이고, 이건 고(苦)의 뜻이고, 이건 공(空)의 뜻이고, 이건 무아(無我)의 뜻이고, 이건 적멸(寂滅)[40]의 뜻이라고 비구들에게 일러줬습니다. 그때 무구칭이 그 장소에 와서 제 발에 절을 하고는 이렇게 말했습니다. '대존자 가전연이여, 생멸하고 분별하는 마음으로 실상법(實相法)[41]을 설하지 마십시오. 왜 그렇겠습니까? 모든 법은 궁극적으로는 과거에 생긴 것(已生)도 아니요, 현재 생기고 있는 것(今生)도 아니요, 미래에 생길 것(當生)도 아니며, 또 과거에 멸한 것(已滅)도 아니요, 현재 멸하고 있는 것(今滅)도 아니요, 미래에 멸할 것(當滅)도 아니기 때문이니, 이것이 바로 무상의 뜻입니다. 오온(五蘊)의 본성이 궁극적으로는 공(空)하다는 사실을 통달하면 결국 말미암아 일어나질(由起) 않기 때문이니, 이것이 바로 고의 뜻입니다. 일체 만법이 궁극적으로는 고정적 실체(所有)가 없기 때문이니, 이것이 바로 공의 뜻입니다. '나'(我)와 '나 없음'(無我)이 둘이 아님을 알기 때문이니, 이것이 바로 무아의 뜻입니다 .그 자체 고유한 성품(自性)도 없고, 그 밖의 다른 종류의 성품(他性)도 없는 것은 불타지도 않으며, 불타지 않는 것은 꺼질 수도 없으니 적정(寂靜)[42]해질 것도 없습니다. 이처럼 꺼질 수도 없는 그것이 절대적인 적정이요 궁극적인 적정이니, 이것이 바로 적정의 진정한 뜻입니다.'

40 모든 번뇌가 소멸하여 안락한 데 머무르게 되는 것. 열반을 번역한 것.
41 존재의 실상, 실재.
42 열반, 적멸과 같은 뜻으로서, 모든 번뇌를 가라앉혀 편안함.

무구칭이 이러한 법을 설하자 그 비구들은 모든 번뇌(漏)가 소멸되면서 마음이 해탈하였습니다. 세존이여, 당시 저는 묵묵히 있으면서 대답하질 못했습니다. 이 때문에 저는 그를 찾아뵙고 문병하는 일을 감당치 못하겠다고 한 것입니다.

세존께서는 아나율[43]에게 말씀하셨다.

그대가 무구칭을 찾아뵙고 문병하여라.

아나율이 대답했다.

세존이여, 저는 무구칭을 찾아뵙고 문병하는 일을 감당치 못하겠습니다. 그 이유는 이렇습니다. 예전에 저는 큰 숲속의 한 곳에서 경행(經行)[44]을 하고 있었습니다. 그때 엄정(嚴淨)이라는 이름을 가진 범천왕이 일만 명의 범천들과 함께 대광명을 뿌리면서 제가 있는 곳을 찾아와 절을 하면서 물었습니다.
'존자 아나율이여, 그대가 터득한 천안[45]은 얼마나 볼 수 있습니까?'
저는 그 범천왕에게 이렇게 대답했습니다.
'대선(大仙)은 알아야 하오. 나는 이 석가모니 부처님의 삼천대천세계를 마치 손바닥 안의 암라 열매처럼 봅니다.'

그때 무구칭이 그곳에 와서 제 발에 절을 하고는 이렇게 말했습니다.
'존자 아나율이여, 그대가 터득한 천안은 행하는 모습(行相)이 있는 것입니까, 아니면 행하는 모습이 없는 것입니까? 만약 행하는 모습

43 십대제자 가운데 통찰력이 뛰어났으므로 천안제일(天眼第一)이라고 불림. 현장은 무멸(無滅)이라고 함.
44 일정한 구역을 이리저리 거니는 것. 좌선 중 졸음을 막기 위해, 또는 병을 치료하기 위해 가볍게 운동하는 것.
45 보통 사람의 눈에는 보이지 않는 것까지도 꿰뚫어 볼 수 있는 신통력.

이 있다면 외도의 오신통(五神通)과 같은 것이요, 행하는 모습이 없다면 그것은 무위(無爲)[46]이니 본다는 것이 있을 수 없습니다. 존자께서 터득한 천안이 볼 수 있다는 건 무엇을 말한 것입니까?'

세존이여, 당시 저는 묵묵히 대답할 수 없었습니다. 그러나 범천들은 무구칭의 설법을 듣고 경이감에 차서 즉시 무구칭에게 예의를 표하며 물었습니다.
'이 세상에서 누가 참다운 천안을 얻었습니까?'
무구칭이 말했습니다.
'부처님이신 세존께서 참다운 천안을 얻었습니다. 적정(寂定)을 버리지 않고서도 모든 불국토를 보는데, 대립적인 상(相)이나 갖가지 차별상을 짓지 않습니다.'
이 말을 듣자 엄정 범천왕과 일만 명의 범천은 모두 아뇩다라삼먁삼보리의 마음을 일으켰습니다. 그들은 무구칭에게 예의를 표하고는 홀연히 사라졌습니다. 이 때문에 저는 그를 찾아뵙고 문병하는 일을 감당치 못하겠다고 하는 것입니다.

세존께서 우바리[47]에게 말씀하셨다.

그대가 무구칭을 찾아뵙고 문병을 하여라.

우바리가 대답했다.

세존이여, 저는 무구칭을 찾아뵙고 문병하는 일을 감당치 못하겠습니다. 그 이유는 이렇습니다. 예전에 계율을 범한 두 비구가 있었는데, 그들은 너무나 부끄러워서 감히 부처님을 찾아가지는 못하고 저

46 인연에 의해서 생기는 것이 아니라 생사를 벗어난 것.
47 십대제자 가운데 계율을 가장 잘 지켰으므로 지계제일(持戒第一)이라고 불림.

를 찾아 와 제 발에 절을 하고는 이렇게 말했습니다.
'우바리여, 지금 우리 두 사람은 계율을 범했습니다. 정말 너무나 부끄러워 감히 부처님을 찾아가지 못했습니다. 바라건대 이 불안과 걱정을 없애서 허물을 벗어날 수 있도록 해 주십시오.'

저는 즉각 두 비구가 불안과 걱정을 없애고 잘못을 씻도록 바른 법을 설명해주었습니다. 그리고는 바른 법으로 권유하고 이끌어서 그들을 위로하고 격려해 주었습니다. 그때 무구칭이 그곳에 와 제 발에 절을 하고는 이렇게 말했습니다.
'우바리여, 이 두 비구의 죄를 악화시키지 마십시오. 곧바로 그들의 가책하는 마음을 없애버려야지 범한 행위를 갖고 그들의 마음을 흔들지 마십시오. 왜냐하면 저 죄의 성품은 안에도 머물지 않고 밖으로도 나가지 않으며 둘 사이에도 있지 않기 때문입니다. 부처님께서 말씀했듯이, 마음이 오염됐기에 중생이 오염되고, 마음이 청정하기에 중생이 청정한 것입니다. 이처럼 마음이란 것 역시 안에도 머물지 않고 밖으로도 나가지 않고 그 둘 사이에 있지도 않습니다. 마음이 그렇다면 죄 역시 마찬가지입니다. 죄가 또한 그렇다면 모든 법도 마찬가지입니다. 이 모든 것들은 진여(如)[48]를 벗어나지 않습니다.

우바리여, 그대 마음은 본래부터 청정해서 해탈되어 있습니다. 이 본래부터 청정한 마음이 오염된 적이 있습니까?'
제가 '없습니다'라고 대답하니 무구칭이 다시 말했습니다.
'우바리여, 일체 중생의 마음도 본래 청정해서 일찍이 오염된 적이 없는 것이 그와 마찬가지입니다. 우바리여, 만약 사량 분별이 있고 다른 분별도 있다면 번뇌가 있는 것이요, 사량 분별이 없고 다른 분별도 없다면 마음의 본성이 청정한 것입니다. 만약 전도[49]됨이 있다면 번뇌가 있는 것이요, 전도됨이 없다면 마음의 본성이 청정한 것입니다. 만약 자아를 취함이 있다면 번뇌에 물듦이 있는 것이요,

48 실상의 있는 그대로의 모습. 모든 존재의 본체. 진리와도 같은 의미.
49 바른 것은 잘못됐다고 생각하고 잘못된 것을 바르다고 뒤바꾸어 생각하는 것.

자아를 취함이 없다면 마음의 본성이 청정한 것입니다. 우바리여, 모든 법의 성품은 생멸하면서 머무르지 않는 것이 허깨비 같고 환화(幻化)[50]와 같고 번개와 같고 구름과 같습니다. 일체 만법의 성품은 서로 기다리질 않으며, 나아가 단 일념(一念)이라도 잠시도 머물지 않습니다. 모든 법의 성품은 다 허망하게 보이는 것이 꿈과 같고 불꽃과 같고 건달바성(乾闥婆城)[51] 같습니다. 모든 법의 성품은 다 분별심이니, 분별심이 일으킨 영상(影像)은 마치 물속의 달이 비친 것 같고 거울 속의 영상 같습니다. 이 같은 사실을 잘 아는 것을 '계율을 잘 가진다'고 하는 것이며, 이 계율을 잘 지켜나가는 것을 '조복(調伏)[52]을 잘 한다'고 하는 것입니다.'

그때 두 비구는 무구칭의 설법을 듣고 경이에 차서 이렇게 말했습니다. '신기합니다, 거사여. 이처럼 탁월한 지혜의 변론은 우바리도 미칠 수 없는 것입니다. 부처님께서 우바리를 계율을 가장 잘 지키는 사람이라 했어도 우바리가 설할 수 있는 것이 아닙니다.'
저는 즉시 그들에게 말했습니다.
'그대들은 그를 단순한 거사라고 생각지 말라. 왜냐하면 여래를 제외하고는 성문이나 그 밖의 보살이라 할지라도 이 대사(大士)의 지혜로운 변론을 당해내질 못하기 때문이다. 대사의 지혜로운 변론은 분명하기가 이 정도로 뛰어나다.'
그러자 두 비구는 즉시 양심의 가책이 없어지면서 모두 아뇩다라삼먁삼보리의 마음을 일으켰습니다. 그들은 무구칭에게 예의를 표하고는 다음과 같은 소원을 세웠습니다.
'모든 중생이 반드시 이같은 탁월한 지혜의 변론을 성취하기를.'
당시 저는 묵묵히 있으면서 아무런 대꾸도 하지 못했습니다. 이 때

50 사실은 없는 것인데 마술로써 있는 것처럼 나타내 보이는 것.
51 실체 없이 허망한 환영으로 나타난 것을 말함. 천룡팔부 중 음악을 관장하는 건달바가 거짓으로 나타낸 성. 신기루.
52 안으로는 자신의 몸과 마음을 다스려 악을 버리고, 밖으로는 장애가 되는 것을 항복시키는 것.

문에 저는 그를 찾아뵙고 문병하는 일을 감당치 못하겠다고 한 것입니다.

세존께서는 라후라[53]에게 말씀하셨다.

그대가 무구칭을 찾아뵙고 문병하여라.

라후라가 대답했다.

세존이여, 저는 무구칭을 찾아뵙고 문병하는 일을 감당치 못하겠습니다. 그 이유는 이렇습니다. 예전에 릿차비족의 여러 청년들이 저 있는 곳을 찾아 와 머리 숙여 절을 하고는 제게 물었습니다.
'라후라여, 그대는 부처님의 아들로서 전륜왕[54]의 지위를 포기하고 출가하여 도를 닦습니다. 출가를 하면 어떤 공덕과 뛰어난 이익이 있습니까?'
저는 법대로 출가의 공덕과 뛰어난 이익에 대해 설했습니다.

그때 무구칭이 그곳에 와서 제 발에 절을 하고는 이렇게 말했습니다.
'라후라여, 출가의 공덕과 뛰어난 이익을 그렇게 설명해서는 안됩니다. 왜냐하면 출가 자체는 공덕이 없고 뛰어난 이익이 없기 때문입니다. 라후라여, 유위법[55] 안에서는 공덕과 뛰어난 이익이 있다고 설할 수 있습니다.그러나 출가라는 것은 무위법[56]이니, 무위법 안에

53 부처님이 출가하기 전에 얻은 아들로서, 후에 그도 출가하여 제자가 되었음. 밀행제일(密行第一)이라고 불림. 현장은 나호라(羅怙羅)라고 함.

54 세계를 통치하는 수레바퀴(輪寶라고 함)를 굴리는 세계의 지배자. 무력을 사용않고 정의로써 지배하고 정복한다고 함. 금륜(金輪), 은륜(銀輪), 동륜(銅輪), 철륜(鐵輪)의 네 가지가 있다.

55 인연에 따라 생멸하는 법.

56 인연에 따라 생기는 것이 아니라 생사를 벗어난 법.

서는 공덕과 뛰어난 이익이 있다고 설할 수 없습니다. 라후라여, 무릇 출가라는 것은 피(彼)도 없고 차(此)도 없고 중간도 없으니 온갖 잘못된 견해를 멀리 벗어나 있습니다.

출가는 색(色)도 아니고 색 아님도 아니니, 이것이 열반의 길입니다. 지혜로운 자가 칭송하는 것이요, 성인이 수용하는 것이요, 온갖 마(魔)를 항복시키는 것으로서 다섯 길(五道)[57]에서 해방되고, 다섯 눈(五眼)[58]을 깨끗이 밝히고, 오근(五根)[59]을 확고히 세우고, 오력(五力)[60]을 기르는 것입니다. 그리하여 더 이상 번뇌함이 없이 모든 악법을 벗어나고 뭇 외도를 꺾어서 온갖 가짜 명자[假名]을 초월하는 것입니다. 욕망에 대한 집착 없이 욕망의 늪에 다리를 놓는 것이며, 나와 내 것에서 벗어나 받아들이지 않는 것이며, 취하는 것이 전혀 없으니 취함이 이미 끊어졌고, 동요함이 전혀 없으니 동요가 이미 끊어졌고, 자기 마음(自心)을 잘 다스리니 남의 마음(他心)도 잘 보호하고, 침묵의 고요함(寂止)을 따르면서도 뛰어난 관찰(勝觀)을 부지런히 닦고, 모든 악을 떠나서 모든 선을 닦습니다. 만약 이렇게 할 수만 있다면, 이를 '참다운 출가'라고 부르는 것입니다.'

그리고 나서 무구칭은 여러 청년들에게 말했습니다.
'그대들은 이제 이 훌륭히 설한 법의 비나야(毘奈耶) 속에서 함께 출가해야 한다. 왜냐하면 부처님께선 세상에 나오기 어렵고, 사람 몸 받기 어렵고, 불행을 벗어나기 어렵고, 행운의 복덕을 갖추기가 어렵기 때문이다.'

57 우리가 지은 바에 따라 태어나서 생활하는 다섯 영역. 지옥, 아귀, 축생, 인간, 천.
58 다섯 가지 보는 능력. 1.육안(肉眼); 육신의 눈, 2.천안(天眼); 중생의 미래의 생사를 아는 능력이 있는 눈, 3.혜안(慧眼); 일체 만법이 비어있어 고정적인 모습이 없음을 보는 눈, 4.법안(法眼); 보살이 일체 중생을 구하기 위해 모든 법문을 비추어 보는 눈, 5.불안(佛眼); 앞의 네 가지 눈을 전부 갖춘 붓다의 눈.
59 깨달음을 얻기 위한 다섯 가지 능력. 믿음, 정진, 기억, 선정, 지혜.
60 오근이 실제적으로 활동하는 구체적인 힘.

그러자 여러 청년들이 말했습니다.
'대거사여, 부처님께서는 부모님이 들어주지 않으면 출가할 수 없다고 말씀하셨다고 하는데요.'
무구칭이 말했습니다.
'그대들 청년들이여, 다만 아뇩다라삼먁삼보리의 마음을 일으켜 올바른 행을 부지런히 닦는 것이 바로 출가이며 구족계(具足戒)[61]를 받아 비구가 되는 것이다.'
그러자 32명의 릿차비족 청년들이 아뇩다라삼먁삼보리의 마음을 일으켜 올바른 수행을 닦기를 맹세했습니다. 당시 저는 묵묵히 있으면서 아무런 대꾸도 하지 못했습니다. 이 때문에 저는 그를 찾아뵙고 문병하는 일을 감당치 못하겠습니다.

세존께서 아난다[62]에게 말씀하셨다.

그대가 무구칭을 찾아 뵙고 문병하여라.

아난다가 대답했다.

세존이여, 저는 무구칭을 찾아뵙고 문병하는 일을 감당치 못하겠습니다. 그 이유는 이렇습니다. 예전에 세존께서 가벼운 병이 났을 때 우유를 드셔야 했습니다. 그래서 저는 새벽에 평상복을 입고 밥그릇을 들고 나와 바이살리 성내의 바라문 집을 찾아 가서 그 집 문 앞에 서서 우유를 구걸하였습니다.
그때 무구칭이 그곳에 와 제 발에 절하고는 이렇게 말했습니다.
'아난다여, 어찌하여 새벽부터 밥그릇을 들고 이곳에 서있습니까?'

61 출가하여 비구나 비구니가 되는 수행자가 지켜야 할 계율. 비구는 250계, 비구니는 348계.

62 부처님의 나이 55세 때부터 열반에 드실 때까지 25년간 시중을 들었음. 부처님으로부터 직접 설법을 들은 것이 가장 많으므로 다문제일(多聞第一)이라고 불림.

제가 말했습니다.
'거사여, 세존께서 가벼운 병이 나셨는데 우유를 드셔야 하기 때문에 이곳까지 왔습니다.'
그러자 무구칭은 제게 이렇게 말했습니다.
'그런 말씀 하지 마십시오, 존자여. 함부로 그런 말을 해서 세존을 비방해서는 안됩니다. 쓸데없는 말을 해서 여래를 비방해서는 안됩니다. 여래의 몸이란 것은 금강으로 이루어져서 일체의 악법과 나쁜 습관을 영원히 끊었고, 일체의 선법(善法)을 원만히 성취했기 때문입니다. 그러니 무슨 병이 있고, 무슨 번뇌가 있겠습니까?

아난다여, 잠자코 계시던 곳으로 돌아가시오. 그리고 그런 어설픈 말이 다른 사람들 귀에 들어가지 않도록 하시고, 나아가 다양한 불국토에서 온 큰 위덕(威德)을 갖춘 여러 천신(天神)과 보살들한테도 그런 말을 듣게 해서는 안됩니다.
아난다여, 전륜성왕은 약간의 선근(善根)을 쌓았는데도 병이 없었습니다. 하물며 한량없는 선근을 쌓고 원만한 복덕과 지혜를 성취한 여래는 어떠하겠습니까? 병이 붙을래야 붙을 곳이 없습니다. 아난다여, 잠자코 빨리 돌아가시오. 그리하여 우리가 더 이상 이런 부끄러움을 느끼지 않도록 하시오. 만약 외도와 바라문들이 그대의 어설픈 말을 들으면 반드시 이렇게 생각할 것입니다.
"어찌 스승이라 부를 수 있겠는가? 자기 자신의 병도 고칠 수 없으면서 어떻게 남들의 병을 고칠 수 있다고 하는가?"
그러니 빨리 돌아가 사람들이 듣지 않도록 하시오.

또 아난다여, 여래의 몸이란 바로 법신(法身)[63]이지 더러움이 섞여 있는 육신이 아닙니다. 세간을 벗어 난 초월적인 몸이라 세간법에 물들지 않고, 무루신(無漏身)[64]이라서 더 이상 번뇌의 누출이 없으며, 무위신(無爲身)[65]이라서 모든 유형의 활동(有爲)을 벗났으며, 모

63 진실하고 영원불변한 진리 그 자체.
64 생멸변화와 고뇌를 여읜 부처님의 몸.

든 수(數)가 영원히 적멸해서 온갖 수(數)를 초월했습니다. 이같은 부처님의 몸에 병이 있다고 믿는 것은 어리석고 당치 않은 일입니다.'

세존이여, 당시 저는 무구칭의 말을 듣고 정말 부끄러웠습니다. 붓다를 가까이 모시면서 잘못 듣거나 이해한 일이 없었는가 생각하는데, 그때 공중에서 소리가 들려 왔습니다.
'그대 아난다여, 거사의 말이 옳도다. 세존의 참다운 몸(眞身)에는 정말로 병이 없다. 다만 여래가 오탁악세(五濁惡世)[66]에 출현해있는 동안은 곤궁하고 고뇌하고 악행을 저지르는 중생들을 인도하느라 그런 일을 보여준 것이다. 가거라, 아난다여, 우유를 얻는 것을 부끄러워하지 말라.'
세존이여, 당시 저는 무구칭 대사의 변론을 듣고 어떻게 말해야 할지를 몰라 묵묵히 있었습니다. 이 때문에 저는 그를 찾아뵙고 문병하는 일을 감당치 못하겠습니다.

이런 식으로 세존께서는 성문의 대제자 오백 명에게 '그대가 가서 무구칭을 찾아뵙고 문병하여라'라고 말씀하셨다. 그러나 성문 제자들 모두는 제각기 겪었던 일(本緣)을 붓다에게 고백하고 무구칭 대사를 칭송하면서 이렇게 말했다.

그를 찾아뵙고 문병하는 일을 감당치 못하겠습니다.

---

65 인연에 의한 생멸을 벗어난 몸.

66 다섯 가지 더러움으로 가득찬 추악한 세상. 1.겁탁(겁濁) - 시대가 혼탁해 전쟁이나 질병, 기근이 끊이지 않는 것, 2.견탁(見濁) - 사상의 혼란. 온갖 삿된 사상과 견해가 창궐하는 것, 3.번뇌탁(煩惱濁) - 탐냄, 성냄, 어리석음 등의 번뇌로 인간의 마음이 더렵혀 짐, 4.중생탁(衆生濁) - 중생의 과보가 쇠락하면서 마음이 둔화되고 신체가 약해짐. 인간의 자질이 저하되는 것, 5.명탁(命濁) - 중생의 수명이 짧아지는 것. 마지막에는 10세가 된다.

3 聲聞品第三

時無垢稱作是思惟。我嬰斯疾寢頓于床。世尊大悲寧不垂愍。而不遣人來問我疾。爾時世尊知其所念。哀愍彼故告舍利子。汝應往詣無垢稱所問安其疾。時舍利子白言。世尊。我不堪任詣彼問疾。所以者何。憶念我昔於一時間。在大林中宴坐樹下。時無垢稱來到彼所。稽首我足而作是言。唯舍利子。不必是坐為宴坐也。夫宴坐者。不於三界而現身心。是為宴坐。不起滅定而現諸威儀。是為宴坐。不捨一切所證得相。而現一切異生諸法。是為宴坐。心不住內亦不行外。是為宴坐。住三十七菩提分法。而不離於一切見趣。是為宴坐。不捨生死而無煩惱。雖證涅槃而無所住。是為宴坐。若能如是而宴坐者。佛所印可。時我世尊。聞是語已默然而住不能加報。故我不任詣彼問疾。

爾時世尊告大目連。汝應往詣無垢稱所問安其疾。時大目連白言。世尊。我不堪任詣彼問疾。所以者何。憶念我昔於一時間。入廣嚴城在四衢道。為諸居士演說法要。時無垢稱來到彼所。稽首我足而作是言。唯大目連。為諸白衣居士說法。不當應如尊者所說。夫說法者應如法說。時我問言。云何名為如法說耶。彼即答言。法無有我離我垢故。法無有情離情塵故。法無命者離生死故。法無補特伽羅前後際斷故。法常寂然滅諸相故。法離貪著無所緣故。法無文字言語斷故。法無譬說遠離一切波浪思故。法遍一切如虛空故。法無有顯無相無形。遠離一切行動事故。法無我所離我所故。法無了別離心識故。法無有比無相待故。法不屬因不在緣故。法同法界等入一切真法界故。法隨於如無所隨故。法住實際畢竟不動故。法無動搖不依六境故。法無去來無所住故。法順空隨無相應無願。遠離一切增減思故。法無取捨離生滅故。法無執藏超過一切眼耳鼻舌身意道故。法無高下常住不動故。法離一切分別所行。一切戲論畢竟斷故。唯大目連。法相如是豈可說乎。夫說法者。一切皆是增益損減。其聽法者。亦復皆是增益損減。若於是處無增無減。即於是處都無可說。亦無可聞。無所了別。尊者目連譬如幻士為幻化者宣說諸法。住如是心乃可說法。應善了知一切有情根性差別。妙慧觀見無所罣礙大悲現前。讚說大乘念報佛恩。意樂清淨法詞善巧。為三寶種永不斷絕乃應說法。世尊。彼大居士說此法時。於彼眾中八百居士。皆發無上正等覺心。時我世尊。默無能辯。故我不任詣彼問疾。

爾時世尊告迦葉波。汝應往詣無垢稱所問安其疾。大迦葉波白言。世尊。我不堪任詣彼問疾。所以者何。憶念我昔於一時間。入廣嚴城遊貧陋巷而巡乞食。時無垢稱來到彼所。稽首我足而作是言。唯大迦葉。雖有慈悲而不能普。捨豪富從貧乞。尊者迦葉。住平等法應次行乞食。為不食故應行乞食。為欲壞彼於食執故應行乞食。為欲受他所施食故應行乞食。以空聚想入於聚落。為欲成熟男女大小。入諸城邑趣佛家想詣乞食家為不受故應受彼食。所見色與盲等。所聞聲與嚮等。所嗅香與風等。所食味不分別。受諸觸如智證。知諸法如幻相。無自性[*]無他性。[*]無熾然[*]無寂滅。尊者迦葉。若能不捨八邪入八解脫。以邪平等入正平等。以一摶食施于一切。供養諸佛及眾賢聖然後可食。如是食者非有雜染非離雜染。非入靜定非出靜定。非住生死非住涅槃爾乃可食。諸有施於尊者之食。無小果無大果。無損減無增益。趣入佛趣不趣聲聞。尊者迦葉。若能如是而食於食。為不空食他所施食。時我世尊。聞說是語得未曾有。即於一切諸菩薩等深起敬心。甚奇世尊。斯有家士辯才智慧乃能如是。誰有智者得聞斯說而不發於阿耨多羅三藐三菩提心。我從是來不勸有情求諸聲聞獨覺等乘。唯教發心趣求無上正等菩提。故我不任詣彼問疾。

爾時世尊告大善現。汝應往詣無垢稱所問安其疾。時大善現白言。世尊。我不堪任詣彼問疾。所以者何。憶念我昔於一時間。入廣嚴城而行乞食次入其舍。時無垢稱為我作禮。取我手鉢盛滿美食。而謂我言。尊者善現。若能於食以平等性。而入一切法平等性。以一切法平等之性。入于一切佛平等性。其能如是乃可取食。尊者善現。若能不斷貪恚愚癡亦不與俱。不壞薩迦耶見入一趣道。不滅無明并諸有愛。而起慧明及以解脫。能以無間平等法性而入解脫平等法性無脫無縛。不見四諦非不見諦非得果。非異生非離異生法。非聖非不聖。雖成就一切法而離諸法想。乃可取食。若尊者善現。不見佛不聞法不事僧。彼外道六師。滿迦葉波。末薩羯離瞿舍離子。想吠多子。無勝髮。禾*曷]犎迦衍那。離繫親子。是尊者師依之出家。彼六師墮尊者亦墮。乃可取食。若尊者善現。墮諸見趣而不至中邊。入八無暇不得有暇。同諸雜染離於清淨。若諸有情所得無諍尊者亦得。而不名為清淨福田。諸有布施尊者之食墮諸惡趣。而以尊者為與眾魔共連一手。將諸煩惱作其伴侶。一切煩惱自性即是尊者自性。於諸有情起怨害想。謗于諸佛毀一切法不預僧數。畢竟無有般涅槃時。若如是者乃可取食。時我世尊。得聞斯語猶拘重闇迷失諸方。不識是何言。不知以何答。便捨自鉢欲出其舍。時無垢稱即謂我言。尊者善現。取鉢勿懼。於意云何。若諸如來所作化者。以是事詰寧有懼不。我言不也。無垢稱言。諸法性相皆如幻化。一切有情及諸言說性相亦爾。諸有智者於文字中。不應執著亦無怖畏。所以者何。一切言說皆離性相。何以故。一切文字性相亦離。都非文字是則解脫。解脫相者即一切法。世尊。彼大居士說是法時。二萬天子遠塵離垢。於諸法中。得法眼淨。五百天子得順法忍。時我默然頓喪言辯不能加對。故我不任詣彼問疾。

爾時世尊告滿慈子。汝應往詣無垢稱所問安其疾。時滿慈子白言。世尊。我不堪任詣彼問疾。所以者何。憶念我昔於一時間在大林中。為諸新學苾芻說法。時無垢稱來到彼所。稽首我足而作是言。唯滿慈子。先當入定觀苾芻心然後乃應為其說法。無以穢食置於寶器。應先了知是諸苾芻有何意樂。勿以無價吠琉璃寶同諸危脆賤水精珠。尊者滿慈。勿不觀察諸有情類根性差別授以少分根所受法。彼自無瘡勿傷之也。欲行大道莫示小徑。無以日光等彼螢火。無以大海內於牛跡。無以妙高山王內於芥子。無以大師子吼同野干鳴。尊者滿慈子。是諸苾芻皆於往昔發趣大乘心。祈菩提中忘是意。如何示以聲聞乘法。我觀聲聞智慧微淺過於生盲無有大乘。觀諸有情根性妙智。不能分別一切有情根之利鈍。時無垢稱。便以如是勝三摩地。令諸苾芻隨憶無量宿住差別。曾於過去五百佛所種諸善根。積習無量殊勝功德。迴向無上正等[1]覺心。隨憶如是宿住事已。求菩提心。還現在前。即便稽首彼大士足。時無垢稱因為說法。令於無上正等菩提不復退轉。時我世尊。作如是念。諸聲聞人不知有情根性差別。不白如來不應輒爾為他說法。所以者何。諸聲聞人不知有情諸根勝劣。非常在定如佛世尊。故我不任詣彼問疾。

爾時世尊告彼摩訶迦多衍那。汝應往詣無垢稱所問安其疾。迦多衍那白言。世尊。我不堪任詣彼問疾。所以者何。憶念我昔於一時間。佛為苾芻略說法已便入靜住。我即於後分別決擇契經句義。謂無常義苦義空義無我義寂滅義。時無垢稱來到彼所。稽首我足而作是言。唯大尊者迦多衍那。無以生滅分別心行說實相法。所以者何。諸法畢竟。非已生非今生非當生。非已滅非今滅非當滅義。是無常義。洞達五蘊畢竟性空無所由起。是苦義。諸法究竟無所有。是空義。知我無我無有二。是無我義。無有自性亦無他性。本無熾然今無息滅。無有寂靜畢竟寂靜究竟寂靜。是寂滅義。說是法時。彼諸苾芻諸漏永盡心得解脫。時我世尊默然無辯。故我不任詣彼問疾。

爾時世尊告大無滅。汝應往詣無垢稱所問安其疾。時大無滅白言。世尊。我不堪任詣彼問疾。所以者何。憶念我昔於一時間。在大林中一處經行。時有梵王名曰嚴淨。與萬梵俱放大光明來詣我所。稽首作禮而問我言。尊者無滅。所得天眼能見幾何。時我答言。大仙當知。我能見此釋迦牟尼三千大千佛之世界。如觀掌中阿摩洛果。時無垢稱來到彼所。稽首我足而作是言。尊者無滅。所得天眼為有行相為無行相。若有行相即與外道五神通等。若無行相即是無為不應有見。云何尊者所得天眼能有見耶。時我世尊。默無能對。然彼諸梵聞其所說得未曾有。即為作禮而問彼言。世孰有得真天眼者。無垢稱言。有佛世尊得真天眼。不捨寂定見諸佛國。不作二相及種種相。時彼梵王五百眷屬。皆發無上正等覺心。禮無垢稱欻然不現。故我不任詣彼問疾。

爾時世尊告優波離。汝應往詣無垢稱所問安其疾。時優波離白言。世尊。我不堪任詣彼問疾。所以者何。憶念我昔於一時間。有二苾芻犯所受戒。深懷媿恥不敢詣佛。來至我所稽首我足。而謂我言。唯優波離。今我二人違越律行。誠以為恥不敢詣佛。願解憂悔得免斯咎。我即為其如法解說。令除憂悔得清所犯。示現勸導讚勵慶慰。時無垢稱來到彼所。稽首我足而作是言。唯優波離。無重增此二苾芻罪。當直除滅憂悔。所犯勿擾其心。所以者何。彼罪性不住內不出外不在兩間。如佛所說。心雜染故有情雜染。心清淨故有情清淨。如是心者亦不住內亦不出外不在兩間。如其心然罪垢亦然。如罪垢然諸法亦然不出於如。唯優波離。汝心本淨。得解脫時。此本淨心曾有染不。我言不也。無垢稱言。一切有情心性本淨曾無有染亦復如是。唯優波離。若有分別有異分別即有煩惱。若無分別無異分別即性清淨。若有顚倒即有煩惱。若無顚倒即性清淨。若有取我即成雜染。若不取我即性清淨。唯優波離。一切法性生滅不住。如幻如化如電如雲。一切法性不相顧待。乃至一念亦不暫住。一切法性皆虛妄見。如夢如焰如健達婆城。一切法性皆分別心。所起影像如水中月如鏡中像。如是知者名善持律。如是知者名善調伏。時二苾芻聞說是已得未曾有。咸作是言。奇哉居士。乃有如是殊勝慧辯。是優波離所不能及。佛說持律最為其上而不能說。我即告言。汝勿於彼起居士想。所以者何。唯除如來。未有聲聞及餘菩薩而能制此大士慧辯。其慧辯明殊勝如是。時二苾芻憂悔即除。皆發無上正等覺心。便為作禮而發願言。當令有情皆得如是殊勝慧辯。時我默然不能加對。故我不任詣彼問疾。

爾時世尊告羅怙羅。汝應往詣無垢稱所問安其疾。時羅怙羅白言。世尊。我不堪任詣彼問疾。所以者何。憶念我昔於一時間。有諸童子離呫毘種。來詣我所稽首作禮。而問我言。唯羅怙羅。汝佛之子。捨輪王位出家為道。其出家者為有何等功德勝利。我即如法為說出家功德勝利。時無垢稱來到彼所。稽首我足而作是言。唯羅怙羅。不應如是宣說出家功德勝利。所以者何。無有功德無有勝利。是為出家。唯羅怙羅。有為法中可得說有功德勝利。夫出家者為無為法。無為法中不可說有功德勝利。唯羅怙羅。夫出家者無彼無此亦無中間遠離諸見。無色非色是涅槃路。智者稱讚聖所攝受。降伏眾魔超越五趣。淨修五眼。安立五根。證獲五力。不惱於彼離諸惡法。摧眾外道超越假名。出欲淤泥無所繫著。無所攝受離我我所。無有諸取已斷諸取。無有擾亂已斷擾亂。善調自心善護他心。隨順寂止勤修勝觀。離一切惡。修一切善。若能如是名真出家。時無垢稱告諸童子。汝等今者於善說法毘奈耶中宜共出家。所以者何。佛出世難。離無暇難。得人身難。具足有暇第一最難。諸童子言。唯大居士。我聞佛說父母不聽不得出家。無垢稱言。汝等童子。但發無上正等覺心勤修正行。是即出家。是即受具成苾芻性。時三十二離呫童子。皆發無上正等覺心誓修正行。時我默然不能加辯。故我不任詣彼問疾。

爾時世尊告阿難陀。汝應往詣無垢稱所問安其疾。時阿難陀白言。世尊。我不堪任詣彼問疾。所以者何。憶念我昔於一時間。世尊身現少有所疾當用牛乳。我於晨朝整理常服執持衣鉢。詣廣嚴城婆羅門家。竚立門下從乞牛乳。時無垢稱來到彼所。稽首我足而作是言。唯阿難陀。何為晨朝持鉢在此。我言。居士。為世尊身少有所疾。當用牛乳故來至此。時無垢稱而謂我言。止止尊者。莫作是語勿謗世尊。無以虛事誹謗如來。所以者何。如來身者金剛合成。一切惡法并習永斷。一切善法圓滿成就。當有何疾。當有何惱。唯阿難陀。默還所止。莫使異人聞此麁言。無令大威德諸天及餘佛土諸來菩薩得聞斯語。唯阿難陀。轉輪聖王成就少分所集善根尚得無病。豈況如來無量善根福智圓滿。而當有疾定無是處。唯阿難陀。可速默往。勿使我等受斯鄙恥。若諸外道婆羅門等聞此麁言。當作是念。何名於師。自身有病尚不能救。云何能救諸有疾乎。可密速去勿使人聞。又阿難陀。如來身者即是法身非雜穢身。是出世身世法不染。是無漏身離一切漏。是無為身離諸有為。出過眾數諸數永寂。如此佛身當有何疾。時我世尊。聞是語已實懷慚愧。得無近佛而謬聽耶。即聞空中聲曰。汝阿難陀。如居士言。世尊真身實無有病。但以如來出五濁世。為欲化導貧窮苦惱惡行有情示現斯事。行矣[*]阿難陀。取乳勿慚。時我世尊聞彼大士辯說如是不知所云。默無酬對。故我不任詣彼問疾。

如是世尊。一一別告五百聲聞諸大弟子。汝應往詣無垢稱所問安其疾。是諸聲聞各各向佛說其本緣。讚述大士無垢稱言。皆曰不任詣彼問疾。

제4장

보살품
菩薩品

4 보살품菩薩品

세존께서는 다시 미륵 보살(彌勒菩薩)[1]에게 말씀하셨다.

그대가 무구칭을 찾아뵙고 문병하여라.

미륵 보살이 대답했다.

세존이여, 저는 무구칭을 찾아뵙고 문병하는 일을 감당치 못하겠습니다. 그 이유는 이렇습니다. 예전에 저는 도솔천[2]왕과 그의 권속들에게 모든 보살마하살들의 불퇴전(不退轉)[3] 경지에 관한 법의 요체를 설명하고 있었습니다. 그때 무구칭이 그곳에 와서는 제 발에 절을 하고는 이렇게 말했습니다.

'존자 미륵이여, 부처님이신 세존께서 당신에게 수기(授記)[4]하기를, 단 한 번 더 생(生)을 거치면 아뇩다라삼먁삼보리를 얻는다고 하셨습니다. 그런데 어느 생에 수기를 얻은 것입니까? 과거입니까, 미래입니까, 현재입니까. 만약 과거의 생이라면 과거의 생은 이미 사라졌습니다. 미래의 생이라면 미래의 생은 아직 오지 않았습니다. 현재의 생이라면 현재의 생은 멈춰있질 않습니다. 세존께서 '그대 비구들이여, 찰나 찰나 속에 나고 늙고 죽음(生老死)이 들어 있어서 즉각 소멸하고 즉각 태어난다'고 설한 것과 같습니다.

그렇다면 무생(無生)으로 수기를 받은 것입니까? 그러나 무생은 바

1 부처님으로부터 다음 생에 성불할 것이라는 예언을 받은 대승의 보살. 도솔천에 머물면서 천인들을 교화하고 있다고 함. 현장은 자씨(慈氏) 보살이라고 함.

2 욕계의 여섯 천상계 중 하나. 미륵 보살의 제도 아래 있음.

3 수행이 향상되기만 할 뿐 더 이상 퇴보하지는 않는 경지.

4 수행자가 미래에 최고의 깨달음을 얻으리라는 걸 붓다가 예언, 약속하는 것. 보살에게 미래에 붓다가 되리라고 예언, 인가, 약속을 주는 것.

로 올바른 본성(正性)[5]에 들어가는 것이니, 이 무생의 본성 속에서는 수기가 있지 않으며 아뇩다라삼먁삼보리를 증득함도 없습니다. 그러니 미륵 보살께서 어떻게 수기를 얻을 수 있겠습니까?
진여(眞如)[6]의 생기(生起)에 의거해서 수기를 얻었다 하겠습니까? 진여의 소멸에 의거해서 수기를 얻었다 하겠습니까? 만약 진여가 생기에 의거해 수기를 얻었다 해도 진여에는 생성이란 것이 없고, 진여의 소멸에 의거해 수기를 얻었다 해도 진여에는 소멸이란 것이 있지 않습니다. 생성도 없고 소멸도 없는 진여(眞如)의 이법 속에는 수기가 없습니다. 일체 중생이 다 진여이고, 일체의 법도 진여이며, 일체의 성현도 진여입니다. 그리고 미륵보살 까지도 진여입니다. 만약 존자 미륵께서 이렇게 수기를 얻었다면 일체의 중생도 마찬가지로 그렇게 수기를 얻은 것입니다. 왜냐하면 진여는 상대적으로는 드러나질 않고 갖가지 다른 성품으로도 드러나지 않기 때문입니다. 존자 미륵께서 아뇩다라삼먁삼보리를 증득[7]한 그 순간 일체의 중생도 아뇩다라삼먁삼보리를 증득한 것입니다. 왜냐하면 보리는 일체 모든 중생들도 평등하게 따르는 깨달음이기 때문입니다. 존자 미륵께서 열반에 이르는 그 순간 일체의 중생들도 그렇게 열반에 이른 것입니다. 왜냐하면 열반 상태에 있지 않은 중생은 하나도 없기 때문입니다. 부처님께서는 진여가 반열반[8]이 된다고 설했습니다. 부처님의 눈으로 살펴보니 일체 모든 중생은 그 본성이 적정한 것이 그대로 열반의 상태(涅槃相)라서 진여가 반열반이라고 설한 것입니다.

그러므로 미륵이여, 그대의 법으로 천자(天子)들을 유혹하지 말 것

5 번뇌를 남김없이 끊는 것을 정성(正性)이라 함. 번뇌를 다 끊어 생(生)에서 벗어났다는 뜻에서 정성이생(正性離生)이라고 함.
6 있는 그대로의 뜻. 존재 자체를 말함. 또 사물의 본질(法性)이나 근원, 보편적인 진리를 말하기도 함.
7 얻는 것, 완성하는 것. 직관적으로 꿰뚫어 봄. 깨달음.
8 완전한 열반이라는 뜻. 보통 번뇌가 소멸된 상태를 열반이라고 하는 데 비해서 반열반은 육신까지도 버린 죽음을 이르는 뜻으로 쓰임.

이며, 그대의 법으로 천자들을 걸리도록 하지 마시오. 저 보리라는 것은 나아가 구할(趣求) 것도 없으며, 퇴보하여 전락할 것도 없습니다. 존자 미륵이여, 이 천자들로 하여금 보리를 분별하는 생각들을 버리도록 해야 합니다. 왜냐하면 보리는 몸으로 증득할 수 있는 것도 아니요, 마음으로 증명할 수 있는 것도 아니기 때문입니다. 적멸이 보리이니 모든 중생과 일체 만법의 상(相)이 적멸되어 있기 때문입니다. 증익(增益)하지 않는 것이 보리이니, 일체 반연하는 바가 증익되지 않기 때문입니다. 행하지 않음(不行)이 보리이니, 모든 어리석은 논쟁이나 의도(作意)도 보리 안에서는 행해지지 않기 때문입니다. 영원한 단절이 보리이니, 모든 잘못된 소견이 다 끊어져있기 때문입니다. 버리고 떠나는(捨離) 것이 보리이니, 모든 집착을 다 버리고 떠나있기 때문입니다. 속박을 벗어나는 것이 보리이니, 모든 혼란의 법을 영원히 벗어나있기 때문입니다. 고요한 평정(寂靜)이 보리이니, 모든 분별이 영원히 적멸해 있기 때문입니다. 광대함이 보리이니, 일체의 크나큰 염원(弘願)을 헤아릴 수 없기 때문입니다. 다투지 않음이 보리이니, 모든 집착과 모든 논쟁을 멀리 벗어났기 때문입니다. 편안히 안정되어 있는 것이 보리이니, 법의 세계(法界)에 머무는 까닭입니다. 따르면서 순응하는 것이 보리이니 진여에 따르기 때문입니다. 비이원성(不二)이 보리이니 차별법의 특성을 멀리 벗어났기 때문입니다. 건립이 보리이니 실상의 경계[9] 위에 건립되어 있기 때문입니다. 평등이 보리이니 눈과 눈이 보는 빛깔에서부터 뜻과 뜻이 헤아리는 법(法)에 이르기까지 모두 평등한 것이 허공과 같기 때문입니다. 무위가 보리이니 나고 머물고 변하고 소멸하는(生住異滅) 것을 절대적으로 벗어나 있기 때문입니다.

완전한 앎(遍知)이 보리이니 일체 중생의 마음과 행위를 깊이 알기 때문입니다. 무문(無門)[10]이 보리이니 내부의 육처(六處)[11]에 섞여있

9 허망하지 않은 있는 그대로의 모습.

10 수행자가 가야 할 특정한 방향이나 관문이 없는 것.

11 정신 활동의 터전이 되는 여섯 가지 감각 기능으로서, 내부적으로는 눈, 귀, 코, 혀, 몸, 뜻의 육근(六根)이 있고 외부적으로는 그 대상이 되는 모습, 소리, 냄새, 맛, 촉

지 않기 때문입니다. 얽혀들지 않는 것이 보리이니 모든 번뇌와 윤회전생으로 상속되는 습기(習氣)[12]에서 영원히 벗어나 있기 때문입니다. 특별한 처소(處)가 없는 것이 보리이니 진여 속에서는 모든 방향과 처소를 멀리 벗어나 있기 때문입니다. 머물지 않음이 보리이니 어느 곳에서도 볼 수 없기 때문입니다. 오직 이름뿐인 것(唯名)이 보리이니 이 보리란 이름은 작용이 없기 때문입니다. 물결 없는 것이 보리이니 모든 취사선택에서 영원히 벗어나 있기 때문입니다. 혼란 없는 것이 보리이니 늘 제 스스로 고요하기 때문입니다. 참된 고요함(善寂)이 보리이니 본성이 청정하기 때문입니다. 명료히 드러나는 것이 보리이니 자기 본성에 잡염(雜染)이 없기 때문입니다. 취하지 않는 것이 보리이니 반연[13]을 벗어나 있기 때문입니다. 차별성이 없는 것이 보리이니 모든 법의 평등한 성품을 따르면서 깨닫기 때문입니다. 비유할 수 없는 것이 보리이니 모든 비유를 영원히 벗어났기 때문입니다.

미묘함이 보리이니 이해하기가 지극히 어렵기 때문입니다. 보편적인 편재(遍在)가 보리이니 자체의 성품이 일체 만법을 포함하는 것이 허공과 같기 때문입니다. 지고의 절정(至頂)이 보리이니 모든 법의 으뜸에 이르기 때문입니다. 오염이 없는 것이 보리이니 일체의 세간법으로는 오염시킬 수 없기 때문입니다. 이처럼 보리는 몸으로 증득할 수 있는 것도 아니요, 마음으로 증명할 수 있는 것도 아닙니다.'

세존이여, 저 무구칭 대거사가 이러한 법을 설하자 이백 명의 천자들이 무생법인(無生法忍)[14]을 얻었습니다. 당시 저는 묵묵히 있었을 뿐 대답할 수가 없었습니다. 이 때문에 저는 그를 찾아뵙고 문병하는 일을 감당치 못하겠습니다.

감, 법의 육경(六境)이 있음. 십이연기의 하나.

12 습관. 우리들이 일상적으로 하는 생각이나 행동들이 마음에 새겨져서 습성으로 남은 것.

13 바깥의 대상을 인식하는 것. 또는 마음이 그 대상에 의해서 움직이는 것.

14 모든 것은 나지도 않고 없어지지도 않는다는 깨달음.

세존께서 광엄동자(光嚴童子)에게 말씀하셨다.

그대가 무구칭을 찾아뵙고 문병하여라.

광엄 동자가 대답했다.

저는 무구칭을 찾아뵙고 문병하는 일을 감당치 못하겠습니다. 그 이유는 이렇습니다. 예전에 저는 바이살리 성을 나가고 있었는데, 그때 무구칭은 그 성을 막 들어오고 있었습니다. 저는 절을 하고나서 물었습니다.
'거사여, 어디서 오십니까?'
무구칭이 제게 답했습니다.
'오묘한 보리(妙菩提)[15]로부터 옵니다.'
제가 그에게 물었습니다.
'거사여, 오묘한 보리는 어느 곳입니까?'

무구칭이 즉시 답했습니다.
'순박하고 솔직한 의락(意樂)이 오묘한 보리이니, 그러한 의락에는 거짓이 없기 때문입니다. 가행(加行; 노력)[16]을 일으키는 도량이 오묘한 보리이니, 모든 시설한 것을 성취하기 때문입니다. 의락(意樂)이 더욱 높아지는 도량이 오묘한 보리이니, 궁극적으로 최고의 법을 성취하기 때문입니다. 대보리심의 도량이 오묘한 보리이니, 어떤 법도 잊거나 잃지 않기 때문입니다.

청정한 보시의 도량이 오묘한 보리이니, 세간의 이숙과(異熟果)[17]를

15 원래는 부처님께서 깨달음을 얻은 보리수 아래. 나중에는 수행을 하는 터전, 또는 법이 설해지고 실현되는 장소라는 의미로 쓰임.
16 방편이라고도 하는데, 목적을 이루려는 수단으로써 더욱더 열심히 수행하는 것을 말함. 노력.

바라지 않기 때문입니다. 청정한 계율을 굳게 지키는 도량이 오묘한 보리이니, 모든 바람이 원만히 이루어지기 때문입니다. 인욕과 화합의 도량이 오묘한 보리이니, 모든 중생에 대해 전혀 싫어하는 생각이 없기 때문입니다. 용맹정진의 도량이 오묘한 보리이니, 맹렬하게 닦아 게으르지 않기 때문입니다. 고요한 선정의 도량이 오묘한 보리이니, 그 마음이 조화로워 견디어내는 능력이 있기 때문입니다. 탁월한 반야의 도량이 오묘한 보리이니, 모든 법의 성품(性)과 모습(相)을 나타내기 때문입니다.

사랑(慈)의 도량이 오묘한 보리이니, 모든 중생에 대해 마음이 평등하기 때문입니다. 연민(悲)의 도량이 오묘한 보리이니, 온갖 고통을 참고 받아들일 수 있기 때문입니다. 기쁨(喜)[18]의 도량이 오묘한 보리이니, 늘 법원(法苑)의 즐거움을 누리기 때문입니다. 포기(捨)[19]의 도량이 오묘한 보리이니, 일체의 애착 등을 영원히 끊기 때문입니다.

신통의 도량이 오묘한 보리이니, 육신통[20]을 갖췄기 때문입니다. 해탈의 도량이 오묘한 보리이니, 분별의 활동을 벗어났기 때문입니다. 방편의 도량이 오묘한 보리이니, 중생을 성숙시키기 때문입니다. 사(事)를 섭수(攝受)하는 수단이 오묘한 보리이니, 모든 중생을 섭수하기 때문입니다. 많이 배우는(多聞) 것이 오묘한 보리이니, 진실한 행(行)을 일으키기 때문입니다. 자기를 조복하는 도량이 오묘한 보

17 선이나 악한 행위에 의해 나중에 좋은 과보나 나쁜 과보를 받는 받는데, 이 원인을 이숙인(異熟因)이라 하고 과보를 이숙과라 한다. 이 경우 원인은 선이나 악이지만 과보는 무기(無記 선도 악도 아닌 것)라서 이숙(異熟)이라고 한다. 즉 씨앗이 싹을 틔워 열매를 맺기까지 시간이 걸리듯이 원인에서 결과까지 시간이 걸리고 품류(品類)를 달리 하는 것.

18 다른 사람의 기쁨을 함께 즐거워함. 네 가지 한량없는 마음(四無量心) 가운데 세 번째.

19 모든 중생을 평등하게 두어 특별히 친하거나 미워하지 않는 것.

20 부처님이나 보살이 가지는 여섯 가지 초인적인 능력. 신족통, 천안통, 천이통, 타심통, 숙명통, 누진통.

리이니, 이법(理法)대로 관찰하기 때문입니다.

삼십칠 보리분법[21]의 도량이 오묘한 보리이니, 일체의 유위법을 버리기 때문입니다. 일체의 실다운 제(諦)의 도량이 오묘한 보리이니, 모든 중생을 오도하지 않기 때문입니다. 십이연기[22]의 도량이 오묘한 보리이니, 무명(無明)이 다하지[盡] 않고 나아가 늙고 죽음, 근심, 고통, 번뇌 등도 다하지 않기 때문입니다. 모든 번뇌를 가라앉히는 도량이 오묘한 보리이니, 참다운 법의 본질(法性)을 완벽히 밝혀내 증득하기 때문입니다. 일체 중생의 도량이 오묘한 보리이니, 모두 무아로써 자기 성품(自性)을 삼기 때문입니다. 일체 만법의 도량이 오묘한 보리이니, 일체 모든 것의 본성이 공(性空)함을 깨닫기 때문입니다.
마군을 항복받는 도량이 오묘한 보리이니, 어떤 마군이 날뛰어도 흔들리지 않기 때문입니다. 삼계를 여의지 않는 도량이 오묘한 보리이니, 일체의 취(趣; 갈래)를 발하는 일을 멀리 여의었기 때문입니다. 커다란 사자후의 도량이 오묘한 보리이니, 두려움 없이 능히 잘 식별하기 때문입니다. 붓다의 십력(十力)과 사무외(四無畏), 십팔불공법(十八不共法)의 도량이 오묘한 보리이니, 어디에서나 흠잡을 데가 없기 때문입니다. 삼명(三明)[23]이 거울처럼 비치는 것이 오묘한 보리이니, 모든 번뇌를 벗어나 궁극적인 지혜(究竟無餘地)를 얻기 때문입니다. 한 찰나의 마음으로 모든 법의 궁극의 경지를 깨닫는 것이 오묘한 보리이니, 일체지지(一切智智)[24]를 원만히 증득하기 때문입니다.

21 깨달음을 얻기 위해서 하는 37가지 수행 요소.

22 괴로움이 일어나는 과정을 열두 가지로 나누어서 설명하는 것. 무명(無名)으로 말미암아 행(行)이 있고 행으로 말미암아 식(識)이 있고 … 명색(名色) … 육처(六處) … 촉(觸) … 수(受) … 애(愛) … 취(取) … 유(有) … 생(生) … 노사(老死)가 있음.

23 육신통 중 천안통, 숙명통, 누진통을 가리킴.

24 일체 모든 것을 아는 지혜나 그 지혜를 갖춘 자를 일체지(一切智)라 한다. 그 일체지 중에서 가장 탁월한 지혜, 또는 일체지를 갖춘 자의 지혜를 일체지지라 한다.

이처럼 선남자여, 만약 보살들이 진실하게 취(趣)를 발해서 구족히 상응했다면, 바라밀다를 구족해서 상응했다면, 중생을 성숙시키는 힘을 구족해서 상응했다면, 일체의 선근을 구족해서 상응했다면, 정법을 수용하는 것을 구족해서 상응했다면, 여래를 공양하는 것을 구족해서 상응했다면, 가고 오고 나가고 멈추고 발을 들었다 내리는 등의 모든 행동거지가 다 오묘한 보리의 도량으로부터 오는 것이고, 일체가 다 불법으로부터 오는 것이라서 이러한 보살들은 모든 부처님의 오묘한 법에 편안히 안주하고 있는 것입니다.'

세존이여, 저 대거사가 이렇게 법을 설하자 천자 오백 명이 모두 아뇩다라삼먁삼보리의 마음을 일으켰습니다. 당시 저는 묵묵히 있으면서 대꾸하질 못했습니다. 이 때문에 저는 그를 찾아뵙고 문병하는 일을 감당치 못하겠습니다.

세존께서 지세보살(持世菩薩)에게 말씀하셨다.

그대가 무구칭을 찾아뵙고 문병하여라.

지세보살이 대답했다.

세존이여, 저는 무구칭을 찾아뵙고 문병하는 일을 감당치 못하겠습니다. 그 이유는 이렇습니다. 예전에 제가 집에 있을 때, 악마 파순[25]이 만이천 명의 천녀들을 데리고, 제석천왕[26]의 모습으로 가장한 채 풍악을 울리고 노래를 하면서 제가 있는 곳을 찾아 왔습니다. 그리고는 같이 온 권속들과 함께 제 발에 절을 하고, 모든 천상의 즐거움

25 papiyas의 음사. 악한 자라는 뜻. 악마의 호칭. 욕계 6천인 타화자재천에 사는 마. 사람의 지혜를 끊어 악업을 짓게 만든다.

26 도리천(忉利天)에 살면서 삼십삼천과 사천왕을 통솔하는 신들의 왕으로서, 불법과, 불법에 귀의하는 사람을 보호하며 아수라의 군대를 정벌함.

으로 저에게 공양한 뒤 합장 공경한 채 한 쪽에 서있었습니다.
그때 저는 진짜 제석천왕인 줄 알고 이렇게 말했습니다.
'어서 오시오, 코시카[27]여. 비록 복(福)이 있더라도 응당 스스로 자만치 말고 반드시 욕망의 쾌락은 모두 무상한 것이라고 부지런히 관찰해야 하며, 몸(身)과 목숨(命)과 재물(財) 속에서도 부지런히 닦아 익혀서 견실한 법(堅實法)을 밝혀야 합니다.'
파순이 제게 말했습니다.
'대정사(大正士)[28]여, 이 만이천 명의 천녀들을 받아들여 곁에서 공양하고 시중들게 하시지요.'
제가 대답했습니다.
'그만두시오, 코시카여. 그런 법답지 않은 일을 우리 사문인 불자에게 베풀어서는 안됩니다. 그런 일은 내게는 온당치 않은 것이오.'

제가 말을 채 끝내지도 않았는데 무구칭이 와서 제 발에 절을 하고는 이렇게 말했습니다.
'그는 제석천왕이 아닙니다. 악마 파순으로 그대를 놀리러 온 것입니다.'
그리고 나서 무구칭은 악마에게 말했습니다.
'그대는 이 천녀들을 내게 보시해도 좋다. 나는 흰 옷[29]을 입고 재가(在家) 생활을 하는 사람으로 사문인 불자가 아니니 받아도 되느니라.'

악마 파순은 놀랍고 두려웠습니다. 그는 무구칭이 자기를 괴롭히지 않을까 염려해서 모습을 숨겨 사라지려고 했지만, 무구칭의 신통력이 그를 붙들자 숨을 수가 없었습니다. 자기가 갖고 있는 신통력과 온갖 방편을 다 썼지만 떠날 수가 없었습니다. 그때 공중에서 소리가 들려왔습니다.

27 제석천의 다른 이름.
28 정사(正士)는 정도(正道)를 구하는 사람이라는 뜻으로, 보살과 같은 의미.
29 인도에서는 승려들이 색깔 있는 옷을 입고 재가자들은 흰 옷을 입기 때문에 흰 옷은 세속에 있는 사람을 나타냄.

'그대 악마 파순이여, 천녀들을 이 거사에게 보시해야 비로소 네 천궁으로 돌아갈 수 있으리라.'

악마 파순은 두려운 나머지 고개를 끄덕이면서 천녀들을 무구칭에게 주었습니다. 그러자 무구칭이 천녀들에게 말했습니다.
'악마 파순은 그대들을 내게 주었다. 이제 여러 자매들은 아뇩다라삼먁삼보리의 마음을 일으켜야 한다. 그리하면 그대들의 반응에 따라 차례대로 성숙해 나가는 오묘한 보리의 법을 하나 하나 설해서 그대들을 올바르고 평등한 보리로 나아가게 하리라.'
그리고는 다시 이렇게 말했습니다.
'자매들은 이미 아뇩다라삼먁삼보리의 마음을 일으켰다. 이젠 대법원(大法苑)의 즐거움으로 스스로 즐길 수 있으니 다시는 오욕(五欲)[30]의 쾌락을 즐기지 말라.'

천녀들이 대답했다.
'대거사여, 대법원의 즐거움이란 무엇을 말합니까?'
무구칭이 답했다.
'법원의 즐거움이란 모든 부처님의 파괴되지 않는 청정한 즐거움을 말한다. 또 정법(正法)을 늘 듣는 즐거움이며, 화합 대중(僧伽)을 부지런히 공경하고 섬기는 즐거움이며, 삼계를 영원히 벗어나는 즐거움이며, 어떤 조건(緣)에도 의지하거나 머물지 않는 즐거움이며, 오온(五蘊)[31]의 무상함이 마치 원수와 같다고 관찰하는 즐거움이며, 십팔계(十八界)[32]는 독사와 같다고 전도됨 없이 관찰하는 즐거움이며,

30 빛깔, 소리, 냄새, 맛 접촉의 5경(五境)에 대해 눈, 귀, 코, 혀, 몸의 5관이 일으키는 욕망. 총체적으로 세속적인 인간의 욕망을 말함. 또는 재물욕, 성욕, 음식욕, 명예욕, 수면욕을 말하기도 한다.

31 온은 쌓임이라는 뜻으로 인간 존재를 구성하는 요소임. 온에는 신체(色), 감각(愛), 표상(想), 의지(行), 의식(識)의 다섯 가지가 있는데 이것을 오온이라고 함.

32 눈, 귀, 코, 혀, 몸, 의식의 여섯 감각 기관, 색깔, 소리, 냄새 등의 여섯 감각 대상, 그리고 눈이 색깔을 인식하는 등의 여섯 가지 인식 작용을 합친 것.

십이처(十二處)[33]를 비어있는 마을처럼 명확히 관찰하는 즐거움이며, 보리심을 늘 굳게 수호하는 즐거움이며, 모든 중생을 이롭게 하는 즐거움이며, 어른들을 부지런히 모시는 즐거움이며, 보시를 하면서 탐욕을 떠나는 즐거움이며, 청정한 계율을 지켜서 오만하고 나태함이 없는 즐거움이며, 인욕하면서 순종과 화합하는 즐거움이며, 정진을 통해 선근(善根)을 기르는 즐거움이며, 선정 중에는 흔들림이 없음을 아는 즐거움이며, 반야를 통해 미혹을 벗어나 명철해지는 즐거움이며, 보리에서의 광대하고 묘한 즐거움이며, 뭇 마군을 꺾을 수 있는 즐거움이며, 모든 번뇌를 능히 두루 아는 즐거움이며, 모든 불국토를 두루 닦아서 다스리는 즐거움이며, 상서로운 상호로 장엄하기 위해 온갖 공덕을 쌓는 즐거움이며, 복과 지혜의 두 자량(資量)을 올바로 닦아 익히는 즐거움이며, 오묘한 보리를 모두 장엄하는 즐거움이며, 깊고 심오한 법을 들을 때 놀랍거나 두려움이 없는 즐거움이며, 세 해탈문[34]을 올바로 관찰하는 즐거움이며, 열반을 올바로 반연하는 즐거움이며, 시기가 맞지 않으면 관찰하지 않는 즐거움이며, 같은 부류(同類)끼리는 그 공덕을 살펴 늘 가까이하는 즐거움이며, 다른 부류(異類)에 대해선 잘못을 보지 않고 미워하거나 원망하지 않는 즐거움이며, 모든 착한 벗을 가까이하기를 즐기는 즐거움이며, 나쁜 벗은 잘 보호해주고 싶은 즐거움이며, 교묘한 방편을 잘 받아들이는 즐거움이며, 모든 법을 기쁘게 믿는 즐거움이며, 태만하지 않고 일체의 보리분법을 닦아 익히는 것이 최상의 오묘한 즐거움이다. 자매들이여, 이런 것들을 보살의 대법원의 즐거움이라 한다. 모든 대보살들은 항상 이 법원의 즐거움 속에서 머문다. 그대들도 이런 것들을 즐겨야지 오욕의 쾌락을 즐겨서는 안 된다.'

그러자 악마 파순이 천녀들에게 말했습니다.
'자 이리 와서 함께 천궁으로 돌아가자.'

33 눈, 귀, 코, 혀, 몸, 의식의 여섯 감각 기관과 그 대상이 되는 색깔, 소리, 냄새, 맛, 촉감, 의식의 내용을 합친 것.

34 깨달음에 이르기 위한 세 가지 길, 또는 선정의 세 가지 목표. 공, 무상, 무원.

천녀들이 답했습니다.
'악마여, 당신은 떠나시오. 우리는 다시는 당신과 함께 돌아가지 않겠소. 왜냐하면 당신은 이미 우리들을 이 거사에게 드렸기 때문이오. 어떻게 다시 함께 돌아가자고 말할 수 있습니까? 그리고 우리도 이제는 법원의 즐거움을 즐기지 오욕의 즐거움을 즐기지는 않습니다. 당신 혼자 돌아가시오.'

그러자 악마 파순이 무구칭에게 말했습니다.
'대거사여, 이 천녀들을 놓아 주십시오. 소유하는 마음에 집착하지 않고 은혜를 베푸는 분이 바로 보살마하살(菩薩摩訶薩)[35]입니다.'
무구칭이 말했습니다.
'내 이미 놓아 주었소. 그대는 데리고 가시오. 그대들은 모든 중생의 법에 대한 염원(法願)을 만족시키도록 하시오.'

그때 천녀들이 무구칭에게 예의를 표하면서 물었습니다.
'우리 천녀들이 마궁으로 돌아가는데, 어떻게 수행(修行)하란 말씀을 하십니까?'
무구칭이 말했습니다.
'여러 자매들은 반드시 알아야 하오. '꺼지지 않는 등불'(無盡燈)이라고 하는 오묘한 법문(法門)이 있다는 것을. 그대들은 반드시 이 법문을 배워야 합니다.'
천녀들이 다시 물었습니다.
'무엇을 '꺼지지 않는 등불'이라 합니까?'
'자매들이여, 비유하자면 등불 하나로 수십만 등불을 붙일 수 있는 것과 같소. 그렇게 되면 어둠이 환히 밝아져 영원토록 꺼지지 않고 쇠퇴하지도 않을 것이오. 이처럼 자매들이여, 보살 한 분이 백천구지나유타 대중에게 아뇩다라삼먁삼보리를 구하는 마음을 내도록 권유한다면, 이 보살의 보리심은 영원토록 고갈되지 않고 쇠퇴하지도

35 깨달음을 구하는 사람을 보살이라고 하므로 이승(二乘)인 성문, 연각도 보살이 되기 때문에 그들과 구별하여 대승의 수행자에게 마하살(大士)을 붙여 보살마하살이라고 함.

않을 것이며, 오히려 더 발전하고 강화될 것이오. 이처럼 남을 위해 능숙한 방편으로 정법을 널리 설하면, 오히려 모든 선법이 발전하고 강화되면서 영원히 고갈되지 않고 쇠퇴하지도 않을 것이오.

자매들이여, '꺼지지 않는 등불'이라는 이 오묘한 법문을 반드시 알아야 하며 배워야 하오. 비록 마궁에 있을지라도 한량없는 천자와 천녀들이 보리심을 일으키도록 권해야 하오. 그래야만 여래의 은혜를 알아 진실하게 갚은 것이라 할 수 있으며, 일체의 중생을 이롭게 하는 것이라 할 수 있소.'
이 말을 듣고 천녀들은 무구칭의 발에 공경스럽게 절을 하였습니다. 무구칭이 앞서 악마 파순을 제지했던 신통력을 풀어주자, 파순과 그의 권속들은 홀연히 사라져 본래 살던 궁전으로 돌아갔습니다. 세존이여, 무구칭은 이처럼 자유자재한 신통력과 지혜와 변화무쌍한 언변으로 법을 설하기 때문에 저는 그를 찾아뵙고 문병하는 일을 감당치 못하겠습니다.

세존은 장자의 아들 선덕(善德; 수닷타, 蘇達多)에게 말했다.

그대가 무구칭을 찾아뵙고 문병하여라.

선덕이 말했다.

세존이여, 저는 무구칭을 찾아뵙고 문병하는 일을 감당치 못하겠습니다. 그 이유는 이렇습니다. 예전에 저는 아버님의 집에서 칠일 밤낮동안 대보시회(大祠會)[36]를 벌여서 모든 사문과 바라문, 외도, 빈

36 보시는 무엇인가를 남에게 베푸는 것을 말하는데, 단지 물건이나 돈 등을 주는 재시(財施)뿐만 아니라 부처님의 법을 베푸는 법시(法施)와, 상대방의 두려움을 없애 주는 무외시(無畏施)가 있음.

궁하고 하천한 외로운 걸인들에게 공양하였습니다. 이 보시회는 칠일간 계속되었습니다. 그때 무구칭이 그 모임에 들어와 저의 면전에서 이렇게 말했습니다.

'장자의 아들이여, 무릇 보시회란 그대가 이곳에 벌인 것처럼 해서는 안되오. 그대는 이제 법의 보시회를 마련해야 하오. 어찌해서 이런 재물을 보시하는 모임을 여는 것이오.'

제가 말했습니다.

'거사여, 어떤 것을 법을 보시하는 모임이라 합니까?

무구칭이 제게 대답했습니다.

'법 보시는 먼저도 없고 나중도 없이 일시에 모든 중생을 위해 공양하는 것이니, 이를 일러 원만한 법 보시회라 하오. 구체적으로 어떤 일을 말하는가? 무상보리(無上菩提)[37]의 행상(行相)으로 크나큰 사랑(大慈)이 야기(引發)되는 것이며, 모든 중생의 해탈을 위한 행상으로 크나큰 연민(大悲)이 야기되는 것이며, 모든 중생의 기쁨에 따르는 행상으로 크나큰 기쁨(大喜)이 야기되는 것이며, 정법과 지혜(智)를 이해하는 행상으로 크나큰 포기(大捨)가 야기되는 것이며, 뛰어난 적정(寂靜)[38]과 자기를 다스리는 행상으로 보시바라밀이 야기되는 것이며, 금기를 범하는 중생을 교화하는 행상으로 청정계율의 바라밀이 야기되는 것이며, 일체법이 무아(無我)라는 행상으로 인욕바라밀이 야기되는 것이며, 몸과 마음을 멀리 벗어나는 행상으로 정진바라밀이 야기되는 것이며, 가장 뛰어난 각지(覺支)의 행상으로 선정바라밀이 야기되는 것이며, 일체지지(一切智智)를 배우는 행상으로 반야바라밀이 야기되는 것이며, 일체 중생을 교화하는 행상으로 공(空)의 수행이 야기되는 것이며, 모든 유위(有爲)[39]를 다스리는 행상으로 무상(無相)[40]을 닦는 것이 야기되는 것이며, 일부러 생(生)을

37 모든 것 가운데 가장 뛰어나 그보다 위의 것이 있을 수 없는 깨달음.
38 모든 번뇌를 가라앉혀 조용함. 열반, 적멸과 같은 뜻.
39 인연으로 이루어진 모든 것. 생멸변화를 벗어나지 못한 것.
40 모든 집착을 여의어서 법에 대한 특별한 형상이나 생각을 세우지 않는 것.

받는 행상으로 무원(無願)[41]을 닦는 것이 야기되는 것이며, 정법(正法)을 잘 수용하는 행상으로 크나큰 힘(大力)이 야기되는 것이며, 사섭법(四攝法)[42]을 잘 닦아 익히는 행상을 통해 생명의 뿌리(命根)가 야기되는 것이며, 일체 중생을 노예나 시종이 공경하고 섬기듯이 하는 행상으로 자만함 없음이 야기되는 것이며, 견실치 못한 것을 견실한 것으로 바꾸는 행상으로 견고한 몸과 목숨과 재물을 증득하는 것이 야기되는 것이며, 여섯 가지 염(念)을 따르는 행상으로 정념(正念)이 야기되는 것이며, 청정하고 오묘한 법을 닦는 행상으로 의락(意樂)이 야기되는 것이며, 부지런히 닦아 익혀서 올바르게 행하는 행상으로 청정한 삶(淨命)이 야기되는 것이며, 청정한 기쁨과 친근함의 행상으로 성현을 가까이 받들어 섬기는 것이 야기되는 것이며, 범속한 자들을 싫어하지 않는 행상으로 조복된 마음(調伏心)이 야기되는 것이며, 청정한 출가의 수행을 잘 하는 행상으로 청정하고 드높은 의락(意樂)이 야기되는 것이며, 늘 중도(中道)[43]를 닦아 익히는 행상으로 능숙한 방편과 배움이 야기되는 것이며, 다투지 않는 법(無諍法)들을 통달하는 행상으로 늘 아란야[44]에서 사는 게 야기되는 것이며, 올바로 붓다의 지혜를 구하는 행상으로 좌선(宴坐)이 야기되는 것이며, 일체 중생의 번뇌를 올바로 없애는 행상으로 요가수행[45]의 단계를 잘 닦는 것이 야기되는 것이며, 상호(相好)를 갖추고 중생을 성숙시키고 청정한 불국토를 장엄하는 행상으로 광대하고 미묘한 복의 자량(資量)이 야기되는 것이며, 모든 중생의 마음과 행실을 알아 그에 따라 법을 설하는 행상으로 광대하고 오묘한 지혜(智)의 자량이 야기되는 것이며, 일체 만법에 대해 취하거나 버림

41 특별한 욕망이나 목적을 갖지 않고 그것을 떠난 것.

42 중생을 깨달음의 길로 끌어들이는 네 가지 방법. 보시(布施, 재물과 법을 베풀고 두려움을 없애 주는 것), 애어(愛語, 부드러운 말을 하는 것), 이행(移行, 중생에게 이로움을 주는 행위를 하는 것), 동사(同事, 중생과 고통, 기쁨을 함께 하는 것).

43 모든 이원론적 대립을 지양하고 초월하는 것으로, 실상으로 나가는 길임.

44 수행하기에 적합한 한적한 장소.

45 요가는 상응하여 일치한다는 뜻. 이 요가 수행의 경지를 나타내는 것으로 십칠지(十七地)가 있음.

없이 하나의 '올바른 이치의 문'(正理門)으로 깨달아 들어가는 행상으로 광대하고 오묘한 슬기(慧)의 자량이 야기되는 것이며, 일체의 번뇌와 습기, 그리고 온갖 좋지 못한 것들의 장애를 끊는 행상으로 일체의 선법을 증득함이 야기되는 것이며, 일체지지(一切智智)와 모든 선법(善法)의 자량을 깨달아 가는 행상으로 닦아온 모든 보리분법을 증명해 나가는 게 야기되는 것이오.

그대 착한 남자들이여, 이런 것들을 법 보시라 하는 것이오. 만약 보살들이 이러한 법 보시회에 안주한다면 최고의 보시자(大施主)라 할 것이니, 세간의 천신과 인간들로부터 널리 공양을 받을 것이오.'
세존이여, 저 대거사가 이 법을 설하자 이백 명의 바라문이 아뇩다라삼먁삼보리의 마음을 일으켰습니다. 놀라움에 가득 찬 저 역시 청정한 기쁨이 일어나 대사의 발에 공경스럽게 절을 하면서 십만 금의 가치가 있는 보석 목걸이를 풀어서 은근히 바쳤습니다. 그러나 대거사는 받지 않으려고 했습니다.

그래서 제가 말했습니다.
'대사여, 저를 가엾이 여겨 꼭 받아 주십시오. 만약 스스로 마음이 내키지 않으신다면 주고 싶은 사람 누구에게나 주십시오.'
그때서야 무구칭은 목걸이를 받아서 둘로 나누었습니다. 그 중 하나는 이 대보시의 모임 속에서 가장 보기 싫고 빈천한 거지에게 주었고, 또 하나는 저 난승여래(難勝如來)에게 바쳤습니다. 그리고는 신통력을 사용하여 대중들이 양염(陽焰)세계의 난승여래를 볼 수 있도록 하였습니다. 또 난승여래에게 바친 목걸이의 구슬이 난승여래의 머리 위에서 오묘한 보대(寶臺)를 이루는 것을 보게 하였습니다. 그 보대는 사방을 네 대(臺)로 나누어 장식하고 온갖 장엄을 하여 너무나 사랑스러웠습니다.
무구칭은 이 같은 신통 변화를 끝내면서 다시 말했습니다.
'만약 보시를 베푸는 자가 평등한 마음으로 이 모임 속의 가장 하천한 거지라도 여래의 복전(福田)과 같다고 생각하면서 보시한다면, 또 아무 차별 없이 공평하게 주고 대자대비한 마음으로 널리 보시하

되 어떤 과보(果報)도 기대하는 마음이 없다면 ,이를 원만한 법 보시라 하오.'

그 거지는 무구칭의 신통변화를 보고, 또 그의 설법을 듣고서는 결코 물러남이 없는 드높은 의락(意樂)을 얻으면서 문득 아뇩다라삼먁삼보리의 마음을 일으켰습니다.

세존이여, 저 대거사는 이같은 자유로운 신통변화와 막힘이 없는 언변을 갖추고 있기 때문에 저는 그를 찾아뵙고 문병하는 일을 감당치 못하겠습니다.

이와 같이 세존은 대보살들 하나하나에게 '무구칭을 찾아뵙고 문병하라'고 말했다. 보살들은 제각기 붓다에게 자기가 겪었던 인연을 말씀드리면서 무구칭 대사를 찬양하여 이렇게 말했다.

그를 찾아뵙고 문병하는 일을 감당치 못하겠습니다.

4 說無垢稱經菩薩品第四

爾時世尊告慈氏菩薩摩訶薩言。汝應往詣無垢稱所問安其疾。慈氏菩薩白言。世尊。我不堪任詣彼問疾。所以者何。憶念我昔於一時間。為覩史多天王及其眷屬。說諸菩薩摩訶薩等不退轉地所有法要。時無垢稱來到彼所。稽首我足而作是言。尊者慈氏。唯佛世尊。授仁者記。一生所繫當得無上正等菩提。為用何生得授記乎。過去耶未來耶現在耶。若過去生過去生已滅。若未來生未來生未至。若現在生現在生無住。如世尊說。汝等苾芻。剎那剎那具生老死即沒即生。若以無生得授記者。無生即是所入正性。於此無生所入性中無有授記。亦無證得正等菩提。云何慈氏得授記耶。為依如生得授記耶。為依如滅得授記耶。若依如生得授記者。如無有生。若依如滅得授記者。如無有滅。無生無滅真如理中無有授記。一切有情皆如也。一切法亦如也。一切聖賢亦如也。至於慈氏亦如也。若尊者慈氏得授記者。一切有情亦應如是而得授記。所以者何。夫真如者非二所顯。亦非種種異性所顯。若尊者慈氏當證無上正等菩提。一切有情亦應如是當有所證。所以者何。夫菩提者。一切有情等所隨覺。若尊者慈氏當般涅槃。一切有情亦應如是當有涅槃。所以者何。非一切有情不般涅槃。佛說真如為般涅槃以佛觀見一切有情。本性寂靜即涅槃相。故說真如為般涅槃。是故慈氏。勿以此法誘諸天子。勿以此法滯諸天子。夫菩提者。無有趣求亦無退轉。尊者慈氏。當令此諸天子捨於分別菩提之見。所以者何。夫菩提者。非身能證非心能證。寂滅是菩提。一切有情一切法相皆寂滅故。不增是菩提。一切所緣不增益故。不行是菩提。一切戲論一切作意皆不行故。永斷是菩提。一切見趣皆永斷故。捨離是菩提。一切取著皆捨離故。離繫是菩提。永離一切動亂法故。寂靜是菩提。一切分別永寂靜故。廣大是菩提。一切弘願不測量故。不諍是菩提。一切執著一切諍論皆遠離故。安住是菩提。住法界故。隨至是菩提。隨真如故。不二是菩提。差別法性皆遠離故。建立是菩提。實際所立故。平等是菩提。一切眼色乃至意法皆悉平等如虛空故。無為是菩提。生住異滅畢竟離故。遍知是菩提。一切有情所有心行皆遍知故。無間是菩提。內六處等所不雜故。無雜是菩提。一切煩惱相續習氣永遠離故。無處是菩提。於真如中一切方處所遠離故。無住是菩提。於一切處不可見故。唯名是菩提。此菩提名無作用故。無浪是菩提。一切取捨永遠離故。無亂是菩提。常自靜故。善寂是菩提。本性淨故。明顯是菩提。自性無雜故。無取是菩提。離攀緣故。無異是菩提。隨覺諸法平等性故。無喻是菩提。一切比況永遠離故。微妙是菩提。極難覺故。遍行是菩提。自性周遍如虛空故。至頂是菩提。至一切法最上首故。無染是菩提。一切世法不能染故。如是菩提非身能證非心能證。世尊。彼大居士說此法時。於天眾中二百天子得無生法忍。時我默然不能加辯。故我不任詣彼問疾。

爾時世尊告光嚴童子。汝應往詣無垢稱所問安其疾。光嚴童子白言。世尊。我不堪任詣彼問疾。所以者何。憶念我昔於一時間。出廣嚴城時無垢稱方入彼城。我為作禮問言。居士從何所來。彼答我言。從妙菩提來。我問。居士。妙菩提者為何所是。即答我言。淳直意樂是妙菩提。由此意樂不虛假故。發起加行是妙菩提。諸所施為能成辦故。增上意樂是妙菩提。究竟證會殊勝法故。大菩提心是妙菩提。於一切法無忘失故。清淨布施是妙菩提。不悕世間異熟果故。固守淨戒是妙菩提。諸所願求皆圓滿故。忍辱柔和是妙菩提。於諸有情心無恚故。勇猛精進是妙菩提。熾然勤修無懈退故。寂止靜慮是妙菩提。其心調順有堪能故。殊勝般若是妙菩提。現見一切法性相故。慈是妙菩提。於諸有情心平等故。悲是妙菩提。於諸疲苦能忍受故。喜是妙菩提。恒常領受法苑樂故。捨是妙菩提。永斷一切愛恚等故。神通是妙菩提具六神通故。解脫是妙菩提。離分別動故。方便是妙菩提。成熟有情故。攝事是妙菩提。攝諸有情故。多聞是妙菩提。起真實行故。調伏是妙菩提。如理觀察故。三十七種菩提分法是妙菩提棄捨一切有為法故。一切諦實是妙菩提。於諸有情不虛誑故。十二緣起是妙菩提。無明不盡乃至老死憂苦熱惱皆不盡故。息諸煩惱是妙菩提。如實現證真法性故。一切有情是妙菩提。皆用無我為自性故。一切諸法是妙菩提。隨覺一切皆性空故。降伏魔怨是妙菩提。一切魔怨不傾動故。不離三界是妙菩提。遠離一切發趣事故。大師子吼是妙菩提。能善決擇無所畏故。諸力無畏不共佛法是妙菩提。普於一切無訶厭故。三明鑒照是妙菩提。離諸煩惱獲得究竟無餘智故。一刹那心覺一切法究竟無餘是妙菩提。一切智智圓滿證故。如是善男子。若諸菩薩。真實發趣具足相應。波羅蜜多具足相應。成熟有情具足相應。一切善根具足相應。攝受正法具足相應。供養如來具足相應。諸有所作往來進止舉足下足。一切皆從妙菩提來。一切皆從諸佛法來。安住一切諸佛妙法。世尊。彼大居士說是法時。五百天子皆發無上正等覺心。時我默然不能加辯。故我不任詣彼問疾。

爾時世尊告持世菩薩。汝應往詣無垢稱所問安其疾。持世菩薩白言。世尊。我不堪任詣彼問疾。所以者何。憶念我昔於一時間在自住處。時惡魔怨從萬二千諸天女等狀如帝釋。鼓樂絃歌來到我所。與其眷屬稽首我足。作諸天樂供養於我。合掌恭敬在一面立。我時意謂真是帝釋。而語之言。善來憍尸迦。雖福應有不當自恣。當勤觀察諸欲戲樂皆悉無常。於身命財當勤修習證堅實法。即語我言。唯大正士。可受此女以備供侍。我即答言。止憍尸迦無以如是非法之物而要施我沙門釋子。此非我宜所。言未訖時。無垢稱來到彼所。稽首我足而謂我言。非帝釋也。是惡魔怨嬈汝故耳。時無垢稱語惡魔言。汝今可以此諸天女迴施於我。是我在家白衣所宜。非諸沙門釋子應受。時惡魔怨即便驚怖。念無垢稱將無惱我。欲隱形去。為無垢稱神力所持而不能隱。盡其神力種種方便亦不能去。即聞空中聲曰。汝惡魔怨。應以天女施此居士。乃可得還自所天宮。是惡魔怨以怖畏故俛仰而與。時無垢稱語諸女言。是惡魔怨以汝施我。今諸姊等當發無上正等覺心。即隨所應為說種種隨順成熟妙菩提法。令其趣向正等菩提。復言。姊等已發無上正等覺心。有大法苑樂可以自娛。不應復樂五欲樂也。諸天女言。唯大居士。云何名為大法苑樂。無垢稱言。法苑樂者。謂於諸佛不壞淨樂。於正法中常聽聞樂。於和合眾勤敬事樂。於其三界永出離樂。於諸所緣無依住樂。於諸蘊中觀察無常如怨害樂。於諸界中無倒觀察如毒蛇樂。於諸處中無倒觀察如空聚樂。於菩提心堅守護樂。於諸有情饒益事樂。於諸師長勤供侍樂。於惠施中離慳貪樂。於淨戒中無慢緩樂。於忍辱中堪調順樂。於精進中習善根樂。於靜慮中知無亂樂。於般若中離惑明樂。於菩提中廣大妙樂。於眾魔怨能摧伏樂。於諸煩惱能遍知樂。於諸佛土遍修治樂。於相隨好莊嚴身中極圓滿樂。於其福智二種資糧正修習樂。於妙菩提具莊嚴樂於甚深法無驚怖樂。於三脫門正觀察樂。於般涅槃正攀緣樂。不於非時而觀察樂。於同類生見其功德常親近樂。於異類生不見過失無憎恚樂。於諸善友樂親近樂。於諸惡友樂將護樂。於巧方便善攝受樂。於諸法中歡喜信樂。於不放逸修習一切菩提分法最上妙樂。如是諸姊。是為菩薩大法苑樂。此法苑樂諸大菩薩常住其中。汝等當樂。勿樂欲樂。時惡魔怨告天女曰。汝等可來今欲與汝俱還天宮。諸女答言。惡魔汝去。我等不復與汝俱還。所以者何。汝以我等施此居士。云何更得與汝等還。我等今者樂法苑樂。不樂欲樂汝可獨還。時惡魔怨白無垢稱。唯大居士。可捨此女。一切所有心不耽著而惠施者。是為菩薩摩訶薩也。無垢稱言。吾以捨矣汝可將去。當令汝等一切有情法願滿足。時諸天女禮無垢稱。而問之言。唯大居士。我等諸女還至魔宮云何修行。無垢稱言。諸姊當知。有妙法門名無盡燈。汝等當學。天女復問。云何名為無盡燈耶。答言。諸姊。譬如一燈然百千燈。瞑者皆明明終不盡亦無退減。如是諸姊。夫一菩薩勸發建立百千[*]俱胝那庾多眾。趣求無上正等菩提。而此菩薩菩提之心。終無有盡亦無退減轉更增益。如是為他方便善巧宣說正法。於諸善法轉更增長。終無有盡亦無退減。諸姊當知。此妙法門名無盡燈汝等當學。雖住魔宮當勸無量天子天女發菩提心。汝等即名知如來恩真實酬報。亦是饒益一切有情。是諸天女恭敬頂禮無垢稱足。時無垢稱。捨先制持惡魔神力。令惡魔怨與諸眷屬忽然不現還於本宮。世尊。是無垢稱有如是等自在神力智慧辯才變現說法。故我不任詣彼問疾。

爾時世尊告長者子蘇達多言。汝應往詣無垢稱所問安其疾。時蘇達多白言。世尊。我不堪任詣彼問疾。所以者何。憶念我昔自於父舍。七日七夜作大祠會。供養一切沙門婆羅門及諸外道貧窮下賤孤獨乞人。而此大祠期滿七日。時無垢稱來入會中而謂我言。唯長者子。夫祠會者不應如汝今此所設。汝今應設法施祠會。何用如是財施祠為。我言。居士。何等名為法施祠會。彼答我言。法施祠者無前無後。一時供養一切有情。是名圓滿法施祠會。其事云何。謂以無上菩提行相。引發大慈。以諸有情解脫行相。引發大悲。以諸有情隨喜行相。引發大喜。以攝正法攝智行相。引發大捨。以善寂靜調伏行相。引發布施波羅蜜多。以化犯禁有情行相。引發淨戒波羅蜜多。以一切法無我行相。引發堪忍波羅蜜多。以善遠離身心行相。引發精進波羅蜜多。以其最勝覺支行相。引發靜慮波羅蜜多。以聞一切智智行相。引發般若波羅蜜多。以化一切眾生行相。引發修空。以治一切有為行相。引修無相。以故作意受生行相。引[*]修無願。以善攝受正法行相。引發大力。以善修習攝事行相引發命根。以如一切有情僕隸敬事行相。引發無慢。以不堅實貿易一切堅實行相。引發證得堅身命財。以其六種隨念行相。引發正念。以修淨妙諸法行相。引發意樂。以勤修習正行行相。引發淨命。以淨歡喜親近行相。引發親近承事聖賢。以不憎恚非聖行相。引調伏心。以善清淨出家行相。引發清淨增上意樂。以常修習中道行相。引發方便善巧多聞。以無諍法通達行相。引發常居阿練若處。以正趣求佛智行相。引發宴坐。以正息除一切有情煩惱行相。引發善修瑜伽師地。以具相好成熟有情莊嚴清淨佛土行相。引發廣大妙福資糧以知一切有情心行隨其所應說法行相。引發廣大妙智資糧。以於諸法無取無捨一正理門悟入行相。引發廣大妙慧資糧。以斷一切煩惱習氣諸不善法障礙行相。引發證得一切善法。以隨覺悟一切智智一切善法資糧行相。引發證行一切所修菩提分法。汝善男子。如是名為法施祠會。若諸菩薩安住如是法施祠會。名大施主。普為世間天人供養。世尊。彼大居士說此法時。梵志眾中二百梵志。皆發無上正等覺心。我於爾時歎未曾有得淨歡喜。恭敬頂禮彼大士足。解寶瓔珞價直百千。慇懃奉施彼不肯取。我言。大士。哀愍我故願必納受。若自不須心所信處隨意施與。時無垢稱。乃受瓔珞分作二分。一分施此大祠會中最可厭毀貧賤乞人。一分奉彼難勝如來。以神通力令諸大眾皆見他方陽焰世界難勝如來。又見所施一分珠瓔。在彼佛上成妙寶臺。四方四臺等分間飾。種種莊嚴甚可愛樂。現如是等神變事已。復作是言。若有施主以平等心。施此會中最下乞人。猶如如來福田之想。無所分別其心平等。大慈大悲普施一切不求果報。是名圓滿法施祠祀。時此乞人見彼神變聞其所說。得不退轉增上意樂。便發無上正等覺心。世尊。彼大居士具如是等自在神變無礙辯才。故我不任詣彼問疾。

如是世尊一一別告諸大菩薩。令往居士無垢稱所問安其疾。是諸菩薩各各向佛說其本緣。讚述大士無垢稱言。皆曰不任詣彼問疾。

제5장

문질품

問疾品

5 문질품問疾品

부처님께서는 문수사리[1]에게 말했다.

그대가 무구칭을 찾아뵙고 문병하여라.

문수사리가 대답했다.

세존이여, 저 대사는 응대하기가 어렵습니다. 법문(法門)에 깊이 들어가 있고 설법에 능합니다. 대항할 수 없는 묘한 말재주가 있으며, 깨달음의 지혜는 막히는 데가 없습니다. 일체 보살들의 모든 사업을 이미 남김없이 이루었으며, 대보살들과 여래들의 비밀스러운 곳도 다 들어갈 수 있습니다. 온갖 마군을 잘 다스려서 그 능숙한 방편은 걸림이 없습니다. 더 이상 이원성이나 잡염(雜染)이 없는 법계 영역의 궁극적인 피안에 도달했습니다.

단일한 모습(一相)의 장엄한 법계에 관해 끝없이 다양한 모습으로 법문을 설할 수 있습니다. 모든 중생의 근기[2]에 따른 수행을 완전히 통달하고 있으며, 지고의 신통력으로 훌륭히 유희(遊戲)하며, 크나큰 지혜와 교묘한 방편을 성취했으며, 이미 모든 질문에 대한 해답을 얻어 어떤 두려움도 없이 자유롭습니다. 그래서 수준이 낮은 자들의 언변으로는 대항할 수가 없습니다. 그러나 저는 부처님의 위신력을 받아 그를 찾아뵙고 문병하겠습니다. 그를 찾아뵈면 제 힘으로 그와 담론하겠습니다.

---

1 Mañjuśri를 소리나는 대로 읽은 것으로, 번역하면 묘길상(妙吉祥)이 됨. 대승 보살 가운데 지혜가 가장 뛰어남.

2 근본적으로 갖춘 능력, 부처님의 법을 듣고 이해할 수 있는 소질.

그때 그곳에 있던 보살들과 대제자들과 제석천, 범천, 호세와 뭇 천자들은 모두 이렇게 생각했다.

> 지금 이 두 보살은 깊고 광대한 탁월한 이해력을 갖추고 있다. 서로 논쟁하게 되면 분명 미묘한 법문을 설할 것이다. 우리들은 지금 법을 들으러 온 것이니, 문수사리를 따라가서 무구칭을 찾아뵈어야겠다.

그리하여 보살 팔천 명, 성문 오백 명, 한량없는 수십만의 제석천, 범천, 호세, 그리고 천자들이 모두 법을 듣기 위해 따라 가겠다고 청하였다. 이윽고 문수사리와 보살들과 대제자들과 뭇 제석천, 범천, 호세 및 천자들은 세존에게 공경스럽게 절을 하고 암라팔리 동산을 나와 바이살리 성으로 들어가 무구칭 처소에 이르러 문병을 하고자 했다.

그때 무구칭은 이런 생각을 했다.

> 지금 문수사리와 모든 대중들이 함께 문병을 하러 오고 있다. 내 이제 신통력으로 방 안을 비우고, 모든 좌석과 가구, 시중들, 문지기들을 치워야겠다. 오직 침상 하나만을 놓고 병을 앓으면서 누워 있으리라.

이렇게 생각한 무구칭은 곧 대신통력으로 방 안을 비워 모든 세간살이를 없애고 오직 침상 하나만을 놓고 병을 앓으면서 누웠다.

문수사리와 대중들은 무구칭의 집에 들어와 세간살이와 시중꾼, 문지기조차 없앤 비어있는 방에서 무구칭 혼자 한 개의 침상 위에 누워 있는 광경을 보았다. 무구칭이 문수사리를 보고서 큰소리로 말했다.

잘 오셨습니다. 오시는 바 없이 오시고, 보는 바 없이 보시고, 듣는 바 없이 들으십니다.[3]

문수사리가 말했다.

그렇습니다, 거사여. 이미 와버린 자는 다시 올 수 없습니다. 이미 가버린 자는 다시 갈 수 없습니다. 왜냐하면 이미 와버린 자는 온다는 걸 상정할 수 없고 이미 가버린 자는 간다는 걸 상정할 수 없기 때문입니다. 이미 본 자는 다시 본다고 할 수 없고, 이미 들은 자는 다시 듣는다고 할 수 없기 때문입니다. 이 문제는 이 정도로 하지요.

거사여, 고통은 견딜 만합니까? 생활은 지낼 만합니까? 사대(四大)[4]는 조화를 이루고 있습니까? 병은 치료할 수 있습니까? 병이 더 심해지지 않을 수 있습니까? 세존께서 은근히 만수무강을 묻더이다. 거사여, 이 병이 조금이라도 나아지셨습니까? 행동거지와 기력이 점차 편안해 지십니까? 지금 그 병의 원인은 어디서 생겼나요? 생긴 지 오래됐다면 어떻게 없애야 합니까?

무구칭이 말했다.

모든 중생의 무명(無明)[5]과 삶에 대한 갈애(有愛)가 생긴 지 오래됐듯이 나의 이 병도 생긴 지 오래되었습니다. 아득히 먼 과거부터 생사를 거치면서 중생이 병 들었기에 나도 따라서 병이 든 것입니다. 그러니 중생이 치유된다면 나도 따라서 치유될 것입니다. 왜냐

3 차별 없는 법의 실상을 얘기한 것임. 오고 듣고 보는 등의 행위는 차별이 있는 현상에서 보았을 때의 움직임이지 실상의 법에서 보자면 모두 움직임이 없는 부동(不動)에서 나온 것임.

4 물질을 구성하는 네 가지 요소. 지(地), 수(水), 화(火), 풍(風).

5 현상계의 있는 그대로를 보지 못하는 어리석음. 이 무명에서부터 십이연기가 시작됨.

하면 모든 보살은 중생들의 오랜 생사유전(生死流轉)[6]에 의지하는데, 그 생사유전에 의지하는 데서부터 병이 있기 때문입니다. 만약 중생이 병과 고통을 벗어난다면 모든 보살들도 다시는 병이 없게 됩니다.

비유하자면 자식이 하나뿐인 세간의 장자(長者)가 있는데, 그는 지극정성으로 그 자식을 사랑합니다. 아이를 보는 기쁨으로 잠시라도 떼놓질 않습니다. 자식이 병들면 부모도 병들고 자식의 병이 나으면 부모도 낫습니다. 보살도 마찬가지입니다. 모든 중생을 마치 외아들처럼 사랑합니다. 중생이 병들면 보살도 병들고, 유정[7]중생의 병이 나으면 보살도 낫습니다.
또 병이 무슨 원인으로 생겼냐구요? 보살의 병이란 대비심(大悲心)[8]에서 나옵니다.

문수사리가 물었다.

거사여, 이 방은 어째서 텅 비어 시중들이 하나도 없나요?

무구칭이 말했다.

일체의 불국토 자체가 비어(空) 있는 것입니다.
어떻게 비어있는 것입니까?
본성상 비어 있기(空性) 때문에 비어(空) 있습니다.

6 태어나고 죽는 것을 계속 되풀이 하는 것.
7 생명을 가진 것. 감정과 의식을 가진 것. 산천초목은 무정(無情)이나 비정(非情)이라고 함. 살아 있는 모든 것을 이르는 말.
8 대비(大悲)의 마음. 비(悲)는 중생의 괴로움이나 슬픔을 없애 주려는 마음.

문수사리가 또 물었다.

그 공성(空性)의 비어있음이 무엇입니까?
공성이기 때문에 모든 분별이 비어 있습니다.
공성(空性)은 분별할 수 있습니까?
분별 자체가 비어 있습니다. 따라서 공성은 공성을 분별할 수 없습니다.
이 공성은 어디에서 찾아야 합니까?
이 공성은 육십이견(六十二見)[9] 속에서 찾아야 합니다.
육십이견은 어디에서 찾아야 합니까?
모든 부처님의 해탈 속에서 찾아야 합니다.

모든 부처님의 해탈은 어디에서 찾습니까?
모든 중생들의 마음 작용 속에서 찾아야 합니다.
또 문수사리께서는 왜 시중들이 없느냐고 물으셨습니다만, 일체의 악마들과 모든 외도[10]들이 다 나의 시중들입니다. 왜냐하면 일체의 악마는 생사의 삶을 옹호하고, 모든 외도는 온갖 소견을 즐겨하는데, 보살도 그 속에 있으면서 생사와 소견을 회피하거나 저버리지 않습니다. 이 때문에 악마와 모든 외도들이 다 나의 시중들인 것입니다.

문수사리가 말했다.

거사의 병은 어떤 종류의 병입니까?
내 병은 전혀 형상(色相)이 없어 볼 수가 없습니다.
그 병은 육신(身相)과 관련된 병입니까, 마음(心相)과 관련된 병입니까?
내 병은 육신과 관련된 것이 아니니 육신의 상(相)을 여의었기 때문

9 본래는 석가세존 당시 창궐한 이교도의 사상을 총칭한 것이었으나, 나중에는 자기와 세계에 관한 모든 잘못된 견해를 말하는 일반적 용례로 쓰임.
10 부처님의 가르침을 제외한 다른 종파의 사상을 총칭하는 것.

입니다. 그러면서도 육신과 관련된 듯한 것은 마치 거울의 영상 같은 관계이기 때문입니다. 또 마음과 관련된 것도 아니니 마음의 상(相)을 여의었기 때문입니다. 그러면서도 마음과 관련된 듯한 것은 마치 환상(幻化)같기 때문입니다.

땅(地), 물(水), 불(火), 바람(風)의 사대(四大) 중에서 어느 대(大)에서 나온 병입니까?
모든 중생의 몸은 다 사대에서 나옵니다. 그러한 중생에겐 병이 있고, 그 때문에 나도 병이 있는 것입니다. 그러나 나의 이 병은 사대에서 나온 것은 아닙니다. 왜냐하면 사대의 성품을 벗어났기 때문입니다.

문수사리가 다시 무구칭에게 물었다.

보살은 병든 보살을 어떻게 위로해서 환희심을 내도록 합니까?

무구칭이 말했다.

몸의 덧없음은 보여주어도 몸을 싫어해 버리라고 권하지는 말 것이며, 몸이 고통이라는 건 보여주어도 열반 속에서 즐기라고 권하지는 말 것이며, 몸이 무아[11]라는 걸 보여주어도 중생을 성숙시키라고 권하지는 말 것이며, 몸이 고요히 비어있음(空寂)은 보여주어도 궁극적으로 적멸(寂滅)[12]만을 닦으라고 권하지는 말 것이며, 전에 지은 죄를 참회하는 건 보여주어도 죄가 이전(移轉)된다는 건 설하지 말 것이며, 자신의 병을 통해 중생을 가엾이 여겨 그들의 병을 없앨 걸 권하며, 이전에 받은 온갖 고통을 생각해 중생을 이롭게 할 것을 권하며, 한량없는 선의 근본을 닦은 것을 기억해 청정한 삶을 실천

11 영원불멸하며 독립적으로 존재하는 나(我) 또는 나의 것은 없음.
12 모든 번뇌가 소멸하여 안락한 데 머무르게 되는 것.

할 것을 권하며, 놀라거나 두려워하지 말고 부지런히 노력하여 굳세고 용감할 것을 권하며, 대의왕(大醫王)이 되어 중생을 치료하고 몸과 마음의 모든 병을 영원히 없애겠다는 서원을 일으킬 것을 권해야 합니다. 보살은 응당 이렇게 병든 보살을 위로해서 기뻐하는 마음을 내게 해야 합니다.

문수사리가 말했다.

병든 보살은 어떻게 자신의 마음을 다스려야 합니까?

무구칭이 말했다.

병든 보살은 이렇게 생각해야 합니다. '지금 나의 이 병은 모두 전생의 허망한 전도(顚倒)[13]와 분별하는 번뇌가 일으킨 업보(業報)[14]이다. 몸 속에는 도무지 단 한 법의 진실함도 존재하질 않으니 도대체 누가 이 병을 받는다 하겠는가?'
왜 그렇겠습니까? 사대가 합쳐져서 임시로 몸(身)이라고 부르는데, 사대 속에는 주재자(主)가 없기 때문입니다. 이처럼 '나'(我)가 없는 몸에 병이 생긴다면 다 '나'를 집착하는데서 나오는 것입니다. 따라서 사대 속에서 함부로 '나'에 대한 집착을 일으키지 말아야 하며, 이 집착이 병의 근본임을 분명히 파악해야 합니다.

그리하여 중생이나 나라는 생각(我想)을 모두 없애고 법이라는 생각(法想)에 안주해서 이렇게 생각해야 합니다.
'온갖 법이 화합하여 이 몸을 이루고서는 생겼다 사라졌다 하면서 유전(流轉)한다. 생겨도 오직 법이 생기는 것이요, 사라져도 오직

13 바른 것은 잘못됐다고 생각하고 잘못된 것을 바르다고 뒤바꾸어 생각하는 것.
14 업과 과보(果報)를 합한 말로서, 행위를 하면 그에 따른 결과를 받는 것을 말함.

법이 사라질 뿐이니, 이렇게 모든 법이 전전상속(轉輾相續)하면서도 서로 알지도 못하고 끝내는 사념도 없다. 법은 생겨날 때에도 내가 생겨난다 말하지 않고, 사라질 때에도 내가 사라진다 말하지 않는다.'

병든 보살은 이러한 법상(法想)을 정확히 이해해야 합니다. 즉 '나'라는 이 법상이 바로 뒤바뀐(顚倒) 것이며, 이 법상이 그대로 큰 병(大患)이니 '나'라는 것을 반드시 없애야 합니다. 마찬가지로 모든 중생에게서도 이같은 큰 병을 없애야 합니다.
어떻게 하면 이같은 큰 병을 없앨 수 있을까요? '나'(我)와 '내 것'(我所)이라는 집착을 없애야 한다고 말하겠습니다.
어떻게 하면 '나'와 '내 것'이라는 집착을 없앨 수 있을까요? 두 가지를 벗어나야 합니다.
무엇이 두 가지를 벗어나는 것일까요? 일체의 내적 외적 활동을 결코 행하지 않는 것입니다.

무엇이 내적 외적 활동을 행하지 않는 것일까요? 완전한 평등, 부동(不動), 비동요(非動搖), 평정(平靜)을 관찰하는 것입니다.
무엇이 완전한 평등인가요? '나'와 열반이 둘 아닌 평등한 것입니다. 왜냐하면 나의 본성이나 열반의 본성이나 모두 비어있기 때문입니다. 기왕에 둘이 아니라면 비어있음은 또 무엇입니까? 단지 임시로 이름(名字)을 빌려서 비어있다고 하는 것입니다.
이처럼 나와 열반을 실답지 않은 평등한 것으로 보면, 이미 다른 병은 없고 오직 비어있는 병(空病)만이 있을 뿐입니다. 그러니 이 비어있는 병 역시 비어있다고 관찰해야 합니다. 왜냐하면 이 비어있는 병 역시 절대적으로 비어있으니까요[畢竟空].
병든 보살은 어떤 것도 지각하는 바 없이 모든 지각(受)을 지각해야 합니다. 불법의 성취가 아직 원만치 못하다면, 모든 지각을 소멸시켜서 깨달음을 증득하려고 해선 안되며 응당 지각의 주체[能受]나 지각의 대상[所受]이라는 모든 법을 여의어야 합니다. 만약 고통이 몸을 괴롭히면 반드시 악도(惡道)[15]에 떨어진 모든 중생을 가엾이 여기고, 대비심을 일으켜 그들의 뭇 고통을 없애주어야 합니다.

병든 보살은 이렇게 생각해야 합니다. 이미 자기 병을 없앴다면 반드시 중생의 병을 없애 주어야 한다고. 이렇게 자기와 남의 병을 없앨 때, 없애야 할 병이 조금이라도 남아있지 않을 겁니다. 병이 일어난 인연을 올바로 관찰해서 재빨리 없앨 수 있도록 정법을 설해야 합니다.

무엇이 병의 인연일까요? 반연된 사념(緣慮)이 있는 것이라 하겠습니다. 모든 반연된 사념은 병의 원인입니다. 반연된 사념이 있는 한 병이 있기 때문입니다. 사념은 어디에서 반연될까요? 삼계(三界)[16]에서 반연된다고 하겠습니다. 어떻게 해야 이 반연된 사념을 알 수 있을까요? 이 반연된 사념이 결코 얻을 바가 없다(無所得)는 걸 바르게 이해하는 것이니, 얻을 바가 없다면 반연된 사념도 없습니다. 어떻게 해야 반연된 사념을 끊는 것일까요? 두 가지 견해에 반연하지 않는 것이라 하겠습니다. 두 가지 견해는 내적 주체(內見)라는 견해와 외적 대상(外見)이라는 견해를 말합니다. 만약 이 두 가지 견해가 없다면 얻을 바도 없습니다. 더 이상 얻을 바가 없으니 반연된 사념도 모두 끊어지고, 반연된 사념이 끊어지니 병도 없어집니다. 만약 스스로 병이 없다면 중생의 병도 끊어 없앨 수 있습니다.

또 문수사리여, 병든 보살은 반드시 이렇게 그 마음을 다스려야 합니다. 오직 보살의 보리(菩提)[17]만이 일체의 늙고 병들고 죽는 고통을 끊을 수 있습니다.만약 이렇게 하지 못한다면 부지런히 닦은 것을 헛되이 저버리게 됩니다. 비유하자면 원수를 무찌를 수 있는 사람을 영웅이라 부르듯이 일체의 늙고 병들고 죽는 고통을 영원히 끊을 수만 있다면 이를 보살이라 부릅니다.

또 문수사리여, 병든 보살은 반드시 나의 이 병은 참된 것도 아니요 존재하는(有) 것도 아니라고 스스로 관찰해야 합니다. 또 모든 중생이 갖고 있는 온갖 병도 참되지도 않고 존재하지도 않는다고 관찰해

15 죄를 지은 결과 태어나서 고통을 받는 곳. 지옥, 아귀, 축생의 삼악도를 말함.

16 생사유전이 되풀이되는 미혹의 세계를 셋으로 나눈 것. 욕계, 색계, 무색계.

17 깨달음, 깨달음의 지혜.

야 합니다. 이렇게 관찰할 때, 모든 중생에 대해 애착하는 생각이나 얽혀있는 마음으로 대비심을 일으켜서는 안됩니다. 오직 중생의 객진번뇌(客塵煩腦)[18]를 끊기 위해 대비심을 일으켜야 합니다. 왜냐하면 보살이 중생에 대해 애착하는 생각이나 얽혀있는 마음으로 대비심을 일으키면 생사유전(生死流轉)을 싫어하게 되고, 중생의 객진번뇌를 끊기 위해 대비심을 일으키면 생사유전을 싫어하지 않기 때문입니다.

보살이 이렇게 중생을 위한다면 생사유전에 처해 있더라도 싫어함이 없을 것이고, 애착하는 생각으로 그 마음을 얽어매지도 않을 것입니다. 애착으로 마음을 얽어매지 않기 때문에 생사에 처해서도 속박되지 않고, 생사에 속박되지 않기 때문에 그대로 해탈을 얻으며, 생사에서 해탈을 얻기 때문에 그 즉시 능력을 갖춰 오묘한 법을 설해 중생들이 영원히 속박을 벗어나 해탈을 성취하도록 하는 것입니다.

세존께서는 여기에 숨겨진 뜻을 이렇게 말씀하셨습니다.
'자기가 속박돼 있으면서 남의 속박을 풀 수 있다는 건 옳지 않다. 자기 속박을 풀고 나서 남의 속박을 풀 수 있다면 그것은 옳다.'
이 때문에 보살은 해탈을 구해야 하며, 모든 속박에서 벗어나야 하는 것입니다.

또 문수사리여, 무엇을 보살의 속박이라 하고 무엇을 보살의 해탈이라 합니까? 만약 보살이 교묘한 방편도 없이 자기가 닦은 선정, 해탈, 삼매, 등지(等至)[19]의 맛에 집착한다면 이를 보살의 속박이라 하고, 보살들이 교묘한 방편으로 온갖 삶의 세계에 들어가서 선정과 삼매를 맛본다면 이를 보살의 해탈이라 합니다. 교묘한 방편으로 훌륭히 다스리는 오묘한 슬기가 없다면 속박이라 할 것이요, 교묘한 방편으

18 인간의 마음은 본래 티끌 하나 없이 깨끗한 것인데, 번뇌는 이런 인간의 본성과는 무관한 객(客)이라고 보고 그것을 먼지(塵)에 비유한 것.
19 몸과 마음이 평화롭고 안온해지는 상태.

로 훌륭히 다스리는 오묘한 슬기가 있다면 해탈이라 합니다.

보살에게 교묘한 방편으로 훌륭히 다스리는 오묘한 슬기가 없는 것을 속박이라고 부르는 것은 무엇을 말할까요? 보살이 공(空), 무상(無相), 무원(無願)[20]의 법으로 스스로를 다스리면서도 상호로써 자기 몸을 꾸미지도 않고, 불토를 장엄하지도 않고, 중생을 성숙시키지도 않는 것을 보살에게 방편으로 훌륭히 다스리는 오묘한 슬기가 없다고 하는 것이니, 이름하여 속박입니다. 보살에게 교묘한 방편으로 훌륭히 다스리는 오묘한 슬기가 있는 것을 해탈이라고 부르는 것은 무엇을 말할까요? 보살이 공, 무상, 무원[21]의 법으로 자기 마음을 다스리는 한편 모든 법의 유상(有相)과 무상(無相)을 관찰하고 수행을 통해 깨달으면서도, 동시에 상호로써 자기 몸을 꾸미고 불국토를 장엄하고 중생을 성숙시키는 것을 보살에게 교묘한 방편으로 훌륭히 다스리는 오묘한 슬기가 있다고 하는 것이니, 이름하여 해탈이라 부릅니다.

또 보살에게 교묘한 방편으로 훌륭히 다스리는 오묘한 슬기가 없는 것을 속박이라 부르는 것은 무엇을 말할까요? 보살이 온갖 견해와 번뇌, 습기(習氣),[22] 애착, 수면에 빠져 있으면서 자신이 닦고 있는 선근(善根)[23]을 바르고 평등한 보리(正等菩提)로 회향하지 못하고 깊이 집착을 일으킬 때, 이를 보살에게 교묘한 방편으로 훌륭히 다스리는 오묘한 슬기가 없다고 하는 것이니, 이름하여 속박이라 부릅니다. 보살에게 교묘한 방편으로 훌륭히 다스리는 오묘한 슬기가 있

20 이것을 삼해탈문이라고 하며, 깨달음에 이르는 세 가지 길을 말함. 일체 만법이 비어 있음(空)을 보고, 그러므로 어떤 차별성도 없음(無相)을 보고 그러므로 어떤 것도 염원해서 바랄 것이 없음(無願)을 보는 것.

21 상은 큰 특징이고 호는 작은 특징인데 부처님이 몸에 갖추고 있는 외모상의 뛰어난 점을 이름.

22 우리들이 일상적으로 하는 생각이나 행동들이 마음에 새겨져서 습성으로 남은 것.

23 모든 선(善)의 뿌리. 좋은 과보를 받게 되는 선한 원인.

는 것을 해탈이라 부르는 것은 무엇을 말할까요? 보살이 온갖 견해와 번뇌, 습기, 애착, 수면을 멀리 벗어나서 자신이 닦고 있는 선근을 바르고 평등한 보리로 회향할 수 있어서 집착을 일으키지 않을 때, 이를 보살에게 교묘한 방편으로 훌륭히 다스리는 오묘한 슬기가 있다고 하는 것이니, 이름하여 해탈이라 부릅니다.

또 문수사리여, 병든 보살은 몸과 마음과 병과 같은 법들은 다 무상(無常)하고 고통[苦]이고 비어있고[空] 무아(無我)라고 관찰해야 하니, 이를 슬기(慧)라고 부릅니다. 비록 몸에 병이 있고 항상 생사에 처해 있을지라도 중생을 이롭게 하는 일을 게을리 한 적이 없으니, 이를 방편이라 부릅니다. 또 몸과 마음, 그리고 모든 병이 서로 의지하면서 시작도 끝도 없이 유전(流轉)하는데, 그 생겼다 사라지는 사이의 간격도 없고 새로운 것도 아니고 묶은 것도 아니라 관찰해야 하니, 이를 슬기라고 부릅니다. 몸과 마음, 그리고 모든 병의 궁극적인 적멸을 구하지 않으니, 이를 방편이라 합니다.

또 문수사리여, 병든 보살은 이렇게 그 마음을 조복[24]해야 합니다. 조복된 마음이든 조복되지 않은 마음이든 안주해서는 안됩니다. 왜냐하면 조복되지 않은 마음에 안주하는 것은 어리석은 사람의 법(凡愚法)이요 조복된 마음에 안주하는 것은 성문법(聲聞法)이기 때문입니다. 이 때문에 보살은 이 두 마음에 모두 안주하질 않으니, 이를 보살행(菩薩行)이라고 합니다. 이 보살이 처하는 곳은 범인의 영역도 아니요 성인의 영역도 아니니, 이를 보살행이라고 합니다. 생사의 작용을 관찰하는 입장에 있으면서도 전혀 번뇌에 끄달리지 않으니, 이를 보살행이라고 합니다. 열반의 길을 관찰하는 입장에 있으면서도 끝내 적멸에 들지는 않으니, 이를 보살행이라고 합니다.

사마(四魔)[25]가 나타나는 길에 처해있으면서도 모든 마군의 일을 초

24 안으로는 자신의 몸과 마음을 다스려 악을 버리고, 밖으로는 장애가 되는 것을 항복시키는 것.

월하고 있으니, 이를 보살행이라고 합니다. 일체지지(一切智智)[26]의 길을 구하면서도 때[時]가 아니면 증득된 지혜를 행하지 않으니, 이를 보살행이라고 합니다. 사제(四諦)[27]의 오묘한 지혜의 길을 구하면서도 때가 아니면 사제를 성취하지 않으니, 이를 보살행이라고 합니다. 내적 깨달음의 길을 바르게 관찰하면서도 일부러 생사의 길을 수용하니, 이를 보살행이라고 합니다. 일체 연기(緣起)[28]의 길을 행하면서도 온갖 잘못된 견해를 멀리 벗어나니, 이를 보살행이라고 합니다. 일체 중생의 모든 법상(法相)의 영역을 여의면서도 번뇌의 잠에 떨어지질 않으니, 이를 보살행이라 합니다.

무생(無生)의 길을 바르게 관찰하면서도 성문의 길에는 떨어지지 않으니, 이를 보살행이라고 합니다. 일체 중생의 길을 수용하면서도 번뇌의 잠에는 떨어지질 않으니, 이를 보살행이라고 합니다. 영원히 벗어나는(遠離) 길을 바르게 즐기면서도 몸과 마음의 완전 소멸을 구하지 않으니, 이를 보살행이라고 합니다. 삼계를 관찰하기를 즐기면서도 법계를 무너뜨리거나 혼란스럽게 하지 않으니, 이를 보살행이라고 합니다. 공성(空性)을 관찰하기를 즐기면서도 온갖 공덕을 구하니, 이를 보살행이라고 합니다. 무상(無相)의 영역을 관찰하기를 즐기면서도 중생을 제도하고 해탈시키는 영역을 구하니, 이를 보살행이라고 합니다. 무원(無願)의 영역을 관찰하길 즐기면서도 세간

25 사람을 괴롭히는 네 종류의 마. 1.번뇌마(煩惱魔); 몸과 마음을 괴롭히는 탐욕 등의 번뇌, 2.음마(陰魔); 갖가지 고통을 일으키는 오온, 3.사마(死魔); 죽음, 4.타화자재천마(他化自在天魔); 사람의 선행을 방해하는 욕계 6천인 타화자재천의 마왕. 자재천마 또는 마왕 파순이라고도 한다.

26 모든 것을 아는 지혜나 그 지혜를 갖춘 자를 일체지라 하고 그 일체지 중에서 가장 탁월한 지혜 또는 그것을 갖춘 자의 지혜를 일체지지라 함.

27 부처님이 설한 고·집·멸·도의 네 가지 진리. 모든 것은 고통이고(苦), 고통은 갈애 때문에 생기며(集), 갈애를 소멸시킨 열반의 경지가 있고(滅), 그 열반에 이르는 길이 있음(道).

28 의존하여(緣) 일어난다(起)는 뜻. 모든 존재는 서로 의존해 있으므로 홀로 독립적인 것도 없고 영원히 변하지 않는 것도 없음.

의 삶을 자발적으로 나타낼 수 있으니, 이를 보살행이라고 합니다. 무작(無作)[29]의 영역에 노닐기를 즐기면서도 늘 모든 선근이 끊어지지 않는 영역을 지어가니, 이를 보살행이라고 합니다.

여섯 바라밀[30]의 영역에 노닐기를 즐기면서도 모든 중생의 마음의 활동과 오묘한 지혜(妙智)의 피안을 향해가지 않으니, 이를 보살행이라고 합니다. 사랑(慈) 연민(悲) 기뻐함(喜) 버림(捨)의 한량없는 영역을 관찰하기를 즐기면서도 범천의 세간에 태어나길 구하지 않으니, 이를 보살행이라고 합니다. 육신통(六神通)[31]의 영역에 노닐기를 즐기면서도 누진(漏盡)의 영역을 증득하는 데로 나아가지 않으니, 이를 보살행이라고 합니다. 모든 법의 영역을 건립하길 즐기면서도 삿된 도의 영역에는 반연하지 않으니, 이를 보살행이라고 합니다. 육념(六念)[32]의 영역을 관찰하길 즐기면서도 온갖 번뇌(漏)를 낳는 영역을 따르지 않으니, 이를 보살행이라고 합니다. 장애 없는 영역을 관찰하길 즐기면서도 욕망에 오염되기를 바라지 않으니, 이를 보살행이라고 합니다. 선정, 해탈, 삼매, 등지(等至)의 온갖 선정의 영역을 관찰하길 즐기면서도 선정의 힘에 의해 생(生)을 받는 것을 따르지 않을 수 있으니,이를 보살행이라고 합니다.

사념처(四念處)[33]의 영역에서 노니는 걸 즐기면서도 몸(身),지각

29 인위적 활동, 즉 작위가 없는 것. 무위와 같다.

30 바라밀은 절대적이고 완전한 수행의 완성을 말하는데 여기에 여섯 가지가 있음. 육바라밀이라고도 하는 이것은 보시, 지계, 인욕, 정진, 선정, 지혜임.

31 부처님이나 보살이 가지는 여섯 가지 초인적인 능력. 신족통, 천안통, 천이통, 타심통, 숙명통, 누진통.

32 여섯 가지 염원. 부처님과 같아지려는 염원(念佛), 부처님의 가르침을 깨달아 증득하려는 염원(念法), 깨달음을 위해 출가 수행승이 되려는 염원(念僧), 깨달음의 바탕이 되는 계율을 지키려는 염원(念戒), 중생 구제를 위해 보시하려는 염원(念施), 궁극적으로 천상에 나려는 염원(念天).육신의 청정치 못함을 보는 신념처(身念處), 재산, 자식, 음행을 즐거움이 아닌 고통으로 보는 수념처(受念處), 마음은 고정불변하는 것이 아니라 늘 생멸변화하는 덧없는 것이라 보는 심념처(心念處), 일체 만법에는 '나'와 '내 것'이 없다고 보는 법념처(法念處).

33 육신의 청정치 못함을 보는 신념처(身念處), 재산, 자식, 음행을 즐거움이 아닌 고통

(受),마음(心),법(法)에서 자유로워지는 영역을 구하길 즐기지 않으니, 이를 보살행이라고 합니다. 사정단(四正斷)[34]의 영역에서 노니는 걸 즐기면서도 착한 법과 착하지 않은 법 사이에 어떤 차별도 두지 않으니, 이를 보살행이라고 합니다. 사신족(四神足)[35]의 영역에 노니는 걸 즐기면서도 쉽사리 자유자재로 변화하는 신족통을 행하니, 이를 보살행이라고 합니다. 오근(五根)[36]의 영역에 노니는 걸 즐기면서도 그 미묘한 지혜는 중생 근기의 우열을 분별하지 않으니, 이를 보살행이라고 합니다. 오력(五力)[37]의 영역에서 안정되길 즐기면서도 여래 십력(十力)[38]의 영역을 구하니, 이를 보살행이라고 합니다. 칠각지(七覺支)[39]의 원만한 영역에서 안정되길 즐기면서도 불법의 특성과 오묘한 지혜와 교묘한 방편의 영역을 구하지 않으니, 이를 보살행이라고 합니다. 팔정도(八正道)[40]의 원만한 영역에서 안

으로 보는 수념처(受念處), 마음은 고정불변하는 것이 아니라 늘 생멸변화하는 덧없는 것이라 보는 심념처(心念處), 일체 만법에는 '나'와 '내 것'이 없다고 보는 법념처(法念處).

34 착한 법은 더욱 증진시키고 악한 법은 벗어나려고 하는 네 가지 수행법. 사정근(四正勤). 이미 생긴 악은 없애고, 아직 생기지 않은 악은 방지하고, 이미 생긴 선은 증진시키고, 아직 생기지 않은 선은 생기도록 하는 것.

35 자유로운 신통력을 얻는 네 가지 기초. 탁월한 선정을 얻고자 바라는 욕신족(欲神足), 탁월한 선정을 얻고자 노력하는 근신족(勤神足), 마음을 다스려 탁월한 선정을 얻는 심신족(心神足), 지혜로써 사유 관찰하여 탁월한 선정을 얻는 관신족(觀神足). 여기서 신족은 신통을 일으키는 요인이라는 뜻. 사여의족(四如意足)이라고도 함.

36 해탈에 이르기 위한 다섯 가지 능력으로 신근(信根), 정진근(精進根,) 염근(念根), 정근(定根), 혜근(慧根)을 말함.

37 깨달음에 이르게 하는 다섯 가지 힘으로 신력(信力), 정진력(精進力), 염력(念力), 정력(定力), 혜력(慧力)을 말함.

38 여래가 가진 10가지 지혜의 힘.

39 깨달음의 지혜를 도와주는 일곱 가지 수행. 가르침 속에서 진실된 것은 취하고 거짓된 것은 버리는 택법각지(擇法覺支), 마음을 하나로 통일시켜 수행에 진력하는 정진각지(精進覺支), 참된 가르침을 실천함으로써 기뻐하는 희각지(喜覺支), 몸과 마음을 쾌적하게 하는 경안각지(輕安覺支), 대상에 집착하는 마음을 버리는 사각지(捨覺支), 마음을 한결같이 하여 흐트러지지 않게 하는 정각지(定覺支), 사념을 평정시키는 염각지(念覺支).

정되길 즐기면서도 삿된 도의 영역을 싫다고 배척하지 않으니, 이를 보살행이라고 합니다.

평정(止)과 관조(觀)[41]의 자량(資量)이 되는 영역을 구하면서도 궁극적으로는 적멸의 영역에 떨어지지 않으니, 이를 보살행이라고 합니다. 온갖 법이 생멸상(生滅相)이 없다는 걸 관찰하길 즐기면서도 상호로써 그 몸을 장엄하고 갖가지 불사(佛事)[42]를 성취하니, 이를 보살행이라고 합니다. 성문승(聲聞乘),[43] 독각승(獨覺乘)[44]의 위의(威儀)를 나타내길 즐기면서도 모든 불법의 특질에서 벗어나지 않으니, 이를 보살행이라고 합니다.

모든 법의 궁극적인 청정함, 그 본성의 영원한 적멸, 위의의 영역을 따르면서도 모든 중생이 즐기는 갖가지 열망의 영역을 따르지 않는 것도 아니니, 이를 보살행이라고 합니다. 모든 불국토가 그 본성이 공적(空寂)하여 생성도 파괴도 없는 허공같다는 걸 관찰하길 즐기면서도 갖가지 공덕으로 장엄한 불국토로 모든 중생을 이롭게 하는 실천을 하지 않는 것도 아니니, 이를 보살행이라고 합니다. 모든 불법(佛法)이 법륜(法輪)으로 굴려져 대열반으로 들어가는 불사(佛事)를 나타내길 즐기면서도 보살행의 차별적인 길을 수행하지 않는 것도 아니니, 이를 보살행이라고 합니다.

---

40 열반에 이르는 여덟 가지 수행법. 사제(四諦)의 이치를 바로 보고(正見), 바로 사유하고(正思惟), 바로 말하고(正語), 바로 행동하고(正業), 바로 생활하고(正命), 바로 정진하고(正精進), 정도를 기억해 사념을 없애고(正念), 바른 깨달음의 경지에 들어가는(正定) 것.

41 평정(止)은 망념을 쉬고 고요히 가라앉는 것, 관조(觀)는 지혜를 비추어 보아 실상을 꿰뚫어 아는 것.

42 부처님이 중생을 교화하는 것.

43 부처님의 직접적인 설법을 듣고 깨달음을 얻는 무리.

44 스승 없이 깨달음을 얻는 무리.

무구칭은 이렇게 모든 보살들이 행하는 보기 드문 일들을 설하였다. 그러자 문수사리가 데리고 온 무리 중 팔억 명의 천자가 무구칭의 설법을 듣고 모두 아뇩다라삼먁삼보리의 마음을 일으켰다.

⑤ 問疾品第五

爾時佛告妙吉祥言。汝今應詣無垢稱所]慰問其疾。時妙吉祥白言。世尊。彼大士者難為酬對。深入法門善能辯說。住妙辯才覺慧無礙。一切菩薩所為事業皆已成辦。諸大菩薩及諸如來祕密之處悉能隨入。善攝眾魔巧便無礙。已到最勝無二無雜。法界所行究竟彼岸。能於一相莊嚴法界。說無邊相莊嚴法門。了達一切有情根行。善能遊戲最勝神通。到大智慧巧方便趣。已得一切問答決擇無畏自在。非諸下劣言辯詞鋒所能抗對。雖然我當承佛威神詣彼問疾。若當至彼隨己力能與其談論。於是眾中有諸菩薩及大弟子釋梵護世諸天子等。咸作是念。今二菩薩皆具甚深廣大勝解。若相抗論決定宣說微妙法教。我等今者。為聞法故亦應相率隨從詣彼。是時眾中八千菩薩五百聲聞。無量百千釋梵護世諸天子等。為聞法故皆請隨往。時妙吉祥。與諸菩薩大[*]弟子眾釋梵護世及諸天子。咸起恭敬頂禮世尊。前後圍繞出菴羅林詣廣嚴城。至無垢稱所欲問其疾。時無垢稱心作是念。今妙吉祥與諸大眾俱來問疾。我今應以己之神力空其室內。除去一切床座資具及諸侍者衛門人等。唯置一床現疾而臥。時無垢稱作是念已。應時即以大神通力。令其室空除諸所有。唯置一床現疾而臥。

時妙吉祥與諸大眾俱入其舍。但見室空無諸資具門人侍者。唯無垢稱獨寢一床。時無垢稱見妙吉祥。唱言善來。不來而來。不見而見。不聞[*]而聞。妙吉祥言。如是居士。若已來者不可復來。若已去者不可復去。所以者何。非已來者可施設來。非已去者可施設去。其已見者不可復見。其已聞者不可復聞。且置是事。居士所苦寧可忍不。命可濟不。界可調不。病可療不。可令是疾不至增乎。世尊慇懃致問無量。居士此病少得痊不。動止氣力稍得安不。今此病源從何而起。其生久如當云何滅。無垢稱言。如諸有情無明有愛生來既久。我今此病生亦復爾。遠從前際生死以來。有情既病我即隨病。有情若愈我亦隨愈。所以者何。一切菩薩依諸有情久流生死。由依生死便即有病。若諸有情得離疾苦。則諸菩薩無復有病。譬如世間長者居士。唯有一子心極憐愛。見常歡喜無時暫捨。其子若病父母亦病。若子病愈父母亦愈。菩薩如是。愍諸有情猶如一子。有情若病菩薩亦病。有情病愈菩薩亦愈。又言。是病何所因起。菩薩疾者從[*]大悲起。妙吉祥言。居士。此室何以都空復無侍者。無垢稱言。一切佛土亦復皆空。問何以空。答以空空。又問。此空為是誰空。答曰。此空無分別空。又問。空性可分別耶。答曰。此能分別亦空。所以者何。空性不可分別為空。又問。此空當於何求。答曰。此空當於六十二見中求。又問。六十二見當於何求。答曰。當於諸佛解脫中求。又問。諸佛解脫當於何求。答曰。當於一切有情心行中求。又仁所問何無侍者。一切魔怨及諸外道皆吾侍也。所以者何。一切魔怨欣讚生死。一切外道欣讚諸見。菩薩於中皆不厭棄。是故魔怨及諸外道皆吾侍者。妙吉祥言。居士此病為何等相。答曰。我病都無色相亦不可見。又問。此病為身相應為心相應。答曰。我病非身相應身相離故。亦身相應如影像故。非心相應心相離故。亦心相應如幻化故。

又問。地界水火風界。於此四界何界之病。答曰。諸有情身皆四大起。以彼有病是故我病。然此之病非即四界。界性離故。

無垢稱言。菩薩應云何慰喻有疾菩薩令其歡喜。妙吉祥言。示身無常而不勸厭離於身。示身有苦而不勸樂於涅槃。示身無我而勸成熟有情。示身空寂而不勸修畢竟寂滅。示悔先罪而不說罪有移轉。勸以己疾愍諸有情令除彼疾。勸念前際所受眾苦饒益有情。勸憶所修無量善本令修淨命。勸勿驚怖精勤堅勇。勸發弘願作大醫王療諸有情。身心眾病令永寂滅。菩薩應如是慰喻有疾菩薩令其歡喜。

妙吉祥言。有疾菩薩云何調伏其心。無垢稱言。有疾菩薩應作是念。今我此病皆從前際虛妄顛倒分別煩惱所起業生。身中都無一法真實。是誰可得而受此病。所以者何。四大和合假名為身。大中無主。身亦無我。此病若起要由執我。是中不應妄生我執。當了此執是病根本。由此因緣。應除一切有情我想安住法想。應作是念。眾法和合共成此身。生滅流轉。生唯法生滅唯法滅。如是諸法展轉相續。互不相知竟無思念。生時不言我生。滅時不言我滅。有疾菩薩應正了知如是法想。我此法想即是顛倒。夫法想者。即是大患我應除滅。亦當除滅一切有情如是大患。云何能除如是大患。謂當除滅我我所執。云何能除我我所執。謂離二法。云何離二法。謂內法外法畢竟不行。云何二法畢竟不行。謂觀平等無動無搖無所觀察。云何平等。謂我涅槃二俱平等。所以者何。二性空故。此二既無誰復為空。但以名字假說為空。此二不實平等見已無有餘病。唯有空病。應觀如是空病亦空。所以者何。如是空病畢竟空故。有疾菩薩應無所受而受諸受。若於佛法未得圓滿。不應滅受而有所證。應離能受所受諸法。若苦觸身應愍險趣一切有情。發趣大悲除彼眾苦。有疾菩薩應作是念。既除已疾亦當除去有情諸疾。如是除去自他疾時。無有少法而可除者。應正觀察疾起因緣。速令除滅為說正法。何等名為疾之因緣。謂有緣慮。諸有緣慮。皆是疾因。有緣慮者皆有疾故。何所緣慮。謂緣三界。云何應知如是緣慮。謂正了達此有緣慮都無所得。若無所得則無緣慮。云何絕緣慮。謂不緣二見。何等二見。謂內見外見。若無二見則無所得。既無所得緣慮都絕。緣慮絕故則無有疾。若自無疾則能斷滅有情之[*]疾。

又妙吉祥。有疾菩薩應如是調伏其心。唯菩薩菩提。能斷一切老病死苦。若不如是已所勤修即為虛棄。所以者何。譬如有人能勝怨敵乃名勇健。若能如是永斷一切老病死苦。乃名菩薩。

又妙吉祥。有疾菩薩應自觀察。如我此病非真非有。一切有情所有諸病。亦非真非有。如是觀時不應以此愛見纏心於諸有情發起大悲。唯應為斷客塵煩惱於諸有情發起大悲。所以者何。菩薩若以愛見纏心。於諸有情發起大悲。即於生死而有疲厭。若為斷除客塵煩惱。於諸有情發起大悲。即於生死無有疲厭。菩薩如是為諸有情。處在生死能無疲厭。不為愛見纏繞其心。以無愛見纏[*]繞心故。即於生死無有繫縛。以於生死無繫縛故即得解脫。以於生死得解脫故即便有力宣說妙法。令諸有情遠離繫縛證得解脫。世尊依此密意說言。若自有縛能解他縛無有是處。若自解縛能解他縛斯有是處。是故菩薩應求解脫離諸繫縛。

又妙吉祥。何等名為菩薩繫縛。何等名為菩薩解脫。若諸菩薩味著所修靜慮解脫等持等至。是則名為菩薩繫縛。若諸菩薩以巧方便攝諸有生無所貪著。是則名為菩薩解脫。若無方便善攝妙慧。是名繫縛。若有方便善攝妙慧。是名解脫。云何菩薩無有方便善攝妙慧名為繫縛。謂諸菩薩以空無相無願之法而自調伏。不以相好瑩飾其身。莊嚴佛土成熟有情。此諸菩薩無有方便善攝妙慧。名為繫縛。云何菩薩有巧方便善攝妙慧名為解脫。謂諸菩薩以空無相無願之法調伏其心。觀察諸法有相無相修習作證復以相好瑩飾其身。莊嚴佛土成熟有情。此諸菩薩有巧方便善攝妙慧。名為解脫。云何菩薩無有方便善攝妙慧名為繫縛。謂諸菩薩安住諸見一切煩惱纏縛隨眠修諸善本。而不迴向正等菩提深生執著。此諸菩薩無巧方便善攝妙慧。名為繫縛。云何菩薩有巧方便善攝妙慧名為解脫。謂諸菩薩遠離諸見一切煩惱纏縛隨眠修諸善本。而能迴向正等菩提不生執著。此諸菩薩有巧方便善攝妙慧。名為解脫。

又妙吉祥。有疾菩薩應觀諸法身之與疾悉皆無常苦空無我。是名為慧。雖身有疾常[6]在生死。饒益有情曾無厭倦。是名方便。又觀身心及與諸疾展轉相依無始流轉生滅無間非新非故。是名為慧。不求身心及與諸疾畢竟寂滅。是名方便。

又妙吉祥。有疾菩薩應如是調伏其心。不應安住調伏不調伏心。所以者何。若住不調伏心。是凡愚法。若住調伏心是聲聞法。是故菩薩於此二邊俱不安住。是則名為菩薩所行。若於是處非凡所行。非聖所行。是則名為菩薩所行。若處觀察生死所行。而無一切煩惱所行。是則名為菩薩所行。若處觀察涅槃所行。而不畢竟寂滅所行。是則名為菩薩所行。若處示現四魔所行。而越一切魔事所行。是則名為菩薩所行。若求一切智智所行。而不非時證智所行。是則名為菩薩所行。若求四諦妙智所行。而不非時證諦所行。是則名為菩薩所行。若正觀察內證所行。而故攝受生死所行。是則名為菩薩所行。若行一切緣起所行。而能遠離見趣所行。是則名為菩薩所行。若行一切有情諸法相離所行。而無煩惱隨眠所行。是則名為菩薩所行。若正觀察無生所行。而不墮聲聞正性所行。是則名為菩薩所行。若攝一切有情所行。而無煩惱隨眠所行。是則名為菩薩所行。若正欣樂遠離所行。而不求身心盡滅所行。是則名為菩薩所行。若樂觀察三界所行。而不壞亂法界所行。是則名為菩薩所行。若樂觀察空性所行。而求一切功德所行。是則名為菩薩所行。若樂觀察無相所行。而求度脫有情所行。是則名為菩薩所行。若樂觀察無願所行。而能示現有趣所行。是則名為菩薩所行。若樂遊履無作所行。而常[7]起作一切善根無替所行。是則名為菩薩所行。若樂遊履六度所行。而不趣向一切有情心行妙智彼岸所行。是則名為菩薩所行。若樂觀察慈悲喜捨無量所行。而不求生梵世所行。是則名為菩薩所行。若樂遊履六通所行。而不趣證漏盡所行。是則名為菩薩所行。若樂建立諸法所行。而不攀緣邪道所行。是則名為菩薩所行。若樂觀察六念所行。而不隨生諸漏所行。是則名為菩薩所行。若樂觀察非障所行。而不希求雜染所行。是則名為菩薩所行。若樂觀察靜慮解脫等持等至諸定所行。而能不隨諸定勢力受生所行。是則名為菩薩所行。若樂遊履念住所行。而不樂求身受心法遠離所行。是則名為菩薩所行。若樂遊履正斷所行。而不見善及與不善二種所行。是則名為菩薩所行。若樂遊履神足所行。而無功用變現自在神足所行。是則名為菩薩所行。若樂遊履五根所行。而不分別一切有情諸根勝劣妙智所行。是則名為菩薩所行。若樂安立五力所行。而求如來十力所行。是則名為菩薩所行。若樂安立七等覺支圓滿所行。不求佛法差別妙智善巧所行。是則名為菩薩所行。若[1]樂安立八聖道支圓滿所行。而不厭背邪道所行。是則名為菩薩所行。若求止觀資糧所行。不墮畢竟寂滅所行。是則名為菩薩所行。若樂觀察無生滅相諸法所行。而以相好莊嚴其身成滿種種佛事所行。是則名為菩薩所行。若樂示現聲聞獨覺威儀所行。而不棄捨一切佛法緣慮所行。是則名為菩薩所行。若隨諸法究竟清淨本性常寂妙定所行。非不隨順一切有情種種所樂威儀所行。是則名為菩薩所行。若樂觀察一切佛土其性空寂無成無壞如空所行。非不示現種種功德。莊嚴佛土饒益一切有情所行。是則名為菩薩所行。若樂示現一切佛法轉於法輪入大涅槃佛事所行。非不修行諸菩薩行差別所行。是則名為菩薩所行。說是一切菩薩所行希有事時。是妙吉祥。所將眾中八億天子聞所說法。皆於無上正等菩提。發心趣向。

제6장

부사의품
不思議品

6 부사의품不思議品

그때 사리불은 방 안에 앉을 자리가 없는 것을 보고는 남몰래 이렇게 생각했다.

> 이 보살들과 대성문들은 어디에 앉아야 할까?

그러자 무구칭은 사리불의 생각을 알고 이렇게 말했다.

> 사리불이여, 그대는 법을 위해서 왔소, 아니면 자리를 찾으려고 왔소?

사리불이 답했다.

> 나는 법을 위해 왔지 자리를 찾으러 온 것은 아닙니다.

무구칭이 말했다.

> 사리불이여, 법을 구하는 자들은 목숨도 돌보지 않거늘 하물며 자리를 돌아보겠소.
> 사리불이여, 법을 구하는 자들은 색온(色蘊), 수온(受蘊), 상온(想蘊), 행온(行蘊), 식온(識蘊)의 오온(五蘊)[1]을 구하지 않으며, 법을 구하는 자들은 안계(眼界)에서부터 의식계(意識界)까지의 십팔계(十

1 온은 '쌓임', '유별(類別)됨'의 뜻으로 인간 존재를 구성하는 요소. 불교에서는 인간 존재를 비롯한 일체 만법을 다섯 가지 온으로 파악하는데 이것을 오온이라고 함. 형상(色), 지각(受), 표상(想), 의지(行), 의식(識).

八界)[2]를 구하지 않으며, 법을 구하는 자들은 안처(眼處)에서부터 법처(法處)까지의 십이처(十二處)[3]를 구하지 않으며, 법을 구하는 자들은 욕계(欲界), 색계(色界), 무색계(無色界)의 삼계[4]를 구하지 않습니다.

또 사리불이여, 법을 구하는 자들은 불(佛), 법(法), 승(僧)에 집착하지 않으며, 법을 구하는 자들은 고통(苦)을 알기를 구하지 않고, 그 고통의 원인(集)을 끊기를 구하지 않고, 고통의 소멸(滅)을 성취하길 구하지 않고, 고통을 소멸하는 길(道)을 닦는 것을 구하지 않습니다. 왜냐하면 법에는 쓸데없는 논쟁이 없기 때문입니다. 만약 내가 고통을 알고, 그 고통의 원인을 끊고, 고통의 소멸을 성취하고, 고통을 소멸하는 길을 닦는다고 말한다면, 이는 희론[5]이지 법을 구한다고 말할 수 없습니다.

또 사리불이여, 법을 구하는 자들은 생(生)에서 구하지도 않고 멸(滅)에서 구하지도 않습니다. 왜냐하면 법은 적정(寂靜)이고 적정에 가깝기 때문입니다. 만약 생멸을 행한다면 이는 생멸을 구하는 것이지 법을 구한다고는 할 수 없고, 영원히 벗어나는 걸 구하는 것도 아닙니다. 법을 구하는 자들은 탐욕의 더러움을 구하지 않습니다.

---

2 눈, 귀, 코, 혀, 몸, 의식의 여섯 감각 기관, 색깔, 소리, 냄새 등의 여섯 감각 대상, 그리고 눈이 색깔을 인식하는 등의 여섯 가지 인식 작용을 합친 것.

3 눈, 귀, 코, 혀, 몸, 의식의 여섯 감각 기관과 그 대상이 되는 색깔, 소리, 냄새, 맛, 촉감, 의식의 내용을 합친 것.

4 생사유전이 되풀이되는 미혹의 세계를 셋으로 분류한 것. 탐욕(특히 식욕, 음욕, 수면욕)이 치열하게 타오르는 욕계(欲界)가 가장 밑에 있음. 이 욕계 안에 육도(六道)가 있으며, 욕계의 천상계를 육욕천(六欲天)이라 함. 욕계 위에 있는 세계가 색계(色界)로서, 탐욕은 없으나 미묘한 형상으로 이루어진 세계임. 색계는 욕망을 벗어난 청정한 세계로 사선천(四禪天)으로 이루어졌으며, 이 사선천을 다시 17천으로 나눔. 무색계(無色界)는 색계 위의 가장 높은 세계로 물질과 형상을 초월한 정신만이 존재하는 세계. 4천으로 이루어졌으며, 가장 높은 천계가 비상비비상천(非想非非想天).

5 말, 모양, 개념, 분별을 일으키는 것. 분별을 말로 나타내는 것.

왜냐하면 법에는 탐욕의 더러움[6]이 없으며, 그런 것들을 벗어났기 때문입니다. 만약 모든 법에서부터 열반에 이르기까지 조금이라도 탐욕의 더러움이 있다면, 이는 탐욕의 더러움을 구하는 것이지 법을 구한다고는 할 수 없습니다.

또 사리불이여, 법을 구하는 자들은 경계(境界)를 구하지 않습니다. 왜냐하면 법은 경계가 아니기 때문입니다. 만약 모든 경계의 영역을 헤아린다면, 이는 경계를 구하는 것이지 법을 구한다고는 할 수 없습니다.

또 사리불이여, 법을 구하는 자들은 취하고 버림을 구하지 않습니다. 왜냐하면 법에는 취하고 버림이 없기 때문입니다. 만약 법에 취하고 버림이 있다면, 이는 취하고 버림을 구하는 것이지 법을 구한다고는 할 수 없습니다.

또 사리불이여, 법을 구하는 자들은 아알라야(攝藏)[7]를 구하지 않습니다. 왜냐하면 법에는 아알라야가 없기 때문입니다. 만약 아알라야를 즐긴다면, 이는 아알라야를 구하는 것이지 법을 구한다고는 할 수 없습니다.

또 사리불이여, 법을 구하는 자들은 법상(法相)을 구하지 않습니다. 왜냐하면 법은 무상(無相)이기 때문입니다. 만약 상(相)에 따라가는 식(識)이라면, 이는 상(相)을 구하는 것이지 법을 구한다고는 할 수 없습니다.

또 사리불이여, 법을 구하는 자들은 법에 안주하지 않습니다. 왜냐하면 법에는 안주할 곳이 없기 때문입니다. 만약 법에 안주하는 것을 바란다면, 이는 안주하기를 구하는 것이지 법을 구한다고는 할 수 없습니다.

또 사리불이여, 법을 구하는 자들은 보고 듣고 깨우치고 아는(見聞

6 형상, 소리, 냄새, 맛, 감촉이라는 다섯 가지에 대해서 욕심을 내고 빠져드는 것.
7 ālaya를 소리나는 대로 읽은 것. 모든 법이 일어나는 근본이 되는 것.

覺知) 것을 구하지 않습니다. 왜냐하면 법은 볼 수도, 들을 수도, 깨우칠 수도, 알 수도 없기 때문입니다. 만약 보고 듣고 깨우치고 아는 것을 행한다면, 이는 보고 듣고 깨우치고 아는 것을 구하는 것이지 법을 구한다고는 할 수 없습니다.

또 사리불이여, 법을 구하는 자들은 유위(有爲)[8]를 구하지 않습니다. 왜냐하면 법은 무위(無爲)[9]라 말해지는 것으로 유위의 성품을 벗어났기 때문입니다. 만약 유위를 행한다면, 이는 유위를 구하는 것이지 법을 구한다고는 할 수 없습니다.
따라서 사리불이여, 만약 법을 구하고 싶다면 어떤 법도 구하지 말아야 합니다.

이 법을 설하자 오백 명의 천자가 티끌과 때를 멀리 여의면서 일체법에 대한 법안(法眼)의 청정함을 얻었다.

그때 무구칭이 문수사리에게 물었다.

어진 이여, 그대는 이미 시방세계의 측량할 수도 없고 셀 수도 없는 백천구지의 불국토에서 노닌 적이 있는데, 어떤 불국토에 가장 뛰어나고 오묘하고 공덕이 갖춰진 대사자좌(大師子座)가 있습니까?

문수사리가 답했다.

동쪽으로 삼십육 항하사[10] 등의 불국토들을 지나면 부처님의 세계가

8 인연으로 이루어진 모든 것. 생멸변화를 벗어나지 못한 것.
9 인연에 의해서 생기는 것이 아니라 생사를 벗어난 것.
10 항하는 인도의 갠지스 강을 말하고 항하사는 그 갠지스 강의 모래만큼이나 수가 많음을 비유한 것.

있는데, 그 이름을 수미상(須彌相; 山幢)이라고 합니다. 그 불국토의 여래는 수미등왕(須彌燈王; 山燈王)이라고 부르는데, 현재도 그곳에 안온히 머물고 계십니다. 그 부처님의 키는 팔십사억 요자나[11][踰膳那]이고, 사자좌의 높이는 육십팔억 요자나입니다. 여래를 둘러싸고 있는 보살의 키는 사십이억 요자나이고, 사자좌의 높이는 삼십사억 요자나입니다.

거사께서는 그 불국토의 여래의 사자좌가 가장 뛰어나고 오묘하며 뭇 공덕을 갖췄음을 알아야 합니다.

그러자 무구칭이 생각을 거두고 선정에 들어가 그대로 자재로운 신통력을 일으키자, 그 즉시 동쪽 수미상 세계의 수미등왕 부처님이 삼십이억 대사자좌를 보냈다. 그 사자좌는 아주 높고 넓으며 청정하게 장엄된 것이 너무나 사랑스러웠는데, 허공을 질러 무구칭의 방으로 들어왔다. 그곳에 있는 보살들과 대성문, 제석천, 범천, 사천왕 및 천자들은 그러한 광경을 예전엔 본 적도 들은 적도 없었다. 무구칭의 방은 드넓고 청정한 탓에 삼십이억 사자좌를 다 수용하면서도 서로 방해하질 않았다. 바이살리 성과 섬부주(贍部洲)[12]를 포함한 사대주들, 모든 세계 안에 있는 도시와 마을, 국토, 왕궁, 수도, 그리고 천룡, 야차, 아수라 등이 머무는 궁전도 방해를 받지 않아 모두 본래의 모습과 다를 바 없이 보였다.

그때 무구칭이 문수사리에게 말했다.

보살 및 대성문들과 함께 사자좌로 가시지요. 마련된 자리에 가서

11 인도 거리의 단위. 약 8키로라고 하나 일정치 않음.

12 세계의 한가운데 있는 수미산의 남쪽에 있는 대륙 이름. 남섬부주라고 하는데 줄여서 섬부주라고 함. 현재 우리가 살고 있는 땅.

> 모두 함께 앉으시되 반드시 이 사자좌들의 크기에 맞게 스스로 몸을 변화시켜야 합니다.

신통을 얻은 대보살들은 각자 스스로 사십이억 요자나에 맞게 몸을 변화시켜 사자좌에 올라가 단정하게 앉았다. 그러나 처음 배우는 보살들은 사자좌에 오를 수가 없었다. 그러자 무구칭이 법의 요체(法要)를 설해 그들로 하여금 오신통[13]을 얻게 하니, 그들은 그 신통력으로 각자 사십이억 요자나에 맞게 몸을 변화시켜 사자좌에 올라 가 단정히 앉았다. 그곳에 온 무리들 중에 대성문들도 있었는데, 모두 사자좌에 오를 수가 없었다.

무구칭이 사리불에게 말했다.

> 어진이여, 어째서 이 자리에 오를 수 없다고 하는가?

사리불이 말했다.

> 이 사자좌는 너무나 높고 넓어서 저는 오를 수가 없습니다.

무구칭이 말했다.

> 사리불이여, 수미등왕불에게 공경히 예배하고 신통력을 증가시켜 달라고 부탁해야 합니다. 그래야 비로소 사자좌에 앉을 수 있을 것입니다.

---

13 부처, 보살 등이 가진 초인적인 다섯 가지 능력. 천안통, 천이통, 타심통, 숙명통, 신족통.

대성문들은 모두 수미등왕불에게 공경히 예배하고 나서 신통력을 증가시켜 달라고 부탁하였다. 그리하여 그들도 사자좌에 올라가 단정히 앉을 수 있었다. 사리불이 말했다.

너무나 신기합니다, 거사여. 이토록 작은 방이 백천 개의 높고 넓고 청정한 사자좌를 수용하면서도 간섭받지 않을 수 있고, 바이살리 성과 섬부주를 포함한 사대주들, 모든 세계 안에 있는 도시, 마을, 국토, 왕궁, 수도, 그리고 천룡, 야차, 아수라 등이 소유한 궁전들도 전혀 방해받지 않고 모두 본래 모습과 차이가 없다니 말입니다.

무구칭이 말했다.

사리불이여, 모든 붓다, 여래, 응정등각(應正等覺)과 더 이상 물러남이 없는 보살(不退菩薩)에겐 해탈이 있으니, 그 이름을 불가사의(不可思議)[14]라고 합니다.
이 불가사의 해탈에 머무는 보살이라면 아무리 높고 넓은 수미산이라도 신통력으로 겨자 씨 안에 들여놓을 수 있으니,그러면서도 겨자 씨의 크기를 늘이지도 않고 수미산의 크기를 줄이지도 않습니다. 비록 이러한 신통작용을 나타내더라도 저 수미산에 거주하는 사대천왕이나 삼십삼천(三十三天)은 자기들이 어디로 가고 어디로 들어가는지 알지도 못하고 보지도 못합니다. 오직 이 신통력에 의해 조복될 자만이 수미산이 겨자 씨에 들어가는 것을 볼 뿐입니다. 이처럼 불가사의 해탈에 머무는 보살은 교묘한 방편과 지혜의 힘으로 불가사의 해탈 경계에 들어가니, 이는 성문승이나 독각승들이 헤아릴 수 있는 것이 아닙니다.

또 사리불이여, 이 불가사의 해탈에 머무는 보살이라면 아무리 깊고

14 말로 언표하거나 마음으로 사유할 수 없는 것.

넓은 사대양의 물이라도 신통력으로 하나의 털구멍에 들여놓을 수 있으니, 그러면서도 털구멍의 용량을 늘이지도 않고 사대양 물의 양을 줄이지도 않습니다. 비록 이러한 신통작용을 나타내더라도 저 용이나 야차, 아수라들은 자기들이 어디로 가고 어디로 들어가는지 알지도 못하고 보지도 못합니다. 또 고기, 자라 및 그 밖의 수중 생물, 용신 등 모든 중생을 놀라게 하거나 해치지 않습니다. 오직 이 신통력에 의해 조복될 자만이 이 사대양의 물이 털구멍으로 들어가는 것을 알 뿐입니다. 이처럼 불가사의 해탈에 머무는 보살은 교묘한 방편과 지혜의 힘으로 불가사의 해탈경계에 들어가니, 이는 성문승이나 독각승들이 헤아릴 수 있는 것이 아닙니다.

또 사리불이여, 이 불가사의 해탈에 머무는 보살이라면 아무리 크고 넓은 삼천대천세계일지라도 신통력의 방편으로 끊어내 마치 도공의 물레바퀴처럼 빠르게 회전하는 모습 그대로 오른 손바닥 안에다 놓아둔 채 그 세계를 갠지스 강의 모래알 만큼이나 많은 다른 세계 밖으로 집어 던졌다가 다시 원래 있던 곳으로 돌려놓는다 해도 세계를 늘리거나 줄이지 않습니다. 비록 이러한 신통작용을 나타낸다 해도 그 세계에 사는 중생들이 자기들이 어디로 갔다 어디에서 돌아오는지 알지 못하게 하며, 왔다 간다는 생각도 전혀 일으키지 않게 하며, 괴롭히거나 해치는 일도 없게 합니다. 오직 이 신통력에 의해 조복될 자만이 세계가 갔다가 오는 것을 알 뿐입니다. 이처럼 불가사의 해탈에 머무는 보살은 교묘한 방편과 지혜의 힘으로 불가사의 해탈경계에 들어가니, 이는 성문승이나 독각승들이 헤아릴 수 있는 것이 아닙니다.

또 사리불이여, 만약 이 불가사의 해탈에 머무는 보살이라면, 가령 오랜 기간 생사윤회를 계속하는 중생을 보더라도 신통력으로 그 중생에 맞게 조복할 수 있고,또 짧은 기간 생사윤회를 계속하는 중생을 보더라도 신통력으로 그 중생에 맞게 조복할 수 있습니다. 예를 들면 7일을 늘여 1겁으로 한 뒤 중생이 '1겁이 지났다'고 말하게 하거나, 또는 1겁을 줄여 7일로 한 뒤 중생이 '7일이 지났다'고 말하게 할 수 있으니, 이는 중생들 각각의 관점에 따라 조복시키는 것입니다. 보살이 비록 이같은 신통작용을 나타내지만 그 교화된 중생들은 이처럼 시간을 늘리고 줄이는 것을 알아채지 못합니다. 오직 이 신통력에 의해 조복될 자만이 시간을 늘리고 줄이는 것을 알아챕니다. 이처럼 불가사의 해탈에 머무는 보살은 교묘한 방편과 지혜의 힘으로 불가사의 해탈경계에 들어가니, 이는 성문승이나 독각승이 헤아릴 수 있는 것이 아닙니다.

사리불이여, 이 불가사의 해탈에 머무는 보살이라면 신통력으로 모든 부처님의 공덕으로 장엄한 청정한 세계를 모아 하나의 불국토로 유치시켜 중생들에게 보여줄 수 있습니다. 또 신통력으로 한 불국토에 있는 모든 중생들을 오른쪽 손바닥에다 놓고 그들에게 일체의 모든 불국토를 시방세계 전체에 이르도록 마음 가는대로 두루 보여줄 수 있습니다. 비록 시방의 모든 불국토에 이를지라도 보살은 한 불국토에 머무르고 있을 뿐 위치를 옮기지는 않습니다. 또 신통력으로 하나의 털구멍으로부터 온갖 최상의 공양물을 나타내 시방의 모든 세계를 편력하면서 모든 부처님과 보살과 성문들에게 공양할 수 있습니다.또 신통력으로 하나의 털구멍에다 시방 세계에 존재하는 해와 달과 별들의 모습(色像)을 두루 나타낼 수 있습니다. 또 신통력으로 시방 세계의 모든 대풍륜(大風輪) 등을 입으로 삼켜버려도 몸을 다치지 않고, 모든 세계의 풀과 나무 등의 숲들이 이 바람을 만날지라도 결코 흔들리지 않습니다.

또 신통력으로, 시방 세계의 불국토가 겁이 다하도록 탈 때 그 모든 불길을 뱃속에 집어넣을 수 있습니다. 이 불길이 치열히 타올라 꺼지지 않더라도 보살의 몸에는 전혀 해가 없습니다. 또 신통력으로, 밑을 향해 갠지스 강의 모래알처럼 헤아릴 수 없이 많은 불국토를 지나서 맨 아래에 있는 한 불국토를 들어다가 위를 향해 갠지스 강의 모래알처럼 헤아릴 수 없이 많은 불국토를 지나 맨 위쪽에 있는 한 불국토 속에다 던져 놓는 것이 마치 바늘 끝으로 조그만 대추잎을 든 것 같으며, 이 불국토를 그 밖의 어느 방향에다 던져놓아도 전혀 훼손됨이 없습니다. 이처럼 보살이 신통작용을 나타내어도 인연이 없는 자는 볼 수도 없고 알 수도 없습니다. 모든 중생에게 전혀 해로움이 없으며, 오직 이 신통력에 의해 조복될 자만이 이 일을 봅니다. 이렇게 불가사의 해탈에 머무는 보살은 교묘한 방편과 지혜의 힘으로 불가사의 해탈경계에 들어가니, 이는 성문승이나 독각승이 헤아릴 수 있는 것이 아닙니다.

사리불이여, 이 불가사의 해탈에 머무는 보살이라면 신통력으로 부처님의 몸(佛身)의 갖가지 모습(色像)을 나타낼 수 있으며, 독각승과 성문승들의 갖가지 모습을 나타낼 수 있으며, 보살의 갖가지 모습을 나타낼 수 있으니, 이 모든 모습은 상호[15]에 따라 장엄되어 있습니다. 또 범천왕이나 제석천이나 사대천왕이나 전륜성왕 등 모든 중생의 갖가지 모습을 나타내기도 합니다. 또 신통력으로 중생을 변화시켜 붓다의 몸이나 모든 보살, 성문, 독각, 제석천, 범천, 호세, 전륜왕 등의 갖가지 모습을 짓게 할 수 있습니다.

또 신통력으로 시방세계 모든 중생의 상품(上品), 중품(中品), 하품(下品)의 차별화된 음성을 변화시켜 가장 미묘한 부처님의 음성으로 만들고, 이 부처님의 음성으로부터 무상, 고, 공, 무아, 궁극적인 열반적정(涅槃寂靜)[16]의 뜻을 말하는 다양한 언사가 나오게 하며, 나아가 모든 부처님, 보살, 성문, 독각의 설법하는 음성도 다 그 속에서 나오게 하며, 시방세계 모든 부처님의 설법에 나오는 모든 명구, 음절, 음성들이 다 이 부처님의 음성으로부터 나오게 하여 모든 중생들이 다 듣게 합니다. 그리하여 중생들에게 어울리는 승(乘)에 따라[17] 모두 조복시킬 수 있습니다. 또 신통력으로, 시방세계 중생들이 쓰는 서로 다른 언어를 채택해 거기에 맞게 갖가지 음성을 내서 오

15 상은 큰 특징이고 호는 작은 특징인데 부처님이 몸에 갖추고 있는 외모상의 뛰어난 점을 이름.

16 일체의 번뇌가 끊어진 열반의 고요한 상태.

17 중생들이 가진 각자의 이해력에 맞추어서 법을 들려주어 모든 중생을 교화함

묘한 법을 설할 수 있습니다.

사리불이여, 나는 지금 이 불가사의 해탈에 안주하는 보살이 교묘한 방편과 지혜의 힘으로 불가사의 해탈 경계에 들어가는 것에 대해 간략히 말했습니다. 만약 자세히 말하려 한다면 지금보다 더 뛰어난 지혜와 말솜씨로 한 겁 이상을 설한다 해도 다 설할 수 없습니다. 나의 지혜와 말솜씨로도 다 설하지 못한다면 마찬가지로 이 불가사의 해탈에 머무는 보살이 교묘한 방편과 지혜의 힘으로 불가사의 해탈경계에 들어가는 것도 끝이 있을 수 없습니다. 왜냐하면 그 해탈경계는 측량할 수 없기 때문입니다.

이때 대가섭이 불가사의 해탈에 안주하는 보살의 불가사의한 해탈의 신통력에 대한 가르침을 듣고 경이감에 차서 사리불에게 말했다.

비유하자면 어떤 사람이 선천성 장님에게 갖가지 빛깔을 보여준다 해도 그 장님은 전혀 볼 수 없는 것과 같습니다. 이처럼 모든 성문과 독각은 모두 선천성 장님과 같아 뛰어난 눈이 없으니, 불가사의 해탈에 머무는 보살이 보여주는 이해하기 어려운 해탈의 신통력 중 단 한 가지라도 확실히 이해할 수 없습니다. 그러나 지혜 있는 남녀가 이 불가사의 해탈의 신통력에 대한 가르침을 듣는다면 그 누구인들 아뇩다라삼먁삼보리[18]의 마음을 내지 않겠습니까?
우리는 지금 이 대승[19]에 대해 마치 썩은 종자처럼 영원히 그 근기(根機)[20]가 끊기게 되었으니 어찌해야 회복될 수 있겠습니까? 우리

18 무상정등정각(無上正等正覺). 더 이상의 경지가 없는 최고의 깨달음. 존재의 실상을 아는 완전한 깨달음.

19 대승은 본래 소승(小乘)에 대립되는 의미로 만들어진 말로서, 소승이 자신의 수행만을 중시하고 지나치게 현학적임을 비판하여, 중생구제와 자신의 수행 둘 다를 지향하는 것을 목표로 함.

20 가르침을 듣고 이해해서 그것을 따를 수 있는 소질, 능력.

들 모든 성문과 독각은 이 불가사의 해탈의 신통력에 대한 가르침을 들으면 반드시 삼천대천세계를 떨어 울리도록 울어야 합니다. 모든 보살은 이 불가사의 해탈의 신통력에 대한 가르침을 들으면 마치 왕관을 물려받는 왕태자처럼 반드시 흔쾌히 받들면서 받아 지녀 굳센 믿음과 이해를 키워나가야 합니다. 만약 어떤 보살이 이 불가사의 해탈의 신통력에 대한 가르침을 듣고 굳센 믿음과 이해를 일으킨다면 모든 마왕과 마군들도 이 보살을 어찌할 수 없습니다.

대가섭이 이렇게 말하자 무리 중에서 삼만이천 명의 천자가 다 아뇩다라삼먁삼보리의 마음을 내었다.

그때 무구칭이 대가섭에게 말했다.

시방의 헤아릴 수 없이 많은 세계에서 마왕처럼 행동하는 자는 대부분 이 불가사의 해탈에 머무는 보살입니다. 그가 교묘한 방편으로 마왕처럼 행동하는 것은 모든 중생을 성숙시키기 위해섭니다.

대가섭이여, 시방의 헤아릴 수 없이 많은 세계의 모든 보살들에게 어떤 자가 와서 손, 발, 귀, 코, 머리, 눈, 뇌, 피, 근육, 뼈 등의 일체 기관과 아내, 첩, 남자 노비, 여자 노비 등의 권속과 마을, 성곽, 국가, 왕궁, 수도, 사대주와 갖가지 왕위와 재보, 곡식, 진기한 보물, 금, 은, 진주, 산호, 조개, 유리 등의 온갖 장신구와 방, 집, 좌석, 의복, 음식, 탕약, 자산, 코끼리, 말, 수레 등의 크고 작은 집기와 군대를 구걸합니다. 이처럼 보살을 핍박하면서 구걸하는 자는 대부분 불가사의 해탈에 머무는 보살입니다. 그들은 교묘한 방편으로 이러한 일들을 나타내서 보살을 시험하여 그들 의락(意樂)의 견고함을 요달해 알게 합니다. 왜냐하면 이 뛰어나고 용맹한 대보살은 모든 중생을 이롭게 하기 위해 이러한 어려운 일을 나타내 보이기 때문입니다. 그러나 범부나 어리석은 자는 그런 힘이 없기 때문에 이처럼 보살을 핍박하는 거지처럼 행동할 수 없습니다.

대가섭이여, 비유하자면 반딧불이 태양 빛을 가릴만한 위력이 없는 것처럼, 범부나 어리석은 자는 힘이 없어 보살을 핍박하는 거지처럼 행동하질 못합니다. 대가섭이여, 비유하자면 용과 코끼리가 서로 위력을 나타내 싸운다면 이는 나귀가 감당할 수 있는 일이 아닙니다. 오직 다른 용이나 코끼리만이 그 용이나 코끼리와 싸울 수 있습니다. 이처럼 범부나 어리석은 자는 보살을 핍박할만한 힘이 없습니다. 오직 보살과 보살끼리 만이 서로 핍박할 수 있으니, 이를 불가사의 해탈에 머무는 보살이 교묘한 방편과 지혜의 힘으로 불가사의 해탈 경계에 들어가는 것이라고 부릅니다.

무구칭이 이 법을 설하자 팔천 명의 보살이 보살의 교묘한 방편과 지혜의 힘을 얻어 불가사의 해탈경계에 들어가게 되었다.

6 說無垢稱經不思議品第六

時舍利子。見此室中無有床座。竊作是念。此諸菩薩及大聲聞。當於何坐。時無垢稱。知舍利子心之所念。便即語言。唯舍利子。為法來耶求床坐耶。舍利子言。我為法來非為床座。無垢稱言。唯舍利子。諸求法者不顧身命何況床座。又舍利子。諸求法者不求色蘊乃至識蘊。諸求法者不求眼界乃至意識界。諸求法者不求眼處乃至法處。諸求法者不求欲界色無色界。又舍利子。諸求法者不求佛執及法僧執。諸求法者不求知苦斷集證滅及與修道。所以者何。法無戲論。若謂我當知苦斷集證滅修道即是戲論。非謂求法。又舍利子。諸求法者不求於生不求於滅。所以者何。法名寂靜及近寂靜。若行生滅是求生滅。非謂求法非求遠離。諸求法者不求貪染。所以者何。法無貪染離諸貪染。若於諸法乃至涅槃少有貪染。是求貪染非謂求法。又舍利子。諸求法者不求境界。所以者何。法非境界。若數一切境界所行。是求境界非謂求法。又舍利子。諸求法者不求取捨。所以者何。法無取捨。若取捨法是求取捨非謂求法。又舍利子。諸求法者不求攝藏。所以者何。法無攝藏。若樂攝藏是求攝藏非謂求法。又舍利子。諸求法者不求法相。所以者何。法名無相。若隨相識即是求相非謂求法。又舍利子。諸求法者不共法住。所以者何。法無所住。若與法住即是求住非謂求法。又舍利子。諸求法者不求見聞及與覺知。所以者何。法不可見聞覺知。若行見聞覺知是求見聞覺知非謂求法。又舍利子。諸求法者不求有為。所以者何。法名無為離有為性。若行有為是求有為非謂求法。是故舍利子。若欲求法於一切法應無所求。說是法時。五百天子遠塵離垢。於諸法中得法眼淨。

時無垢稱問妙吉祥。仁者曾遊十方世界無量無數百千俱胝諸佛國土。何等佛土有好上妙具足功德大師子座。妙吉祥言。東方去此過三十六殑伽沙等諸佛國土。有佛世界。名曰山幢。彼土如來號山燈王。今正現在安隱住持。其佛身長八十四億踰膳那量。其師子座高六十八億踰膳那量。彼菩薩身長四十二億踰膳那量。其師子座高三十四億踰膳那量。居士當知。彼土如來師子之座。最為殊妙具諸功德。

時無垢稱。攝[7]念入定發起如是自在神通。即時東方山幢世界山燈王佛。遣三十二億大師子座。高廣嚴淨甚可愛樂。乘空來入無垢稱室。此諸菩薩及大聲聞。釋梵護世諸天子等。昔所未見先亦未聞。其室欻然廣博嚴淨。悉能苞容三十二億師子之座不相妨礙。廣嚴大城及贍部洲四大洲等。諸世界中城邑聚落國土王都。天龍藥叉阿素洛等所住宮殿亦不迫迮。悉見如本前後無異。

時無垢稱語妙吉祥。就師子座。與諸菩薩及大聲聞。如所敷設俱可就座。當自變身稱師子座。其得神通諸大菩薩。各自變身為四十二億踰膳那量。昇師子座端嚴而坐。其新學菩薩皆不能昇師子之座。時無垢稱為說法要。令彼一切得五神通。即以神力各自變身。為四十二億踰膳那量。昇師子座端嚴而坐。其中復有諸大聲聞。皆不能昇師子之座。時無垢稱語舍利子。仁者云何不昇此座。舍利子言。此座高廣吾不能昇。無垢稱言。唯舍利子。宜應禮敬山燈王佛請加神力。方可得坐。時大聲聞咸即禮敬山燈王佛請加神力。便即能昇師子之座端嚴而坐。舍利子言。甚奇居士。如此小室乃能容受爾所百千高廣嚴淨師子之座。不相妨礙。廣嚴大城及贍部洲四大洲等。諸世界中城邑聚落國土王都。天龍藥叉阿素洛等所有宮殿。亦不迫迮。悉見如本前後無異。無垢稱言。唯舍利子。諸佛如來應正等覺及不退菩薩。有解脫名不可思議。若住如是不可思議解脫菩薩。妙高山王高廣如是。能以神力內芥子中。而令芥子形量不增。妙高山王形量不減。雖現如是神通作用。而不令彼四大天王三十三天知見我等何往何入。唯令所餘覩神通力調伏之者知見妙高入乎芥子。如是安住不可思議解脫菩薩。方便善巧智力所入。不可思議解脫境界。非諸聲聞獨覺所測。又舍利子。若住如是不可思議解脫菩薩。四大海水深廣如是。能以神力內一毛孔。而令毛孔形量不增。四大海水形量不減。雖現如是神通作用。而不令彼諸龍藥叉阿素洛等知見我等何往何入。亦不令彼魚鼈黿鼉及餘種種水族生類諸龍神等一切有情憂怖惱害。唯令所餘覩神通力[*]調伏[*]之者知見如是四大海水入於毛孔。如是安住不可思議解脫菩薩。方便善巧智力所入。不可思議解脫境界非諸聲聞獨覺所測。又舍利子。若住如是不可思議解脫菩薩。如是三千大千世界形量廣大。能以神力方便斷取置右掌中。如陶家輪速疾旋轉。擲置他方殑伽沙等世界之外。又復持來還置本處。而令世界無所增減。雖現如是神通作用。而不令彼居住有情。知見我等何去何還。都不令其生往來想亦無惱害。唯令所餘覩神通力[*]調伏[*]之者。知見世界有去有來。如是安住不可思議解脫菩薩。方便善巧智力所入。不可思議解脫境界。非諸聲聞獨覺所測。又舍利子。若住如是不可思議解脫菩薩。或諸有情宜見生死多時相續而令調伏。或諸有情宜見生死少時相續而令調伏。能以神力隨彼所宜。或延七日以為一劫。令彼有情謂經一劫。或促一劫以為七日。令彼有情謂經七日。各隨所見而令調伏。雖現如是神通作用。而不令彼所化有情覺知如是時分延促。唯令所餘覩神通力[*]調伏[*]之者覺知延促。如是安住不可思議解脫菩薩。方便善巧智力所入。不可思議解脫境界非諸聲聞獨覺所測。又舍利子。若住如是不可思議解脫菩薩。能以神力。集一切佛功德莊嚴清淨世界。置一佛土示諸有情。又以神力。取一佛土一切有情置之右掌。乘意勢通遍到十方。普示一切諸佛國土。雖到十方一切佛土。住一佛國而不移轉。又以神力。從一毛孔現出一切上妙供具。遍歷十方一切世界。供養諸佛菩薩聲聞。又以神力。於一毛孔普現十方一切世界所有日月星辰色像。又以神力。乃至十方一切世界大風輪等。吸置口中而身無損。一切世界草木叢林。雖遇此風竟無搖動。又以神力。十方世界所有佛土劫盡燒時。總一切火內置腹中。雖此火勢熾焰不息。而於其身都無損害。又以神力。過於下方無量俱胝殑伽沙等諸佛世界。舉一佛土擲置上方。過於俱胝殑伽沙等諸佛世界一佛土中。如以針鋒舉小棗葉。擲置餘方都無所損。雖現如是神通作用。而無緣者不見不知。於諸有情竟無惱害。唯令一切覩神通力[*]調伏[*]之者便見是事。如是安住不可思議解脫菩薩。方便善巧智力所入。不可思議解脫境界。非諸聲聞獨覺所測。又舍利子。若住如是不可思議解脫菩薩。能以神力。現作佛身種種色像。或現獨覺及諸聲聞種種色像。或現菩薩種種色像。諸相隨好具足莊嚴。或復現作梵王帝釋四大天王轉輪王等一切有情種種色像。或以神力。變諸有情令作佛身及諸菩薩聲聞獨覺釋梵護世轉輪王等種種色像。或以神力。轉變十方一切有情上中下品音聲差別。皆作佛聲第一微妙。從此佛聲演出無常苦空無我究竟涅槃寂靜義等言詞差別。乃至一切諸佛菩薩聲聞獨覺。說法音聲皆於中出。乃至十方諸佛說法。所有一切名句文身音聲差別。皆從如是佛聲中出。普令一切有情得聞。隨乘差別悉皆調伏。或以神力。普於十方隨諸有情言音差別。如其所應出種種聲演說妙法。令諸有情各得利益。唯舍利子。我今略說安住如是不可思議解脫菩薩。方便善巧智力所入。不可思議解脫境界。若我廣說。或經一劫或一劫餘。或復過此。智慧辯才終不可盡。如我智慧辯才無盡。安住如是不可思議解脫菩薩。方便善巧智力所入。不可思議解脫境界亦不可盡。以無量故。爾時尊者大迦葉波。聞說安住不可思議解脫菩薩不可思議解脫神力。歎未曾有。便語尊者舍利子言。譬如有人對生盲者。雖現種種差別色像。而彼盲者都不能見。如是一切聲聞獨覺。皆若生盲無殊勝眼。聞說安住不可思議解脫菩薩所現難思解脫神力乃至一事亦不能了。誰有智者男子女人。聞說如是不可思議解脫神力。不發無上正等覺心。我等今者。於此大乘如燋敗種永絕其根復何所作。我等一切聲聞獨覺。聞說如是不思議解脫神力。皆應號泣聲震三千大千世界。一切菩薩聞說如是不可思議解脫神力。皆應欣慶頂戴受持。如王太子受灌頂位生長堅固信解勢力。若有菩薩聞說如是不可思議解脫神力。堅固信解。一切魔王及諸魔眾。於此菩薩無所能為。當於尊者大迦葉波說是語時。眾中三萬二千天子皆發無上正等覺心。

時無垢稱即語尊者迦葉波言。十方無量無數世界作魔王者。多是安住不可思議解脫菩薩。方便善巧現作魔王。為欲成熟諸有情故。大迦葉波。十方無量無數世界一切菩薩。諸有來求手足耳鼻頭目髓腦血肉筋骨一切支體妻妾男女奴婢親屬。村城聚落國邑王都四大洲等。種種王位財穀珍寶。金銀真珠珊瑚螺貝吠琉璃等諸莊嚴具。房舍床座衣服飲食。湯藥資產象馬輦輿。大小諸船器仗軍眾。如是一切逼迫菩薩而求乞者。多是安住不可思議解脫菩薩。以巧方便現為斯事試驗菩薩。令其了知意樂堅固。所以者何。增上勇猛諸大菩薩。為欲饒益諸有情故。示現如是難為大事。凡夫下劣無復勢力。不能如是逼迫菩薩為此乞求。大迦葉波。譬如螢火終無威力映蔽日輪。如是凡夫及下劣位。無復勢力逼迫菩薩為此乞求。大迦葉波。譬如龍象現威鬪戰非驢所堪。唯有龍象能與龍象為斯戰諍。如是凡夫及下劣位。無有勢力逼迫菩薩。唯有菩薩。能與菩薩共相逼迫。是名安住不可思議解脫菩薩方便善巧智力所入不可思議解脫境界。說此法時。八千菩薩。得入菩薩方便善巧智力所入不可思議解脫境界。

제7장

관유정품

觀有情品

7 관유정품觀有情品

그때 문수사리가 무구칭에게 물었다.

보살은 중생을 어떻게 보아야 합니까?

무구칭이 말했다.

비유하자면 환술사(幻師)가 자신의 환술로 이루어진 일(幻事)을 보듯이 합니다. 이처럼 보살은 일체의 중생을 올바로 관찰해야 합니다.

문수사리여, 가령 지혜로운 사람은 물 속의 달을 보듯 하고, 거울 속의 상(像)을 보듯 하고, 신기루를 보듯 하고, 소리에 따르는 메아리 보듯 하고, 허공 속의 뭉게구름 보듯 하고, 물방울이 처음 생겨나는 순간을 보듯 하고, 물거품이 일어났다 꺼졌다 하는 것처럼 보고, 파초가 단단한 알맹이를 가진 듯이 보고, 다섯 번째 대(五大)를 보듯 하고, 여섯 번째 온(六蘊)을 보듯 하고, 일곱 번째 근(七根)을 보듯 하고, 열세 번째 처(十三處)를 보듯 하고, 열아홉 번째 계(十九界)를 보듯 하고, 무색계(無色界)에서 온갖 색깔의 영상을 보듯 하고, 썩은 종자에서 싹을 틔우는 듯이 보고, 거북털로 옷을 만든 것처럼 보고, 요절한 사람이 온갖 욕망의 쾌락을 누리는 것처럼 보고,

예류과(豫流果)[1]가 '나'와 '내 것'이라는 분별을 일으키는 것처럼 보고, 일래과(一來果)[2]가 세 번째 생(生)을 받는 듯이 보고, 불환과(不

1 수행의 결과, 특히 소승에서 말하는 깨달음의 결과에 네 단계가 있는데 이것을 사향사과(四向四果)라고 함. 이 가운데 첫번째가 예류과임. 예류과는 수다원과(須陀洹果)라고도 함. 생사의 흐름을 등지고 처음으로 깨달음의 길에 들어선 자가 얻는 과보로서 삼계에 관한 온갖 견해의 미혹을 끊는 경지임.

還果)[3]가 어머니 태 속으로 들어가는 것처럼 보고, 아라한[4]의 탐욕, 성냄, 어리석음을 보는 듯이 하고,[5] 인욕을 성취한 보살이 계율을 범하고 성내는 마음을 가진 것처럼 보고, 모든 여래의 번뇌의 습기(習氣)가 이어지는 것처럼 보고, 선천성 장님이 온갖 색깔을 보는 것처럼 보고, 멸진정[6]에 머무는데도 들어오고 나가는 숨이 있는 것처럼 보고, 허공 속에 새가 날아간 자취가 있는 듯이 보고, 내시가 남근을 일으키는 것처럼 보고, 석녀(石女)가 아이를 낳는 것처럼 보고, 붓다의 화현(化現)은 결코 번뇌를 낳지 않는데도 온갖 번뇌를 일으키는 것처럼 보고, 꿈에서 깬 뒤 꿈 속 일을 보듯 하고, 불을 일으키지 않았는데도 불타고 있는 것처럼 보고, 아라한이 내생(來生)으로 윤회하고 있는 듯이 봅니다. 이처럼 보살은 일체의 중생을 올바로 관찰해야 합니다. 왜냐하면 모든 법은 본질적으로 비어있고(空),진실로 나(我)가 없고, 중생이 없기 때문입니다.

문수사리가 말했다.

보살들이 일체 중생을 이런 식으로 관찰한다면, 어떻게 그가 중생을 향해 크나큰 사랑(大慈)을 닦습니까?

---

2 사다함과(斯陀含果)라고도 하며 천상계든 인간계든 반드시 한번의 생(生)을 거치고 나면 다시는 생을 받지 않는 경지.

3 아나함과(阿那含果)라고도 하며 욕계의 번뇌를 다 끊어 색계나 무색계에 나서 다시는 욕계에 태어나지 않는 경지.

4 사향사과의 마지막 단계로, 모든 번뇌를 다 끊어 열반에 든 최고의 단계.

5 수행의 결과. 특히 소승에서 말하는 깨달음의 결과로 예류과(須多洹果라고도 함), 일래과(斯陀含果라고도 함), 불환과(阿那含果라고도 함), 아라한과를 가리킨다. 예류과는 생사의 흐름을 등지고 처음으로 깨달음의 길에 들어선 자가 얻는 과보. 삼계에 관한 온갖 견해의 미혹을 끊는다. 일래과는 천상계든 인간계든 반드시 한번의 생(生)을 거치고나면 다시는 생을 받지 않는다. 불환과는 욕계의 번뇌를 다 끊어 색계나 무색계에 나서 다시는 욕계에 태어나지 않는다. 아라한과는 모든 번뇌를 다 끊어 열반에 든 최고의 단계.

6 마음의 작용이 모두 멈춘 삼매의 경지.

무구칭이 말했다.

보살이 이런 식으로 중생을 관찰하고 나면 스스로 이렇게 생각합니다. '나는 꼭 중생들에게 이 법을 설해 그들이 완전히 이해하도록 하리라.' 바로 이를 가리켜 '진실로 크나큰 사랑을 닦아서 모든 중생에게 궁극적인 안락을 준다'고 말하는 것입니다.

이렇게 해서 보살은 적멸[7]의 사랑을 닦으니 어떤 집착도 없기 때문이며, 열광적이지 않은 사랑을 닦으니 번뇌를 벗어났기 때문이며, 실상(實相) 그대로의 사랑을 닦으니 과거 현재 미래의 삼세(三世)에 한결같기 때문이며, 갈등이 없는 사랑을 닦으니 번뇌가 침투하지 않기 때문이며, 비이원적(無二)인 사랑을 닦으니 내적으로도 외적으로도 연루되지 않기 때문이며, 흔들림이 없는 사랑을 닦으니 궁극에 자리 잡고 있기 때문이며, 견고한 사랑을 닦으니 높은 의락(意樂)이 금강과 같기 때문이며, 청정한 사랑을 닦으니 본성이 청정하기 때문이며, 평등한 사랑을 닦으니 허공과 같기 때문이며, 아라한의 사랑을 닦으니 영원히 번뇌의 도적을 무찌르기 때문이며, 독각의 사랑을 닦으니 스승에 의존하지 않기 때문이며, 보살의 사랑을 닦으니 쉬지 않고 중생을 성숙시키기 때문이며, 여래의 사랑을 닦으니 모든 법의 진여성(眞如性)을 사무치기 때문이며, 붓다의 사랑을 닦으니 모든 중생을 잠과 꿈에서 깨우기 때문이며, 타고난 자연의 사랑을 닦으니 모든 법의 성품을 자연스럽고 평등하게 깨닫기 때문이며, 보리[8]의 사랑을 닦으니 한 맛(一味)으로 똑같기 때문이며,
치우침이 없는 사랑을 닦으니 애증을 끊었기 때문이며,
크나큰 연민(大悲)의 사랑을 닦으니 대승의 빛을 드러내기 때문이며,
다툼이 없는 사랑을 닦으니 '나 없음'(無我)을 보기 때문이며,
싫증남이 없는 사랑을 닦으니 본성이 비어있음을 보기 때문이며, 법

7 모든 번뇌가 소멸하여 안락한 데 머무르게 되는 것. 열반을 번역한 것.
8 bodhi를 소리나는 대로 읽은 것. 깨달음이라는 뜻.

보시의 사랑을 닦으니 스승의 주먹[師捲][9]을 벗어났기 때문이며,
청정한 계율의 사랑을 닦으니 계율을 범한 중생을 성숙시키기 때문이며,
인욕의 사랑을 닦으니 자기와 남을 보호하여 손해를 입히지 않기 때문이며,
정진의 사랑을 닦으니 중생에게 이롭고 즐거운 일을 짊어지기 때문이며,
선정의 사랑을 닦으니 애착하는 맛이 없기 때문이며,
반야의 사랑을 닦으니 어느 때나 지혜의 법을 나타내기 때문이며,
방편의 사랑을 닦으니 어느 곳에서나 길을 제시하기 때문이며,
미묘한 염원(妙願)의 사랑을 닦으니 한량없는 큰 염원에 의해 야기되기 때문이며,
위대한 능력(大力)의 사랑을 닦으니 일체의 크나큰 일들을 이룰 수 있기 때문이며,
지혜(智)의 사랑을 닦으니 모든 법의 성품(性)과 모습(相)을 완전히 알기 때문이며,
신통의 사랑을 닦으니 모든 법의 성품과 모습을 파괴시키지 않기 때문이며,
중생을 이끄는 방편의 사랑을 닦으니 방편을 통해 중생을 번영케 하기 때문이며, 집착이 없는 사랑을 닦으니 장애와 오염이 없기 때문이며,
기만이 없는 사랑을 닦으니 마음가짐이 청정하기 때문이며,
아첨이 없는 사랑을 닦으니 그 노력이 청정하기 때문이며,
교활함이 없는 사랑을 닦으니 거짓 꾸미지 않기 때문이며,
깊은 마음의 사랑을 닦으니 허물과 더러움에서 벗어나기 때문이며,
안락(安樂)의 사랑을 닦으니 모든 부처님의 안락으로 인도하기 때문

9 스승이 제자에게 법의 정통성을 전하는 고대 인도 종교교단의 관습. 스승은 임종시에 자신의 손바닥에 비밀 가르침의 정수를 적어 놓고서 상수 제자를 불러 주먹을 펴서 보여준다. 제자는 손바닥에 쓰인 글씨를 보고서 비밀 가르침의 정수를 알게 되어서 스승을 잇게 된다.

입니다.

문수사리여, 이러한 것을 '보살이 크나큰 사랑을 닦는다'고 말하는 것입니다.

문수사리가 말했다.

보살이 '크나큰 연민(大悲)을 닦는다'는 것은 무엇을 말하는 것입니까?

무구칭이 말했다.

여태껏 이룩하고 쌓아 온 선근(善根)을 전부 포기하여 그것을 중생에게 베풀어 주는데 전혀 인색함이 없는 것, 이것을 '보살이 크나큰 연민을 닦는다'고 말하는 것입니다.

문수사리가 말했다.

보살이 '크나큰 기쁨(大喜)을 닦는다'는 것은 무엇을 말하는 것입니까?

무구칭이 말했다.

중생에게 이익이 되는 일을 늘 기쁘게 하면서 전혀 후회가 없는 것, 이것을 '보살이 크나큰 기쁨을 닦는다'고 말합니다.

문수사리가 말했다.

보살이 '크나큰 포기(大捨)를 닦는다'는 것은 무엇을 말하는 것입니까?

무구칭이 답했다.

평등하게 이익을 주면서도 과보(果報)를 바라지 않는 것, 이것을 '보살이 크나큰 포기를 닦는다'고 말합니다.

문수사리가 말했다.

만약 보살들이 생사에 대한 두려움이 생기면 어디에 의지해야 합니까?

무구칭이 답했다.

만약 보살이 생사에 대한 두려움이 있다면, 늘 모든 부처님의 대아(大我)[10]에 의지해서 안주해야 합니다.

보살이 대아에 안주하고 싶을 때는 어디에 안주해야 합니까?
대아에 안주하고 싶을 때는 일체 중생의 평등한 해탈 속에 안주해야 합니다.
일체 중생을 해탈시키고 싶을 때는 무엇을 없애야 합니까?
일체 중생을 해탈시키고 싶다면 그들의 번뇌를 없애야 합니다.
일체 중생의 번뇌를 없애고 싶을 때는 무엇을 닦아야 합니까?
일체 중생의 번뇌를 없애고 싶다면 이치대로(如理) 관찰하고 마음을 써야 합니다.
이치대로 관찰하고 마음을 쓰고 싶을 때는 무엇을 닦아야 합니까?
이치대로 관찰하고 마음을 쓰고자 할 때는 모든 법의 불생불멸(不生不滅)을 닦아야 합니다.

어떤 법이 불생이고, 어떤 법이 불멸입니까?

10 위대한 공덕의 위력. 진여의 자유자재한 활동.

착하지 않은 법은 불생이고 착한 법은 불멸입니다.
착한 법이나 착하지 않은 법의 근본은 무엇입니까?
몸이 근본입니다.
몸의 근본은 무엇입니까?
탐욕이 근본입니다.
탐욕의 근본은 무엇입니까?
헛되고 거짓된 분별이 근본입니다.
헛되고 거짓된 분별의 근본은 무엇입니까?
뒤바뀐 생각(倒想)이 근본입니다.
뒤바뀐 생각의 근본은 무엇입니까?
무주(無住)가 근본입니다.

문수사리가 말했다.

이같은 무주는 무엇을 근본으로 삼습니까?

무구칭이 답했다.

그 질문은 이치에 맞지 않습니다. 왜냐하면 이 무주는 바로 근본이 없는 것이며, 또 근거할 곳도 없는 것[無所住]이기 때문입니다. 근본도 없고 근거할 곳도 없기 때문에 일체의 모든 법을 건립할 수 있는 것입니다.

그때 무구칭의 방 안에는 천녀(天女)가 있었는데, 그녀는 여러 보살 마하살들이 법을 설하는 것을 듣다가 일찍이 겪어보지 못했던 체험을 하였다. 너무나 기뻐 날뛰다가 문득 자신의 몸을 나타내서 천상의 꽃을 여러 보살들과 대성문들에게 뿌렸다. 천상의 꽃은 보살의 몸에 닿았을 때는 이내 떨어져 내렸으나, 대성문의 몸에 닿았을 때는 붙어서 떨어지질 않았다. 대성문들은 그 꽃을 털어내려고 온갖 신력(神力)을 다 써봤으나 털어낼 수가 없었다.

그러자 천녀는 존자 사리불에게 물었다.

무엇 때문에 꽃을 털어내려 합니까?

사리불이 말했다.

이 꽃이 법답지 못해서 내가 털어내려 하는 것이오.

천녀가 말했다.

그만두시오. 이 꽃을 법답지 못하다고 말하지 마십시오. 왜냐하면 이 꽃은 법다운 것인데, 오직 존자들만이 스스로 법답지 못하다고 하기 때문입니다. 꽃 자체는 분별이나 이분별(異分別)이 없는데, 존자들만이 스스로 분별을 하고 이분별을 두기 때문입니다. 올바르게 설해진 법의 계율을 닦는 출가한 사람이 분별이나 이분별이 있다면 법답지 못한 것이고, 분별이나 이분별이 없다면 법다운 것입니다.

사리불이여, 보살들에게 꽃이 붙지 않은 것을 보십시오. 그들 모두는 일체의 분별이나 이분별을 영원히 끊었기 때문입니다. 대성문들에게 꽃이 붙어있는 것을 보십시오. 그들 모두는 일체의 분별이나 이분별을 아직 끊지 못했기 때문입니다.
사리불이여, 가령 사람이 두려워 할 때는 비인(非人)[11]들이 그 틈을 탑니다. 그러나 두려움이 없다면 어떤 비인도 그 틈을 타지 못합니

11 인간이 아닌 신이나 반신을 가리킴. 또는 천룡팔부의 용, 야차, 귀신 등을 말함.

다. 생사의 업을 짓는 번뇌를 두려워하는 자는 빛깔, 소리, 냄새, 맛, 접촉 등이 그 틈을 타지만, 생사의 업을 짓는 번뇌를 두려워하지 않는 자는 세간의 빛깔, 소리, 냄새, 맛, 접촉 등이 그 틈을 타지 못합니다.

사리불이여, 번뇌의 습기를 아직 끊지 못한 자에겐 꽃이 그 몸에 붙을 것이고, 번뇌의 습기를 영원히 끊은 자에겐 꽃이 그 몸에 붙지 않을 것입니다.

사리불이 말했다.

천녀께선 이 방에 있은 지 얼마나 되었습니까?

천녀가 답했다.

저는 사리불께서 해탈[12]에 든 때부터 이 방에 있었습니다.

사리불이 말했다.

천녀가 이 방에 있은 지가 그렇게 오래됩니까?

천녀가 다시 물었다.

해탈에 머문 지가 얼마나 오래되었습니까?

그러자 사리불은 잠자코 있으면서 답하질 못했다. 천녀가 말했다.

12 번뇌와 속박을 벗어나 정신이 자유롭게 되는 것. 깨달음.

존자께선 대성문으로 크나큰 지혜의 언변을 갖추었는데도 이런 사소한 질문에도 침묵만 지키고 답하질 못하십니까?

사리불이 말했다.

무릇 해탈이란 모든 낱말이나 언어를 벗어난 것입니다. 나는 지금 해탈에 관해 어떻게 말해야할지 모르겠습니다.

천녀가 말했다.

언어 문자로 설하는 것이 다 해탈의 모습(解脫相)입니다. 왜냐하면 이 해탈이란 내적인 것도 아니요 외적인 것도 아니며 이 둘을 벗어난 중간에서 얻을 수 있는 것도 아니듯이, 문자도 마찬가지로 내적인 것도 아니요 외적인 것도 아니며 이 둘을 벗어난 중간에서 얻을 수 있는 것이 아니기 때문입니다. 이것이 문자를 벗어나서 해탈을 설할 수는 없는 이유입니다. 해탈과 일체의 법은 그 본성이 평등하기 때문입니다.

사리불이 말했다.

탐냄(貪), 성냄(瞋), 어리석음(癡)을 벗어나는 것이 해탈을 이루는 것 아닙니까?

천녀가 말했다.

붓다는 자만하는 사람들을 위해 '일체의 탐냄, 성냄, 어리석음을 벗어나는 것이 해탈'이라고 설한 것입니다. 자만을 완전히 벗어난 자들에게는 '일체의 탐냄, 성냄, 어리석음의 본성이 그대로 해탈'이라고 설합니다.

사리불이 말했다.

훌륭합니다, 천녀여. 그대는 무엇을 얻고 무엇을 성취했기에 지혜와 언변이 이정도입니까?

천녀가 말했다.

나는 지금 얻은 것도 없고 성취한 것도 없기에 지혜와 언변이 이와 같은 것입니다. 만약 내가 지금 얻은 것이 있고 성취한 것이 있다고 말한다면, 이는 올바르게 설해진 법의 계율에서 자만[增上慢]하는 것이 됩니다.

사리불이 말했다.

그대는 삼승(三乘)[13] 중 어디에 속합니까?

천녀가 답했다.

나는 삼승 모두에 속합니다.

---

13 성문승, 독각승, 보살승을 삼승(三乘)이라고 하는데, 승(乘)은 실어나르는 수레이니 부처님의 가르침으로 중생을 실어 피안에 이르게 한다는 비유에서 나왔음. 성문승은 부처님의 직접적인 설법을 듣고 해탈을 얻는 무리, 독각승은 스승 없이 깨달음을 얻는 무리, 보살승은 자기의 해탈뿐 아니라 타인도 해탈로 인도하는 수행을 하는 무리.

사리불이 말했다.

그대는 어떤 비밀스런 뜻이 있기에 그런 말씀을 하는 것입니까?

천녀가 말했다.

나는 늘 대승을 설해 남들에게 들려주기 때문에 내가 성문이 되며, 나 스스로 법의 참된 본성을 깨우치기 때문에 내가 독각이 되며, 항상 대자비심을 저버리지 않기 때문에 내가 대승이 됩니다.
사리불이여, 나는 성문승을 구하는 중생들을 교화 제도하기 때문에 내가 성문이 되고, 독각승을 구하는 중생들을 교화 제도하기 때문에 내가 독각이 되고, 무상승(無上乘)을 구하는 중생들을 교화 제도하기 때문에 내가 대승이 됩니다.

사리불이여, 비유하자면 어떤 사람이 참파카 숲에 들어가면 오직 참파카 향기만 맡을 뿐 풀이나 나무 등 다른 냄새는 전혀 즐길 수 없는 것과 같습니다. 이처럼 이 방에서 지낸 자라면 오직 대승의 공덕 향기만 즐기지 성문, 독각의 공덕 향기는 전혀 즐기질 않습니다. 이 방 안에선 모든 불법의 공덕의 오묘한 향기가 늘 퍼져있기 때문입니다.
사리불이여, 뭇 제석천, 범천, 사대왕천, 용, 야차, 아수라에서부터 인간, 비인 등에 이르기까지 이 방에 들어온 자들은 모두 이 무구칭 대사를 우러러보고 공경히 예배하고 공양하고서 위대한 법(大法)을 듣습니다. 그리하여 누구나 다 대보리심을 일으키고, 누구나 다 일체 불법(佛法)의 공덕의 오묘한 향기를 갖고서 나갑니다.
사리불이여, 내가 이 방에서 십이 년간을 지냈지만 성문이나 독각에 어울리는 말씀을 들은 적이 없습니다. 오로지 대승보살들이 행하는 대자대비와 모든 붓다의 불가사의하고 오묘한 법에 어울리는 말씀만을 들었을 뿐입니다.
사리불이여, 이 방은 늘 여덟 가지 놀랍고 탁월한 법을 나타내고 있습니다. 여덟 가지는 무엇을 말하는가?

사리불이여, 이 방에는 늘 금색광명이 온통 주변을 비추고 있어 밤낮의 차이가 없습니다. 그리하여 저 해와 달의 빛으로 비출 필요가 없으니, 이것이 놀랍고 탁월한 첫째의 법입니다.
사리불이여, 이 방에는 늘 세간의 모든 인간과 비인(非人)[14]들이 있는데, 그들이 이 방에 들어오면 전혀 번뇌의 해침을 받지 않습니다. 이것이 놀랍고 탁월한 두 번째 법입니다.
사리불이여, 이 방에서는 제석천, 범천, 사천왕들과 다른 세계에서 온 보살들의 집회가 늘 끊이질 않습니다. 이것이 놀랍고 탁월한 세 번째 법입니다.
사리불이여, 이 방에서는 보살의 여섯 바라밀과 물러남이 없는 법륜에 어울리는 말씀을 늘 들을 수 있으니, 이것이 놀랍고 탁월한 네 번째 법입니다.

사리불이여, 이 방에서는 늘 천인(天人)들의 음악이 연주됩니다. 그 음악 속에서 붓다의 법음(法音)이 한량없이 흘러나오니, 이것이 놀랍고 탁월한 다섯 번째 탁월한 법입니다.
사리불이여, 이 방에는 네 개의 큰 보물 창고가 있는데, 온갖 보배가 가득차서 고갈되질 않습니다. 이 보물은 모든 가난하고 헐벗고 외롭고 의탁할 데 없는 걸인들에게 나누어 주지만, 그러면서도 여태껏 고갈된 적이 없습니다. 이것이 놀랍고 탁월한 여섯 번째 법입니다.
사리불이여, 이 방에는 석가모니(釋迦牟尼) 여래, 아미타(阿彌陀) 여래, 난승(難勝) 여래, 아촉(阿촉) 여래, 보덕(寶德) 여래, 보염(寶焰) 여래, 보월(寶月) 여래, 보엄(寶嚴) 여래, 사자향(獅子響) 여래, 일체이성(一切利成) 여래 등 시방의 한량없는 여래가 있습니다. 그런데 이 무구칭 대사가 마음을 일으켜 청하면 즉시 와서 여래 비장(秘藏)의 법문을 폭넓고 자세하게 설한 뒤 돌아갑니다. 이것이 놀랍고 탁월한 일곱 번째 법입니다.
사리불이여, 이 방에는 늘 공덕으로 장엄된 모든 불국토와 온갖 미

14 인간이 아닌 신이나 반신을 가리킴. 또는 천룡팔부의, 용, 야차, 귀신 등을 말한다.

묘함으로 장식된 하늘의 궁전들이 나타나니, 이것이 놀랍고 탁월한 여덟 번째 법입니다.
사리불이여, 이 방에는 이처럼 놀랍고 탁월한 여덟 가지 법이 늘 나타나고 있습니다. 그러니 이런 불가사의한 일을 보고나서 도대체 어느 누가 성문이나 독각의 법을 찾겠다고 발심하겠습니까?

그러자 사리불이 천녀에게 물었다.

그대는 왜 이 여자의 몸을 바꾸지 않는가?

천녀가 답했다.

내가 이 방에 있은 십이 년 동안 여인의 성품을 구했으나 끝내 구할 수 없었습니다. 그러니 어떻게 바꾼단 말입니까? 사리불이여, 비유하자면 환술사(幻師)가 환술로서 여자 몸으로 화현했는데, 어떤 사람이 '당신은 왜 이 여자 몸을 바꾸지 않습니까?'라고 묻는다면 올바른 질문이라 하겠습니까?

사리불이 말했다.

아닙니다, 천녀여. 환영(幻)은 실재하는 것이 아닌데, 어떻게 바뀌어질 수 있겠습니까?

천녀가 말했다.

이처럼 모든 법의 성품(性)과 모습(相)은 다 진실이 아닌 환영 같은 것입니다. 그러니 여자의 몸을 바꾸지 않느냐는 질문을 어떻게 하실 수 있겠습니까?

그리고는 즉시 천녀는 신통력을 써서 사리불을 천녀로 변화시키고, 자기 스스로는 사리불로 변화하고서 다시 물었다.

존자께선 어째서 여자 몸을 바꾸지 않습니까?

사리불이 천녀의 모습(像)으로 답했다.

나는 지금 어떻게 남자 몸을 잃었는지, 그리고 어떻게 여자 몸으로 바뀌었는지 모르겠습니다.

천녀가 다시 말했다.

존자께서 이 여자 몸을 바꿀 수 있다면 일체의 여자 몸도 바뀌어 질 수 있습니다. 마치 사리불이 실제 여자가 아니면서도 여자 몸을 나타냈듯이 일체의 여자 몸도 비록 여자 몸을 나타내고 있지만 실제로는 여자가 아닙니다. 세존께선 이 비밀스런 뜻을 이렇게 말했습니다. '일체의 모든 법은 남자도 아니고 여자도 아니다'

천녀가 이 말을 마치고는 신통력을 거두자 제각기 본래 모습으로 돌아갔다. 천녀가 사리불에게 물었다.

존자여, 여자 몸이 지금은 어디에 있습니까?

사리불이 말했다.

나는 나의 여자 몸을 만들지도 않았고 변화시키지도 않았습니다.

천녀가 말했다.

존자여, 훌륭합니다. 일체의 모든 법도 마찬가지입니다. 일체의 법은 만들어진 것도 아니며 변화하는 것도 아니라는 것, 이것이 진정 부처님의 말씀입니다.

그러자 사리불이 천녀에게 물었다.

그대는 이 세상을 떠나면 어느 곳에 태어납니까?

천녀가 답했다.

여래가 화하여 태어나는 곳에 나도 태어날 것입니다.

사리불이 말했다.

여래가 화한 몸은 죽음도 없고 태어남도 없습니다. 그러니 어찌 태어나는 곳이란 말씀을 할 수 있겠습니까?

천녀가 말했다.

존자여, 모든 법과 중생도 마찬가지로 태어남도 없고 죽음도 없다는 것을 알아야 합니다. 그런데 왜 내게 어디서 태어났냐고 묻는 것입니까?

사리불이 천녀에게 물었다.

그대는 아뇩다라삼먁삼보리[15]를 얻은 지 오래되었습니까?

15 anuttarā-samyak-sambodhi를 소리나는 대로 읽은 것. 무상정등정각(無上正等正覺).

천녀가 답했다.

사리불, 그대가 범부의 모든 특성을 갖춰 다시 한 번 범부로 태어날 때, 나도 아뇩다라삼먁삼보리를 증득할 것입니다.

사리불이 말했다.

천녀여, 내가 범부의 모든 특성을 갖춰 범부로 다시 태어난다는 것은 불가능한 일입니다.

천녀가 말했다.

존자여, 나 역시 아뇩다라삼먁삼보리를 증득했다는 건 불가능한 일입니다. 왜냐하면 아뇩다라삼먁삼보리는 머물 곳(住處)이 없기 때문입니다. 머물 어떤 곳도 없으니 아뇩다라삼먁삼보리를 증득한 자도 없습니다.

사리불이 말했다.

그렇다면 어째서 부처님께선 '갠지스 강의 모래알처럼 많은 부처님이 현재 아뇩다라삼먁삼보리를 증득하고 있고, 과거에 증득한 부처님이나 미래에 증득할 부처님도 그처럼 많다'고 말씀하신 것입니까?

천녀가 말했다.

더 이상의 경지가 없는 최고의 깨달음. 존재의 실상을 아는 완전한 깨달음.

존자여, '삼세[16]의 부처님들'하는 표현은 세속에서 관용적으로 헤아리는 숫자나 낱말입니다.' 삼세의 모든 붓다가 증득했다'고 한 말은 보리에 과거, 현재, 미래가 있음을 말한 것이 아닙니다. 왜냐하면 아뇩다라삼먁삼보리는 삼세를 초월했기 때문입니다.

사리불이여, 그대는 이미 아라한을 증득했습니까?

사리불이 말했다.

증득할 어떤 것도 없기 때문에 증득했습니다.

천녀가 말했다.

존자여, 보리도 마찬가지입니다. 증득할 어떤 것도 없기 때문에 증득한 것입니다.

그때 무구칭이 사리불 존자에게 말했다.

이 천녀는 이미 92백천구지나유타 부처님을 가까이서 받들어 모시면서 공양하였습니다. 이미 신통과 지혜에서 노닐 수 있으며, 염원하는 바를 다 이루었습니다. 무생법인[17]을 얻었으며, 더 이상 아뇩다라삼먁삼보리에서 영원히 물러나질 않습니다. 자신의 본원력(本願力)[18]을 통해, 자신이 바라는 대로 적절한 곳이면 어디든지 나타나서 중생을 성숙시킵니다.

---

16 과거, 현재, 미래.

17 모든 법은 나지도 않고 없어지지도 않음(不生不滅)을 깨닫는 것.

18 붓다가 되기 위한 수행 기간 때 세운 서원의 힘. 수행의 결과 얻은 공덕은 모두 본원력에 의한다고 말한다.

7 觀有情品第七

時妙吉祥。問無垢稱。云何菩薩觀諸有情。無垢稱言。譬如幻師觀所幻事。如是菩薩。應正觀察一切有情。又妙吉祥。如有智人。觀水中月。觀鏡中像。觀陽焰水。觀呼聲響。觀虛空中雲城臺閣。觀水聚沫所有前際。觀水浮泡或起或滅。觀芭蕉心所有堅實。觀第五大。觀第六蘊。觀第七根。觀十三處。觀十九界。觀無色界眾色影像。觀燋敗種所出牙莖。觀龜毛等所作衣服。觀夭沒者受欲戲樂。觀預流果所起分別薩迦耶見。觀一來果受第三有。觀不還果入母胎藏。觀阿羅漢貪瞋癡毒。觀得忍菩薩慳悋犯戒恚害等心。觀諸如來習氣相續。觀生盲者覩見眾色。觀住滅定有出入息。觀虛空中所有鳥跡。觀半擇迦根有勢用。觀石女兒所有作業。觀佛所化起諸結縛。觀諸畢竟不生煩惱。觀夢悟已夢中所見。觀不生火有所焚燒。觀阿羅漢後有相續。如是菩薩。應正觀察一切有情。所以者何。諸法本空真實無我無有情故。

妙吉祥言。若諸菩薩。如是觀察一切有情。云何於彼修於大慈。無垢稱言。菩薩如是觀有情已。自念我當為諸有情說如斯法令其解了。是名真實修於大慈。與諸有情究竟安樂。如是菩薩修寂滅慈無諸取故。修無熱慈離煩惱故。修如實慈三世等故。修不違慈無等起故。修無二慈離內外故。修無壞慈畢竟住故。修堅固慈增上意樂如金剛故。修清淨慈本性淨故。修平等慈等虛空故。修阿羅漢慈永害結賊故。修獨覺慈不待師資故。修菩薩慈成熟有情無休息故。修如來慈隨覺諸法真如性故。修佛之慈覺悟睡夢諸有情故。修自然慈任運等覺諸法性故。修菩提慈等一味故。修無偏慈愛憎斷故。修大悲慈。顯大乘故。修無諍慈觀無我故。修無厭慈觀性空故。修法施慈離師捲故。修淨戒慈成熟犯戒諸有情故。修堪忍慈隨護自他令無損故。修精進慈荷負有情利樂事故。修靜慮慈無愛味故。修般若慈於一切時現知法故。修方便慈於一切門普示現故。修妙願慈無量大願所引發故。修大力慈能辦一切廣大事故。修若那慈了知一切法性相故。修神通慈不壞一切法性相故。修攝事慈方便攝益諸有情故。修無著慈無礙染故。修無詐慈意樂淨故。修無諂慈加行淨故。修無誑慈不虛假故。修深心慈離瑕穢故。修安樂慈建立諸佛安樂事故。唯妙吉祥。是名菩薩修於大慈。妙吉祥言。云何菩薩修於大悲。無垢稱言。所有造作增長善根。悉皆棄捨施諸有情一切無悋是名菩薩修於大悲。妙吉祥言。云何菩薩修於大喜。無垢稱言。於諸有情作饒益事歡喜無悔。是名菩薩修於大喜。妙吉祥言。云何菩薩修於大捨。無垢稱言。平等饒益不望果報。是名菩薩修於大捨。

妙吉祥言。若諸菩薩怖畏生死當何所依。無垢稱言。若諸菩薩怖畏生死。常正依住諸佛大我。又問。菩薩欲住大我。當云何住。曰欲住大我。當於一切有情平等解脫中住。又問。欲令一切有情解脫。當何所除。曰欲令一切有情解脫。除其煩惱。又問。欲除一切有情煩惱。當何所修。曰欲除一切有情煩惱。當修如理觀察作意。又問。欲修如理觀察作意。當云何修。曰欲修如理觀察作意。當修諸法不生不滅。又問。何法不生何法不滅。曰不善不生善法不滅。又問。善不善法孰為本。曰以身為本。又問。身孰為本。曰欲貪為本。又問。欲貪孰為本。曰虛妄分別為本。又問。虛妄分別孰為本。曰倒想為本。又問。倒想孰為本。曰無住為本。妙吉祥言。如是無住孰為其本。無垢稱言。斯問非理。所以者何。夫無住者。即無其本亦無所住。由無其本無所住故。即能建立一切諸法。時無垢稱。室中有一本住天女。見諸大人聞所說法得未曾有踴躍歡喜便現其身。即以天花散諸菩薩大聲聞眾。時彼天花。至菩薩身即便墮落。至大聲聞便著不墮。時聲聞眾各欲去華。盡其神力皆不能去。爾時天女。即問尊者舍利子言。何故去華。舍利子言。華不如法。我故去之。天女言止。勿謂此華為不如法。所以者何。是華如法。惟尊者等自不如法。所以者何。華無分別無異分別。惟尊者等。自有分別有異分別。於善說法毘奈耶中。諸出家者。若有分別。有異分別。則不如法。若無分別無異分別。是則如法。惟舍利子。觀諸菩薩華不著者。皆由永斷一切分別及異分別。觀諸聲聞華著身者。皆由未斷一切分別及異分別。惟舍利子。如人有畏時非人得其便。若無所畏一切非人不得其便。若畏生死業煩惱者。即為色聲香味觸等而得其便。不畏生死業煩惱者。世間色聲香味觸等不得其便。又舍利子。若煩惱習未永斷者華著其身。若煩惱習已永斷者華不著也。舍利子言。天止此室經今幾何。天女答言。我止此室。如舍利子所住解脫。舍利子言。天止此室如是久耶。天女復言。所住解脫亦何如久。時舍利子默然不答。天曰。尊者是大聲聞具大慧辯。得此小問默不見答。舍利子言。夫解脫者離諸名言。吾今於此竟知何說。天曰。所說文字皆解脫相。所以者何。如此解脫非內非外。非離二種中間可得。文字亦爾。非內非外非離二種中間可得。是故無離文字說於解脫。所以者何。以其解脫與一切法其性平等。舍利子言。豈不以離貪瞋癡等為解脫耶。天曰佛為諸增上慢者。說離一切貪瞋癡等以為解脫。若為遠離增上慢者。即說一切貪瞋癡等本性解脫。舍利子言。善哉天女。汝何得證慧辯若斯。天曰。我今無得無證慧辯如是。若言我今有得有證。即於善說法毘奈耶為增上慢。舍利子言。汝於三乘為何發趣。天女答言。我於三乘竝皆發趣。舍利子言。汝何密意作如是說。天曰。我常宣說大乘令他聞故。我為聲聞。自然現覺真法性故我為獨覺。常不捨離大慈悲故。我為大乘。又舍利子。我為化度求聲聞乘諸有情故。我為聲聞。我為化度求獨覺乘諸有情故。我為獨覺。我為化度求無上乘諸有情故。我為大乘。又舍利子。譬如有人入瞻博迦林一切惟嗅瞻博迦香終無樂嗅草麻香等。如是若有止此室者。惟樂大乘功德之香。終不樂於聲聞獨覺功德香等。由此室中一切佛法功德妙香常所薰故。又舍利子。諸有釋梵四大天王那伽藥叉及阿素洛。廣說乃至人非人等。入此室者。皆為瞻仰如是大士及為親近禮敬供養聽聞大法。一切皆發大菩提心。皆持一切佛法功德妙香而出。又舍利子。吾止此室十有二年。曾不聞說聲聞獨覺相應言論。惟聞大乘諸菩薩行大慈大悲不可思議諸佛妙法相應言論。又舍利子。此室常現八未曾有殊勝之法。何等為八。謂舍利子。此室常有金色光明。周遍照曜晝夜無異不假日月所照為明。是為一未曾有殊勝之法。又舍利子。此室常有一切世間人非人等。入此室已不為一切煩惱所害。是為二未曾有殊勝之法。又舍利子。此室常有一切釋梵四天王等。及餘世界諸大菩薩集會不空。是為三未曾有殊勝之法。又舍利子。此室常聞菩薩六種波羅蜜多不退法輪相應言論。是為四未曾有殊勝之法。又舍利子。此室常作天人伎樂。於諸樂中演出無量百千法音。是為五未曾有殊勝之法。又舍利子。此室常有四大寶藏。眾珍盈溢恒無有盡。給施一切貧窮鰥寡孤獨無依乞求之者。皆令稱遂終不窮盡。是為六未曾有殊勝之法。又舍利子。此室常有釋迦牟尼如來。無量壽如來。難勝如來。不動如來。寶勝如來。寶焰如來。寶月如來。寶嚴如來。寶音聲如來。師子吼如來。一切義成如來。如是等十方無量如來。若此大士發心祈請。應時即來廣為宣說一切如來祕要法門。說已還去。是為七未曾有殊勝之法。又舍利子。此室常現一切佛土功德莊嚴諸天宮殿衆妙綺飾。是為八未曾有殊勝之法。唯舍利子。此室常現八未曾有殊勝之法。誰有見斯不思議事。而復發心樂求聲聞獨覺法乎。

時舍利子問天女言。汝今何不轉此女身。天女答言。我居此室十有二年。求女人性了不可得。當何所轉。惟舍利子。譬如幻師化作幻女。若有問言。汝今何不轉此女身。為正問不。舍利子言。不也天女。幻既非實當何所轉。天曰。如是諸法性相皆非真實。猶如幻化。云何乃問不轉女身。即時天女以神通力。變舍利子令如天女。自變其身如舍利子。而問之言。尊者云何不轉女身。時舍利子。以天女像而答之言。我今不知轉滅男身轉生女像。天女復言。尊者若能轉此女身。一切女身亦當能轉。如舍利子實非是女而現女身。一切女身亦復如是。雖現女身而實非女。世尊依此密意說言。一切諸法非男非女。爾時天女作是語已。還攝神力各復本形。問舍利子。尊者女身今何所在。舍利子言。今我女身無在無變。天曰尊者。善哉善哉。一切諸法亦復如是。無在無變。說一切法無在無變。是真佛語。

時舍利子問天女言。汝於此沒當生何所。天女答言。如來所化當所生處我當生彼。舍利子言。如來所化無沒無生。云何而言當所生處。天曰尊者。諸法有情應知亦爾無沒無生。云何問我當生何所。

時舍利子問天女言。汝當久如證得無上正等菩提。天女答言。如舍利子還成異生具異生法。我證無上正等菩提久近亦爾。舍利子言。無處無位。我當如是還成異生具異生法。天曰尊者。我亦如是無處無位當證無上正等菩提。所以者何。無上菩提無有住處。是故亦無證菩提者。舍利子言。若爾云何佛說諸佛如殑伽沙現證無上正等菩提已證當證。

天曰尊者。皆是文字俗數語言。說有三世諸佛證得。非謂菩提有去來今。所以者何。無上菩提超過三世。又舍利子。汝已證得阿羅漢耶。舍利子言。不得而得得無所得。天曰尊者。菩提亦爾。不證而證證無所證。時無垢稱。即語尊者舍利子言。如是天女。已曾供養親近承事九十有二百千俱胝那庾多佛。已能遊戲神通智慧所願滿足得無生忍。已於無上正等菩提永不退轉。乘本願力如其所欲。隨所宜處成熟有情。

제8장

보리분품
菩提分品

8 보리분품菩提分品

그때 문수사리가 무구칭에게 물었다.

보살이 어떻게 할 때 모든 불법(佛法)의 궁극적 길(究竟趣)에 도달한 것입니까?

무구칭이 말했다.

보살이 길 아닌 길(非趣)을 행할 때 불법의 궁극적 길에 도달한 것입니다.

문수사리가 말했다.

보살이 어떻게 하는 것이 길 아닌 길을 행하는 것입니까?

무구칭이 말했다.

보살들이 오무간취(五無間趣)에 다시 가더라도 그에게는 원한이나 증오, 성내는 마음이 없으며, 지옥으로 다시 들어가더라도 모든 번뇌의 오염을 벗어나며, 축생들의 길을 다시 들어가더라도 일체의 어둠과 무명(無明)을 벗어나며, 아수라(阿修羅)의 길에 다시 들어가더라도 일체의 오만과 교만과 자만을 벗어나며, 염마왕(閻魔王)[1]의 세계에 다시 들어가더라도 광대한 복과 슬기의 양식을 모으고, 다시 색계(色界)[2]와 무색계(無色界)[3]의 길에 다시 들어가더라도 그 속에

1 염라대왕. 사후 세계의 지배자로 죽은 자를 재판하는 지옥의 지배자.

빠져들지 않으며, 갈망의 길을 다시 들어가도 욕망의 쾌락에 대한 온갖 집착을 벗어나며, 성냄의 길을 다시 들어가더라도 일체 중생에 대해 어떤 분노도 느끼지 않으며, 어리석음의 길을 다시 들어가도 모든 법에서 어둠과 무명을 멀리 벗어나니 지혜를 밝혀 스스로를 다스리기 때문입니다.

탐욕의 길을 다시 들어가도 자신의 몸이나 목숨을 돌보지 않고 안팎의 일들을 버릴 수 있으며, 계율을 범하는 행동을 다시 하더라도 지극히 사소한 허물조차 크게 두려워해 자신의 엄격한 수행과 위의를 유지하고, 증오와 성냄의 길을 다시 들어가도 궁극적으로 선행과 자비에 굳건히 안주하여 마음에 번뇌가 없고, 나태의 길로 다시 들어가도 쉼 없이 정진에 몰두하여 일체의 선근(善根)을 기르는데 노력하고, 감각기관이 혼란되는 길에 다시 들어가도 늘 묵묵히 선정에 편안히 머물고, 나쁜 지혜의 길로 다시 들어가더라도 궁극의 지혜바라밀을 성취해서 모든 세간(世間) 출세간(出世間)의 믿음에 잘 통달하고, 기만하고 아첨하는 길로 다시 들어가더라도 능숙한 방편으로 판단할 수 있고, 은밀한 말의 방편이나 자만의 길로 다시 들어가더라도 구원(濟度)의 다리를 세우고,

세간의 모든 번뇌의 길을 다시 들어가더라도 성품이 청정하여 끝내 오염이 없고, 온갖 마라[4]의 길로 다시 들어가면서도 모든 불법과 깨달음의 지혜(覺慧)를 스스로 증득해 알지 다른 인연에는 의존치 않고, 성문(聲聞)의 길로 다시 들어가더라도 중생을 위해 '이제껏 듣지 못한 법'(未聞法)을 설하고, 독각(獨覺)의 길로 다시 들어가더라도

2 생사유전이 되풀이되는 미혹의 세계를 셋으로 나눈 것을 삼계라고 하는데 색계는 그중에 두 번째 세계. 탐욕은 없으나 미묘한 형상으로 이루어진 세계. 욕망을 벗어난 청정한 세계.

3 삼계 중에 가장 높은 데 있는 세계. 물질과 형상을 초월한 정신만이 있는 세계.

4 māra를 소리나는 대로 읽은 것. 마(魔)라고도 함. 수행자의 몸과 마음을 흔들어 장애를 일으킴.

대자대비를 이루어서 중생을 성숙시키고, 온갖 빈궁한 길에 다시 들어가더라도 진기한 보배가 무진장인 보배 손(寶手)[5]을 얻고, 온갖 장애자의 길로 다시 들어가더라도 상호를 갖춰 오묘한 빛깔로 몸을 장엄하고, 비천한 계층에 다시 처하더라도 탁월한 복과 지혜의 자량을 쌓음으로써 불가의 종성(種姓)의 존귀함을 보여주고, 나약하고 못나고 천박한 자들의 길에 다시 처하더라도 미묘하고 뛰어난 나라야나(那羅延)[6] 몸을 얻어 모든 중생이 늘 즐겨 보는 바이고, 온갖 늙음과 병의 길에 다시 처하더라도 끝내는 늙고 병듦의 뿌리를 없애서 죽음의 공포를 초월하고,

부자의 길에 다시 처하더라도 무상하다는 생각을 부지런히 닦아서 온갖 소유욕을 종식시키고, 궁녀들과 온갖 유희를 즐기는 길에 처하더라도 궁극적으로 영원히 벗어나는 수행을 닦아서 온갖 욕망의 늪을 건너고, 말 못하거나 앞뒤가 맞지 않는 상황에 다시 처하더라도 갖가지 재주와 말솜씨를 갖춰서 염혜(念慧)를 상실치 않는 다라니[7]를 얻으며, 온갖 사도에 다시 처하더라도 정도로써 세간을 제도하고, 다시 모든 태어나는 길에 처하더라도 실제로는 일체의 길에서 태어나는 것을 영원히 끊어버리고, 열반의 길에 다시 처하더라도 늘 생사의 상속을 버리지 않고, 오묘한 보리를 성취해 대법륜을 굴려 열반에 들어가더라도 온갖 보살행을 부지런히 닦아 끊임없이 이어갑니다.
문수사리여, 보살이 이렇게 길 아닌 길을 행할 때 비로소 온갖 불법의 궁극적 길에 도달한 것이라 말할 수 있습니다.

그러자 무구칭이 문수사리에게 물었다.

5 재보(財寶)를 일으키는 손.

6 narayana의 음사. 힌두교의 위대한 신인 비슈누 신. 불교에서는 금강역사(金剛力士), 또는 역사(力士)라 하여 큰 힘을 지닌 신이란 뜻을 갖고 있다.

7 dhāranī를 소리나는 대로 읽은 것. 선은 잘 간직해서 잃지 않고 악은 일어나지 않도록 하는 것. 부처님의 가르침을 잘 간직해 잊지 않는 것. 탁월한 기억력.

어떤 것을 가리켜 여래의 종성(種性)[8]이라 합니까? 간략히 설명해 주시기 바랍니다.

문수사리가 말했다.

이른바 일체의 거짓된 몸(僞身)[9]의 종성이 여래의 종성입니다. 즉 일체의 무명과 삶에 대한 애착이 여래의 종성이며, 탐냄, 성냄, 어리석음의 종성이 여래의 종성이며, 네 가지 허망한 뒤바뀜(顚倒)[10]의 종성이 여래의 종성이며, 다섯 덮개(五蓋)[11]의 종성, 여섯 가지 감각(六處)의 종성, 일곱 가지 의식의 거주처[12]의 종성, 여덟 가지 삿된 길(八邪)의 종성, 아홉 가지 번뇌스런 일(九惱事)[13]의 종성, 열 가지 착하지 못한 행위[14]의 종성이 여래의 종성입니다. 요약하면 육십이

8 본래 간직하고 있는 성품.

9 우리의 자아를 형성하고 있는 근본적인 에고들.

10 네가지 뒤바뀐 견해. 무상한 것을 영원하다고 생각하는 상전도(常顚倒), 고통을 즐겁다고 생각하는 락전도(樂顚倒), 무아인 것을 나 가 있다고 생각하는 아전도(我顚倒), 더러운 것을 깨끗하다고 보는 정전도(淨顚倒)가 있다.

11 탐내는 것, 성내는 것, 수면에 빠지는 것, 마음이 들떴다 가라앉았다 하는 것, 진리 즉 불법을 의심하는 것.

12 중생들의 마음(識)이 편안히 안주할 수 있는 곳. 욕계의 인천식주(人天識住), 색계의 초선천식주(初禪天識住), 이선천식주(二禪天識住), 삼선천식주(三禪天識住) 무색계의 공처천식주(空處天識住), 식처천식주(識處天識住), 무소유처천식주(無所有處天識住)를 말한다.

13 탐냄, 성냄, 어리석음이 잠들어 있는 상태에 비유한 탐사번뇌(貪使煩腦), 진사번뇌(瞋使煩腦), 치사번뇌(痴使煩惱), 이 세 가지가 치열히 타오르는 상태에 비유한 증상탐진치결사번뇌(增上貪瞋痴結使煩腦), 무명(無明)이 머물고 있는 곳에서 나오는 무명주지소섭번뇌(無明住地所攝煩腦), 도를 보아야 없앨 수 있는 견도소섭번뇌(見道所攝煩腦), 수행에 의해서 없앨 수 있는 번뇌(修道所攝煩腦), 부정한 지위에서 생기는 부정지번뇌(不淨地煩腦), 청정한 지위에서 생기는 정지번뇌(淨地煩腦)이다.

14 십악(十惡)을 말함. 살생, 도둑질, 간음(이를 身三이라 함), 거짓말, 교묘히 꾸며대는 말, 더럽고 추악한 욕설, 이간질하는 말(이를 口四라 함), 탐욕, 성냄, 삿된 견해(이를 意三이라 함)를 말한다.

견 등의 온갖 견해와 악하고 착하지 못한 법이 갖고 있는 종성이 여래의 종성입니다.

무구칭이 물었다.

어떤 비밀스런 뜻이 있기에 그렇게 말씀하시는 겁니까?

문수사리가 말했다.

무위(無爲)를 보아서 이미 정성이생위(正性離生位)에 들어간 자는 아뇩다라삼먁삼보리의 마음을 일으킬 수 없습니다. 반대로 온갖 번뇌가 작용하는 유위(有爲)에 머무르면서 아직 진리(諦)를 보지 못한 자는 아뇩다라삼먁삼보리의 마음을 일으킬 수 있습니다. 비유하자면 높은 고원의 육지에서는 우트팔라 꽃이나 파드마 꽃, 쿠무다 꽃, 푼다리카 꽃이 나질 못하고 낮고 습한 진흙 속에서야 비로소 이 네 종류의 꽃이 피어나는 것과 같습니다.
이처럼 성문이나 독각의 종성처럼 이미 무위를 보아서 정성이생위에 들어간 자는 끝내 일체지심(一切智心)을 일으킬 수 없습니다. 오직 온갖 번뇌가 작용하는 낮고 습한 진흙 속에서라야 비로소 일체지심을 일으킬 수 있습니다.바로 그런 곳에서 불법이 생장하기 때문입니다.

또 선남자여, 비유하자면 씨앗을 공중에다 심으면 결국 생장하지 못하고, 낮고 습한 거름을 준 땅에 심어야 비로소 생장할 수 있는 것과 같습니다. 이처럼 성문이나 독각의 종성처럼 이미 무위를 보아서 정성이생위에 들어간 자는 일체의 불법을 생장시킬 수 없습니다. 설사 '나'와 '내것'이 있다는 생각(身見)을 수미산처럼 일으킨다 해도 대보리의 서원을 일으킬 수 있으니, 그 속에서 온갖 불법이 생장하기 때문입니다.

또 선남자여, 비유하자면 사람이 큰 바다에 들어가지 않으면 결코 폐유리(吠琉璃) 같은 값을 따질 수 없는 보배는 얻지 못합니다. 마찬가지로 생사와 번뇌의 큰 바다로 들어가지 않으면 값을 따질 수 없는 보배인 일체지심(一切智心)을 결코 일으킬 수 없습니다.
그러므로 생사윤회를 일으키는 온갖 번뇌의 종성이 바로 여래의 종성임을 반드시 알아야 합니다.

이때 존자 대가섭이 문수사리를 찬탄하면서 말했다.

훌륭하고 훌륭합니다. 너무나 잘 설명하셨습니다. 진실로 말 그대로라서 딴 말이 필요 없습니다. 생사를 일으키는 온갖 번뇌의 종성이 바로 여래의 종성입니다. 왜냐하면 지금 우리들 마음의 상속(相續) 속에는 생사윤회의 씨앗이 완전히 썩어서 아뇩다라삼먁삼보리의 마음을 절대로 일으킬 수 없기 때문입니다. 차라리 오무간업(五無間業)을 이룰지언정 우리처럼 완전히 해탈한 아라한이 되어서는 안됩니다. 왜냐하면 오무간업을 이룬 자는 여전히 이 무간업을 없애고 아뇩다라삼먁삼보리의 마음을 일으킬 힘을 갖고 있어서 차근차근 일체의 불법을 성취할 수 있기 때문입니다. 그러나 우리처럼 번뇌를 완전히 없앤(漏盡) 아라한들은 영원히 그럴 수가 없으니, 마치 감각기관(根)이 망가진 사람이 다섯 가지 미묘한 쾌락에 대해 어찌할 수 없는 것과 같습니다.

이처럼 번뇌를 완전히 없앤 아라한들과 모든 속박을 영원히 끊은 자들은 불법에 대해 어찌할 수 없어서 다시는 모든 부처님의 오묘한 법을 구할 생각을 하지 않습니다. 이것이 범부는 부처님의 은혜를 갚을 수 있지만 성문이나 독각은 결코 갚을 수 없는 이유입니다. 까닭인즉, 범부는 불(佛), 법(法), 승(僧)의 공덕을 듣고서 삼보의 종성이 영원히 끊어지지 않도록 아뇩다라삼먁삼보리의 마음을 일으켜 일체의 불법을 차근차근 성취할 수 있지만, 성문이나 독각은 여래의 십력,[15] 사무외[16] 등에서부터 부처님만이 갖고 있는 특성(不共法)과 일체 공덕에 대한 설법을 종신토록 듣는다 해도 끝내 아뇩다라삼먁삼보리의 마음을 일으킬 수 없기 때문입니다.

이때 무리 중에는 보현일체색신(普現一切色身)이라는 보살이 있었는데, 그 보살이 무구칭에게 물었다.

거사여, 당신의 부모와 아내, 자식, 그리고 노비와 머슴들은 어디에 있습니까? 친구와 권속과 모든 시중들은 어디에 있습니까? 그리고 코끼리와 말, 수레, 마부 등은 모두 어디에 있습니까?

그러자 무구칭은 게송으로 답했다.

청정한 보살에겐 지혜바라밀이 어머니요
훌륭한 방편이 아버지이니
세간의 참된 도사(導師)들이
모두 이 지혜와 방편에서 나오네.

미묘한 법의 기쁨은 아내가 되고,
대자비심은 딸이 되며,
진실한 법과 진리는 아들이고,
공(空)의 뛰어난 뜻을 생각함은 집이라네.

---

15 부처님이 갖고 있는 10가지 지혜의 힘.

16 사무소외(四無所畏)의 준말. 무소외는 부처님이나 보살이 가르침을 펼 때 어떤 두려움도 느끼지 않는 것을 말함. 일체의 현상에 대해 알고 있다고 분명히 말하는 데 두려움을 느끼지 않는 것(正等覺無畏), 번뇌를 모두 끊었다고 분명히 말하는 데 두려움을 느끼지 않는 것(漏永盡無畏), 끊어야 할 번뇌를 남에게 가르치는 데 두려움을 느끼지 않는 것(說障法無畏), 번뇌를 소멸시키는 길에 대해서 설하는 데 두려움을 느끼지 않는 것(說出道無畏).

번뇌는 천박한 노예라서
뜻에 따라 부리어지며 굴러가고,
깨달음을 돕는 것들(菩提分法)은 친구라서
그로부터 보리를 증득하네.

여섯 바라밀은 권속이고
사섭법(四攝法)[17]은 기녀이니
결집된 바른 법의 말씀들
미묘한 음악으로 여기노라.

다라니는 동산을 짓고
큰 법(大法)은 숲을 이루니
칠각지(七覺支)[18]의 꽃으로 장엄하고
해탈의 지혜로 열매를 맺네.

팔해탈(八解脫)[19]의 미묘한 연못에는

17 중생을 깨달음의 길로 끌어들이는 네 가지 방법. 보시(布施, 재물과 법을 베풀고 두려움을 없애 주는 것), 애어(愛語, 부드러운 말을 하는 것), 이행(移行, 중생에게 이로움을 주는 행위를 하는 것), 동사(同事, 중생과 고통, 기쁨을 함께 하는 것).

18 깨달음의 지혜를 도와주는 일곱 가지 수행. 가르침 속에서 진실된 것은 취하고 거짓된 것은 버리는 택법각지(擇法覺支), 마음을 하나로 통일시켜 수행에 진력하는 정진각지(精進覺支), 참된 가르침을 실천함으로써 기뻐하는 희각지(喜覺支), 몸과 마음을 쾌적하게 하는 경안각지(輕安覺支), 대상에 집착하는 마음을 버리는 사각지(捨覺支), 마음을 한결같이 하여 흐트러지지 않게 하는 정각지(定覺支), 사념을 평정시키는 염각지(念覺支).

19 멸진정에 이르는 여덟 가지 해탈. 번뇌의 속박을 벗어나 해탈하는 여덟 가지 선정. 이 선정을 닦으면 미혹을 벗어나 아라한의 깨달음을 얻기 때문에 해탈이라 말한 것임. 1.어떤 대상을 일심으로 생각함(念想)으로써 욕정을 없애고, 2.나아가 생각 중의 마음을 하나로 집중시켜 통일하고, 3.그 위에 마음을 외부 대상으로부터 분리시켜 냉정히 유지하면서, 4.몸과 마음을 청정한 경계에 이르게 하고, 이 단계에서 5.무한한 공간을 일심으로 생각하여 외부 세계의 차별상을 소멸시키고, 6.그 마음의 작용이나 신체도 무한한 경계에 이르게 하고, 7.그러한 공간이나 마음의 경계를 초

선정의 물이 고요히 차있으니
칠정(七淨)의 연꽃들[20]로 가득 덮어서
온갖 더러움을 씻어내네.

신통은 코끼리와 말이요
대승은 수레이니
보리심으로 잘 다스려
팔정도(八正道)에 노니노라.

미묘한 모습(相)으로 장엄 갖추고
온갖 좋은 것(好)으로 치장을 하네
스스로에게나 남에게나 부끄러워하는 것은 의복이요
드높은 의락(意樂)은 화환이라네.

올바른 법의 진귀한 재보(財寶)를 갖추어
방편을 통해 분명히 보여주며
청정한 수행으로 이익을 얻어
대보리로 회향을 하네.
네 가지 선정[21]은 침상이요
청정한 생활은 이부자리라네.
보살은 늘 지혜로 깨어있으니
그 마음 항상 선정에 있네.

월한 근원에 도달하고 그 근원이 되는 터전이 늘 현실로서 나타나는 경계에 도달함. 때로는 여기에 멸진정을 덧붙이는 경우도 있음.

20 일곱 가지 청정한 행실을 꽃에 비유한 것. 1.계정화(戒淨華); 정어, 정업, 정명, 2.심정화(心淨華); 정정진, 정념, 정정, 3.견정화(見淨華); 정견, 정사유, 4.단의정화(斷疑淨華); 도를 보아 견혹(見惑)을 끊는 것, 5.분별정화(分別淨華); 수도를 통해 사념의 미혹을 끊는 것, 6.행정화(行淨華); 이미 사념의 미혹까지 끊어서 지혜와 행실이 청정한 것, 7.열반정화(涅槃淨華); 일체의 번뇌를 끊어 열반의 과보를 증득한 것.

21 색계에 이르기 위한 네 가지 단계의 선정. 초선(初禪), 이선(二禪), 삼선(三禪), 사선(四禪).

이미 불사(不死)의 법을 먹었으면서도
다시 해탈의 맛을 마시노라
미묘하고 청정한 마음으로 목욕을 하고,
뛰어난 계율은 향과 고약이네.

번뇌의 도적 소멸시키니
그 용감함 그 누가 당할손가.
네 가지 마라를 굴복시키고
오묘한 보리의 깃발을 세우노라.

비록 생겨나고(生) 소멸함(滅)이 없을지라도
일부러 생을 취할 걸 생각하셔서
모두가 온갖 불토에 나타나노니
마치 햇빛이 두루 비치는 것 같구나.

최상의 오묘한 공양을 다 바쳐
모든 여래께 봉헌하여도
붓다와 자신들 간에는
어떤 분별도 두지 않네.

불국토와 온갖 중생
텅 비었음(空)을 잘 알아도
언제나 정토의 공덕을 닦아서
중생에게 이익 주기를 쉬지를 않네.

일체 중생의
형상과 소리와 위의(威儀)를
두려움 없는(無畏力) 보살은
찰나 간에 남김없이 나타낼 수 있네.

비록 온갖 마라의 업을 깨달았어도

그 업이 굴러가는 대로 보여주시니
보살이 그러한 업을 나타내는 건
궁극의 방편으로 피안에 이르기 때문.

혹 자기 자신들은 늙고 병들고
죽음이 있다는 걸 보이셔도
이는 중생을 성숙시키기 위한 것이니
마치 꼭두각시 놀이와 같네.

어떤 때는 겁화(劫火)[22]의 발생을 보이셔서
천지가 치열히 타오르더라도
이는 항상(常)에 집착하는 중생들에게
덧없음(無常)을 밝게 알도록 비추는 것이네.

천구지(千俱胝)의 중생들이
한 나라에서 와 청을 할 때면
그들 모두의 집에서 동시에 공양 받아서
누구나 보리로 나아가게 하네.
온갖 주술과 기술에 관한 것이든
그리고 학문과 기예에 관한 것이든
그 궁극에까지 통달하여서
모든 중생에게 이익을 주네.

세간의 온갖 외도의 법들
그 속에서도 출가한 사문이 되어
방편에 따라 중생을 이롭게 하여
온갖 나쁜 소견에 떨어지지 않게 하네.

---

22 세계가 괴멸하는 괴겁(壞劫) 때 일어나는 큰 화재. 이때 일곱 개의 해가 하늘에 나타나 색계 초선천까지는 모두 이 화재로 불탄다고 함.

혹은 해나 달, 하늘이 되고
범왕(梵王)이나 세계의 주재자도 되고
땅, 물, 불, 바람이 되기도 하면서
중생을 풍요롭게 하네.

질병이 만연하는 겁일 때는
보살은 최고의 양약이 될 수 있으니
모든 질병 없애주어서
중생들을 대보리로 나아가게 하네.

굶주림이 만연된 겁일 때는
보살은 온갖 먹을 것과 마실 것이 될 수 있으니
먼저 중생의 굶주림과 갈증을 없앤 뒤
법을 설해 그들을 안락케 하네.

병란이 일어난 겁일 때는
자비의 선정을 닦아서
한량없는 중생들을 사랑으로 이끌어
그들이 원한을 갖지 않게 하네.

대전쟁의 진중에 있을 때는
어느 편에도 치우치지 않고
양쪽을 오가면서 평화와 우호를 맺게 하여
보리심을 일으키도록 권유하시네.

불국토가 한량이 없고
지옥도 가없지만
구석구석까지 다 찾아가셔서
고통을 없애주고 안락케 하시네.

서로가 해치고 잡아먹는

온갖 축생들 세계에도 나타나셔서
온갖 이익과 안락을 베푸시니
그래서 세상을 인도하는 도사(導師)라 하네.

온갖 욕망의 쾌락 누리면서도
늘 선정을 닦으시어서
미혹과 혼란을 일으키는 모든 악마가
끼어들 틈을 찾지 못하게 하네.

불 속에서 연꽃이 피어나는 것
매우 드문 일이라 설하듯이
선정을 닦으면서 욕망을 행하는 것도
진정 너무나 드문 일이라 하시네.

의도적으로 음녀가 되서
온갖 호색하는 사람 이끄는 것은
우선 욕망의 갈고리로 잡아들이고 나서
나중에 붓다의 지혜 닦게 하기 위함이네.

어떤 경우엔 성과 마을의 재상이 되고
어떤 경우엔 상인이나 국사(國師)가 되고
또 어떤 때는 신하나 벼슬아치가 되는 것은
모든 중생에게 이익과 안락을 주기 위함이네.

가난하고 궁핍한 자들에겐
보살은 결코 고갈되지 않는 곳간이 되니
온갖 것 베풀어 가난의 고통 없애주어
그들을 대보리로 나아가도록 하네.

온갖 교만한 사람들에게
보살은 대역사(大力士)가 되니

그들의 교만함 모두 꺾어서
보리에 머물도록 발원케 하네.

온갖 두려움에 떠는 자들은
방편으로 잘 위로를 하니
그들의 놀람과 두려움 모두 없애서
보리심을 발하게 하네.

오통선(五通仙)[23]이 되어서는
청정하게 범행(梵行)을 닦아서
모든 자를 편안히 안주케 하네
계율과 인욕과 자비와 착함 속에서.

혹 중생들 속에서도 거리낌 없이
섬길만한 스승을 발견하면
이내 시종과 하인이 되서
제자로서 그를 섬기네.

중생이 정법을 편안히 즐기도록
가능한 한 모든 수단 사용하시니
그러한 온갖 방편 속에서는
누구나 잘 배우고 닦을 수 있네.
이처럼 보살의 수행 끝이 없고
그 미치는 영역 또한 무한하나니
가없는 지혜를 완성하셔서
셀 수 없는 중생을 해탈시키네.

가령 일체의 모든 부처님이

23 육신통 중에서 누진통을 제외한 나머지 오신통으로 외도도 이 오신통은 갖출 수 있다고 함. 석가 세존은 제자들에게 신통을 나타내는 걸 금지시켰다고 함.

백천 겁의 세월동안 머무르면서
보살의 그 공덕 찬탄하여도
여전히 끝낼 수는 없으리라.

어느 누가 이러한 법을 듣고
대보리를 희구하지 않으랴
근기(根機)가 낮은 중생들과
지혜가 전혀 없는 자를 빼놓고는.

8 說無垢稱經菩提分品第八

時妙吉祥問無垢稱。云何菩薩於諸佛法到究竟趣。無垢稱言。若諸菩薩行於非趣。乃於佛法到究竟趣。妙吉祥言。云何菩薩行於非趣。無垢稱言。若諸菩薩雖復行於五無間趣。而無恚惱忿害毒心。雖復行於那落迦趣。而離一切煩惱塵垢。雖復行於諸傍生趣。而離一切黑暗無明。雖復行於阿素洛趣。而離一切傲慢憍逸。雖復行於琰魔王趣。而集廣大福慧資糧。雖復行於無色定趣。而能於彼不樂趣向。雖復示行貪欲行趣。而於一切所受欲中離諸染著。雖復示行瞋恚行趣。而於一切有情境界。離諸瞋恚無損害心。雖復示行愚癡行趣。而於諸法遠離一切黑暗無明。以智慧明。而自調伏。雖復示行慳貪行趣。而能棄捨諸內外事不顧身命。雖復示行犯戒行趣。而能安立一切尸羅。杜多功德少欲知足。於小罪中見大怖畏。雖復示行瞋忿行趣。而能究竟安住慈悲。心無恚惱。雖復示行懈怠行趣。而能勤習一切善根精進無替。雖復示行根亂行趣。而常恬默安止靜慮。雖復示行惡慧行趣。而善通達一切世間出世間信至究竟慧波羅蜜多。雖復示行諂詐行趣。而能成辦方便善巧。雖復示行密語方便憍慢行趣。而為成立濟度橋梁。雖復示行一切世間煩惱行趣而性清淨究竟無染。雖復示行眾魔行趣。而於一切佛法覺慧而自證知不隨他緣。雖復示行聲聞行趣。而為有情說未聞法。雖復示行獨覺行趣。而為成辦大慈大悲成熟有情。雖復現處諸貧窮趣。而得寶手珍財無盡。雖復現處諸缺根趣。而具相好妙色嚴身。雖復現處卑賤生趣。而生佛家種姓尊貴。積集殊勝福慧資糧。雖復現處羸劣醜陋眾所憎趣。而得勝妙那羅延身。一切有情常所樂見。雖復現處諸老病趣。而能畢竟除老病根超諸死畏。雖復現處求財位趣。而多修習觀無常想息諸悕求。雖復現處宮室妓女諸戲樂趣。而常超出諸欲淤泥。修習畢竟遠離之行。雖復現處諸頑嚚趣。而具種種才辯莊嚴。得陀羅尼念慧無失。雖復現處諸邪道趣。而以正道度諸世間。雖復現處一切生趣。而實永斷一切趣生。雖復現處般涅槃趣。而常不捨生死相續。雖復示現得妙菩提轉大法輪入涅槃趣而復勤修諸菩薩行相續無斷。唯妙吉祥。菩薩如是行於非趣。乃得名為於諸佛法到究竟趣。

時無垢稱問妙吉祥。何等名為如來種性。願為略說。妙吉祥言。所謂一切偽身種性。是如來種性。一切無明有愛種性。是如來種性。貪欲瞋恚愚癡種性。是如來種性。四種虛妄顛倒種性。是如來種性。如是所有五蓋種性。六處種性。七識住種性。八邪種性。九惱事種性。十種不善業道種性。是如來種性。以要言之六十二見一切煩惱惡不善法所有種性。是如來種性。無垢稱言。依何密意作如是說。妙吉祥言。非見無為已入正性離生位者能發無上正等覺心。要住有為煩惱諸行。未見諦者。能發無上正等覺心。譬如高原陸地。不生殟鉢羅花鉢特摩花拘母陀花奔荼利花。要於卑濕穢淤泥中。乃得生此四種花。如是聲聞獨覺種性。已見無為。已入正性離生位者。終不能發一切智心。要於煩惱諸行卑濕穢淤泥中。方能發起一切智心。於中生長諸佛法故。又善男子。譬如植種置於空中終不生長。要植卑濕糞壤之地乃得生長。如是聲聞獨覺種性。已見無為已入正性離生位者。不能生長一切佛法。雖起身見如妙高山。而能發起大菩提願。於中生長諸佛法故。又善男子。譬如有人不入大海終不能得吠琉璃等無價珍寶。不入生死煩惱大海。終不能發無價珍寶一切智心。是故當知。一切生死煩惱種性。是如來種性。

爾時尊者大迦葉波。歎妙吉祥。善哉善哉極為善說實語如語誠無異言。一切生死煩惱種性。是如來種性。所以者何。我等今者心相續中。生死種子悉已燋敗。終不能發正等覺心。寧可成就五無間業。不作我等諸阿羅漢究竟解脫。所以者何。成就五種無間業者。猶能有力盡無間業。發於無上正等覺心。漸能成辦一切佛法。我等漏盡諸阿羅漢永無此能。如缺根士於妙五欲無所能為。如是漏盡諸阿羅漢諸結永斷。即於佛法無所能為。不復志求諸佛妙法。是故異生能報佛恩。聲聞獨覺終不能報。所以者何。異生聞佛法僧功德為三寶種終無斷絕。能發無上正等覺心。漸能成辦一切佛法。聲聞獨覺假使終身。聞說如來力無畏等乃至所有不共佛法一切功德。終不能發正等覺心。

爾時衆中有一菩薩。名曰普現一切色身。問無垢稱言。居士。父母妻子奴婢僕使。親友眷屬一切侍衛。象馬車乘御人等類悉為是誰皆何所在。時無垢稱以妙伽他。而答之曰。

慧度菩薩母	善方便為父
世間真導師	無不由此生
妙法樂為妻	大慈悲為女
真實諦法男	思空勝義舍
煩惱為賤隸	僕使隨意轉
覺分成親友	由此證菩提
六度為眷屬	四攝為妓女
結集正法言	以為妙音樂
總持作園苑	大法成林樹
覺品華莊嚴	解脫智慧果
八解之妙池	定水湛然滿
七淨華彌布	洗除諸垢穢
神通為象馬	大乘以為車
調御菩提心	遊八道支路
妙相具莊嚴	衆好而綺間
慚愧為衣服	勝意樂為鬘
具正法珍財	曉示為方便
無倒行勝利	迴向大菩提
四靜慮為床	淨命為茵蓐
念智常覺悟	無不在定心
既湌不死法	還飮解脫味
沐浴妙淨心	塗香上品戒
殄滅煩惱賊	勇健無能勝
摧伏四魔怨	建妙菩提幢
雖實無起滅	而故思受生
悉現諸佛土	如日光普照
盡持上妙供	奉獻諸如來
於佛及自身	一切無分別
雖知諸佛國	及與有情空

而常修淨土 利物無休倦
一切有情類 色聲及威儀
無畏力菩薩 刹那能盡現
雖覺諸魔業 而示隨所轉
至究竟方便 有表事皆成
或示現自身 有諸老病死
成熟諸有情 如遊戲幻法
或現劫火起 天地皆熾然
有情執常相 照令知速滅
千俱胝有情 率土咸來請
同時受彼供 皆令趣菩提
於諸禁呪術 書論衆伎藝
皆知至究竟 利樂諸有情
世間諸道法 遍於中出家
隨方便利生 而不墮諸見
或作日月天 梵王世界主
地水及火風 饒益有情類
能於疾疫劫 現作諸良藥
蠲除諸疾苦 令趣大菩提
能於飢饉劫 現作諸飯食
先除彼飢渴 說法令安泰
能於刀兵劫 修慈悲靜慮
令無量有情 欣然無恚害
能於大戰陣 示現力朋黨
往復令和好 勸發菩提心
諸佛土無量 地獄亦無邊
悉往其方所 拔苦令安樂
諸有傍生趣 殘害相食噉
皆現生於彼 利樂名本生
示受於諸欲 而常修靜慮
惑亂諸惡魔 令不得其便
如火中生華 說為甚希有
修定而行欲 希有復過此

或現作婬女	引諸好色者
先以欲相招	後令修佛智
或為城邑宰	商主及國師
臣僚輔相尊	利樂諸含識
為諸匱乏者	現作無盡藏
給施除貧苦	令趣大菩提
於諸憍慢者	現作大力士
摧伏彼貢高	令住菩提願
於諸恐怖者	方便善安慰
除彼驚悸已	令發菩提心
現作五通仙	清淨修梵行
皆令善安住	戒忍慈善中
或見諸有情	現前須給侍
乃為作僮僕	弟子而事之
隨彼彼方便	令愛樂正法
於諸方便中	皆能善修學
如是無邊行	及無邊所行
無邊智圓滿	度脫無邊眾
假令一切佛	住百千劫中
讚述其功德	猶尚不能盡
誰聞如是法	不願大菩提
除下劣有情	都無有慧者

제9장

불이법문품
不二法門品

9 불이법문품不二法門品

그때 무구칭이 그곳에 모인 보살들에게 물었다.

> 어떻게 하는 것이 보살이 불이(不二)의 법문(法門)[1]에 깨달아 들어가는 것입니까? 모두들 자신의 언변으로 내키는 대로 말씀해 주시죠.

그러자 대중 속에 있던 보살들은 제각기 내키는 대로 차례로 말했다. 먼저 법자재(法自在) 보살이 이렇게 말했다.

> 생성(生)과 소멸(滅)을 둘이라 합니다. 그러나 모든 법이 원천적으로 생성이 없다는 사실을 철저히 알게 되면 마찬가지로 소멸도 없는 것입니다. 이러한 무생법인(無生法忍)을 증득하는 것, 이것이 바로 불이의 법문에 깨달아 들어가는 것입니다.

또 승밀(勝密) 보살이 말했다.

> '나'(我)와 '내 것'(我所)을 분별해서 둘이라고 합니다. 그러나 '나'라는 생각을 짓기 때문에 문득 '내 것'이라는 생각을 하는 것입니다. 만약 '나 없음'(無我)을 이해하면 마찬가지로 '내 것'도 없는 것입니다. 이것이 바로 불이의 법문에 깨달아 들어가는 것입니다.

또 무순(無瞬) 보살이 말했다.

---

1 둘의 대립이 없는 것. 상대적인 차별을 뛰어넘어 절대 평등의 경지로 들어가는 것.

취함이 있고 취함이 없는 것을 분별해서 둘이라고 합니다. 만약 보살이 취함이 없다는 걸 철저히 안다면 얻는 것도 없습니다. 얻는 것이 없기 때문에 늘거나 주는 일도 없습니다. 일체의 법에서 짓는 것도 없고 없앨 것도 없어 집착함이 없습니다. 이것이 바로 불이법문에 깨달아 들어가는 것입니다.

또 승봉(勝峰) 보살이 말했다.

더러움으로 오염된 것과 순수하게 깨끗한 것을 분별해서 둘이라고 합니다. 만약 보살이 오염된 것과 청정한 것이 둘 아님을 철저히 안다면 그에 대한 분별이 없습니다. 분별을 영원히 끊어 적멸의 길을 따르는 것, 그것이 바로 불이의 법문에 깨달아 들어가는 것입니다.

또 묘성(妙星) 보살이 말했다.

산만함과 고요한 사유를 분별해서 둘이라고 합니다. 만약 보살이 산만할 것도 없고 사유할 것도 없다는 사실을 철저히 안다면 작위적인 생각이 없습니다. 이 산만함도 없고 사유할 것도 없고 작위적인 생각도 없는데 안주하는 것, 이것이 바로 불이의 법문에 깨달아 들어가는 것입니다.

또 묘안(妙眼) 보살이 말했다.

일상(一相)[2]과 무상(無相)[3]을 분별해서 둘이라 합니다. 그러나 만약 보살이 온갖 법이 일상도 아니고 그 밖의 다른 상(相)도 아니란 걸

2 차별과 대립이 없는 절대 평등의 한 가지 모습. 진여의 모습.

3 고정적이고 실체적인 모습이 없음. 생멸변화의 모습이 없는 무위법.

철저히 안다면 무상도 아닌 것입니다. 이처럼 일상, 이상, 무상이 완전히 평등하다는 걸 아는 그것이 바로 불이의 법문을 깨달아 들어가는 것입니다.

또 묘비(妙臂) 보살이 말했다.

보살의 마음과 성문의 마음을 둘이라 합니다. 그러나 만약 보살이 두 마음의 본성이 텅 비어 환상과 같다는 걸 철저히 안다면 보살의 마음도 없고 성문의 마음도 없는 것입니다. 이처럼 두 마음의 모습이 평등하여 모두 환영(幻化)과 같다는 것이 바로 불이의 법문에 깨달아 들어가는 것입니다.

또 육양(育養) 보살이 말했다.

선(善)과 불선(不善)을 분별해서 둘이라 합니다. 그러나 만약 보살이 선의 본성과 불선의 본성을 철저히 안다면 선악을 단언할 아무 것도 없습니다. 상(相)과 무상(無相)의 두 언구가 평등하니, 따라서 취하는 것도 없고 버리는 것도 없습니다. 이것을 불이법문에 깨달아 들어가는 것이라 합니다.

또 사자혜(師子慧) 보살이 말했다.

유죄(有罪)와 무죄(無罪)를 분별해서 둘로 나눕니다. 그러나 만약 보살이 유죄와 무죄가 모두 평등하다는 걸 철저히 안다면 금강(金剛)의 지혜로써 온갖 법이 속박도 없고 속박에서 풀려나는 해탈도 없다는 걸 통달합니다. 이것이 불이의 법문에 깨달아 들어가는 것입니다.

또 사자의(師子意) 보살이 말했다.

번뇌 있는 유루(有漏)와 번뇌 없는 무루(無漏)를 분별해서 둘로 나눕니다. 그러나 만약 보살이 일체 법의 본성이 모두 평등하다는 걸 철저히 안다면 유루라거나 무루라는 두 가지 관념(想)을 일으키지 않습니다. 따라서 있다고 하는 관념(有想)에도 집착하지 않고 없다고 하는 관념(無想)에도 집착하지 않습니다. 이것이 불이의 법문에 깨달아 들어가는 것입니다.

또 정승해(淨勝解) 보살이 말했다.

유위(有爲)와 무위(無爲)를 분별해서 둘로 나눕니다. 그러나 만약 보살이 이 두 법의 본성이 모두 평등하다는 걸 철저히 안다면 온갖 행위에서 벗어나 깨달음의 지혜(覺慧)가 허공 같을 것입니다. 지혜(智)의 청정함과 집착할 것도 버릴 것도 없는 이것이 불이의 법문에 깨달아 들어가는 것입니다.

또 나라연(那羅延) 보살이 말했다.

세간(世間)과 출세간(出世間)을 분별해서 둘로 나눕니다. 그러나 만약 보살이 세간의 본성이 공적(空寂)해서 들어갈 것도 없고 나올 것도 없고 흐르지도 않고 흩어지지도 않는다는 걸 철저히 안다면 전혀 세간에 집착하지 않을 것입니다. 이것이 불이의 법문에 깨달아 들어가는 것입니다.

또 조순혜(調順慧) 보살이 말했다.

생사와 열반을 분별해서 둘로 나눕니다. 그러나 만약 보살이 생사의 본성이 본질적으로 텅 비어있다는 걸 철저히 안다면 생사에 유전(流轉)하는 일도 없고 적멸(寂滅)에 드는 일도 없을 것입니다. 이것이 바로 불이의 법문에 깨달아 들어가는 것입니다.

또 현견(現見) 보살이 말했다.

다함이 있는(有盡) 것과 다함이 없는(無盡) 것을 분별해서 둘로 나눕니다. 그러나 만약 보살이 다함이 있는 것도 없고 다함이 없는 것도 없다는 걸 철저히 안다면 그것이 바로 궁극적인 다함(究竟盡)이니, 이것을 다함이라고 말하는 것입니다. 그리고 궁극적인 다함이라면 다시 다한다고 할 것이 없으니, 이를 다함이 없다고 말한 것입니다. 또 다함이 있는 것은 단지 한 찰나(一刹那) 동안만 지속됩니다. 한 찰나 속에 다함이 있지 않다면 이는 다함이 없는 것입니다. 다함 있는 것이 없기 때문에 다함없는 것도 없습니다. 다함이 있는 것과 다함이 없는 것의 본성이 텅 비었음을 철저히 아는 그것이 바로 불이의 법문에 깨달아 들어가는 것입니다.

또 보밀(普密) 보살이 말했다.

유아(有我)과 무아(無我)를 분별해서 둘로 나눕니다. 그러나 만약 보살이 유아도 오히려 얻을 수 없다는 걸 철저히 안다면 하물며 무아이겠습니까? 유아이든 무아이든 그 본성이 둘이 아니란 걸 보는 그것이 바로 불이의 법문에 깨달아 들어가는 것입니다.

또 뇌천(雷天) 보살이 말했다.

명(明)과 무명(無明)을 분별해서 둘로 나눕니다. 그러나 만약 보살이 무명의 본성이 바로 명(明)이라는 걸 철저히 안다면 명과 무명 모두를 얻을 수 없습니다. 사량분별[4]도 할 수 없고 사량 분별의 길도 벗어났으니, 이 둘의 평등한 비이원성을 관하여 나타내는 것이 불이

4 생각으로 헤아림. 마음이 대상에 대한 작용을 일으켜서 상(相)을 내는 것.

의 법문에 깨달아 들어가는 것입니다.

또 희견(熹見) 보살이 말했다.

색(色), 수(受), 상(想), 행(行), 식(識)과 비어있음(空)을 분별해서 둘로 나눕니다. 그러나 만약 이 집착하는 오온의 성품이 본래부터 텅 비었다는 걸 안다면 이는 바로 색 그대로 빈 것이지 색을 없애서 빈 것이 아닙니다. 수, 상, 행, 식도 마찬가지이니, 이것이 바로 불이의 법문에 깨달아 들어가는 것입니다.

또 광당(光幢) 보살이 말했다.

땅(地), 물(水), 불(火), 바람(風)의 사대와 허공(空)을 분별해서 둘로 나눕니다. 그러나 만약 보살이 사대가 바로 허공성이고, 또 과거 현재 미래의 사대도 허공성인 줄 철저히 안다면, 그들은 아무런 뒤바뀜 없이 사대의 법계(法界)에 깨달아 들어갑니다. 이것이 바로 불이의 법문에 깨달아 들어가는 것입니다.

또 묘혜(妙慧) 보살이 말했다.

눈과 빛깔, 귀와 소리, 코와 냄새, 혀와 맛, 몸과 감촉, 뜻과 법(法)을 분별해서 둘로 나눕니다. 그러나 만약 보살이 이 모든 것들의 성품이 비었음을 철저히 안다면, 즉 눈의 자성(自性)을 보아 빛깔에 대해 탐내거나 성내거나 어리석지 않다면, 나아가 뜻의 자성을 보아 법에 대해 탐내거나 성내거나 어리석지 않다면, 그때 보살은 이 모든 것들을 비어있는(空) 것으로 견지합니다. 이런 식으로 보았을 때, 보살은 적정(寂靜)에 안주하게 되니, 이것이 바로 불이의 법문에 깨달아 들어가는 것입니다.

또 무진혜(無盡慧) 보살이 말했다.

보시와 보시를 일체지(一切智)의 성품으로 회향(廻向)[5]하는 것을 분별해서 둘이라 합니다. 마찬가지로 지계(持戒), 인욕(忍辱), 정진(精進), 선정(禪定), 반야(般若)와 그것들을 일체지의 성품으로 회향하는 것을 구별해서 둘이라 합니다. 그러나 보시가 곧 일체지로 회향하는 것이고, 또 일체지로 회향하는 것이 바로 보시인 줄 안다면, 나아가 반야의 자성이 곧 일체지의 성품으로 회향하는 것이고, 또 일체지의 성품으로 회향하는 것이 바로 반야인 줄 안다면, 바로 이 하나의 원리(一理)를 이해하는 것이 불이의 법문에 깨달아 들어가는 것입니다.

또 심심각(甚深覺) 보살이 말했다.

공(空)과 무상(無相)과 무원(無願)[6]을 분별해서 나눕니다. 그러나 만약 보살이 공(空) 속에는 어떤 모습(相)도 있지 않고, 마찬가지로 이 무상(無相) 중에는 어떤 염원(願)도 있지 않고, 그 무원(無願) 속에는 마음도 없고 뜻도 없고 작용할 의식도 없다는 걸 철저히 안다면. 이는 바로 하나의 해탈문(一解脫門) 속에 일체의 삼해탈문(三解脫門)이 함께 포함된 것입니다. 이렇게 통달하는 것이 바로 불이의 법문에 깨달아 들어가는 것입니다.

또 적정근(寂靜根) 보살이 말했다.

5 자신이 닦은 선근의 공덕을 중생이나 지고의 깨달음으로 돌리는 행위.

6 공(空), 무상(無相), 무원(無願)을 삼해탈문이라 하며, 깨달음에 이르는 세 가지 길을 말함. 1.공해탈문 : 일체 만법이 비어 있음을 관(觀)하는 것, 2.무상해탈문 : 일체 만법이 비어 있기 때문에 어떤 차별상도 없음을 관하는 것, 3.무언해탈문 : 어떤 차별상도 없는 무상이기 때문에 염원해서 구할 것이 없음을 관하는 것.

불(佛), 법(法), 승(僧)의 삼보를 분별해서 나눕니다. 그러나 만약 보살이 불성(佛性)이 곧 법성(法性)이고, 법성이 곧 승성(僧性)임을 철저히 안다면 이 삼보는 모두 무위의 모습(無爲相)으로 허공과 같습니다. 온갖 법의 원리도 마찬가지로 허공과 같습니다. 이를 통달하는 것이 바로 불이의 법문에 깨달아 들어가는 것입니다.

또 무애안(無礙眼) 보살이 말했다.

이 살가야(薩伽耶)[7]와 살가야의 소멸을 분별해서 둘로 나눕니다. 그러나 보살은 살가야가 곧 살가야의 소멸인 줄 알기 때문에 궁극적으로는 살가야의 소견을 일으키지 않습니다. 따라서 보살은 살가야와 살가야의 소멸에 대해 분별을 하지 않으며 어떤 관념도 갖지 않습니다. 보살은 양자의 궁극적인 적멸성(寂滅性)을 증득해 어떤 의심도 놀라움도 두려움도 없습니다. 이것이 바로 불이의 법문에 깨달아 들어가는 것입니다.

또 선조순(善調順) 보살이 말했다.

이 몸(身)과 말(語)과 뜻(意) 세 가지에 관한 규율(律儀)을 분별해서 나눕니다. 그러나 보살이 이 세 가지 규율이 다 작위가 없는 모습(無作相)임을 철저히 안다면 그 모습은 나눌 수가 없는 것입니다. 왜냐하면 이 세 업의 길이 모두 작위 없는 모습이기 때문입니다. 몸의 작위 없는 모습은 곧 말의 작위 없는 모습이요, 말의 작위 없는 모습은 곧 뜻의 작위 없는 모습입니다. 뜻의 작위 없는 모습은 곧 일체 만법의 작위 없는 모습입니다. 만약 이 작위 없는 모습을 따라 들어갈 수 있다면 이것이 바로 불이의 법문에 깨달아 들어가는 것입니다.

---

7 살가야는 satkāya를 소리나는 대로 읽은 것으로 유신(有身)이라고 번역됨. 살가야견은, 오온이 결합해서 이루어진 내 몸을 참된 자아라고 생각하는 견해를 말함.

또 복전(福田) 보살이 말했다.

죄를 짓는 죄행(罪行)과 복을 짓는 복행(福行)과 둘 다 아닌 부동행(不動行)을 분별해서 나눕니다. 그러나 보살이 죄행과 복행과 부동행이 모두 작위 없는 모습인 걸 철저히 안다면 그 모습은 나눌 수 없는 것입니다. 왜냐하면 죄행, 복행, 부동행 이 셋의 성품(性)과 모습(相)은 모두 비어있기 때문입니다. 비어있기에 죄행, 복행, 부동행의 차별이 있을 수 없는 것입니다. 이렇게 통달하는 것이 바로 불이의 법문에 깨달아 들어가는 것입니다.

또 화엄(華嚴) 보살이 말했다.

일체의 이원성[二法]은 모두 나로부터 일어납니다. 만약 보살이 나의 참된 본성(實性)을 안다면 이원성을 일으키지 않습니다. 이원성을 일으키지 않기 때문에 더 이상 요달하고 구별함이 없습니다. 요달하고 구별하지 않기 때문에 더 이상 요달하고 구별할 것도 없습니다. 이것이 바로 불이의 법문에 깨달아 들어가는 것입니다.

또 승장(勝藏) 보살이 말했다.

일체의 이원성은 얻을 바가 있는데서 일어납니다. 만약 보살이 모든 법이 얻을 바가 없다는 걸 철저히 안다면 취하거나 버릴 것이 없습니다. 이미 취하거나 버릴 것이 없다면 그것이 바로 불이의 법문에 깨달아 들어가는 것입니다.

또 월상(月上) 보살이 말했다.

밝음(明)과 어둠(暗)을 분별해서 둘로 나눕니다. 만약 보살이 실상

(實相)에는 밝음도 없고 어둠도 없다는 걸 철저히 안다면 양자의 본성은 나눌 수 없는 것입니다. 마치 비구가 멸진정(滅盡定)에 들어가면 어둠도 없고 밝음도 없는 것과 같습니다. 일체 모든 법의 모습도 그러합니다. 이렇게 모든 법의 평등함에 오묘하게 계합하는(妙契) 그것이 바로 불이의 법문에 깨달아 들어가는 것입니다.

또 보인수(寶印手) 보살이 말했다.

열반을 좋아하고 생사를 싫어함으로서 둘로 나눕니다. 만약 보살이 열반과 생사를 철저히 알아 좋아하거나 싫어하는 마음을 내지 않는다면 둘로 나눌 수 없는 것입니다. 왜냐하면 생사의 속박 때문이라면 해탈을 구하겠지만, 궁극적으로 생사의 속박이 없는 것이라면 열반과 해탈을 무엇 때문에 다시 구하겠습니까? 이처럼 속박도 해탈도 없다는 걸 통달해서 열반을 좋아하지도 않고 생사를 싫어하지도 않는 그것이 바로 불이의 법문에 깨달아 들어가는 것입니다.

또 주계왕(珠髻王) 보살이 말했다.

정도(正道)와 사도(邪道)를 분별해서 둘로 나눕니다. 만약 보살이 정도에 잘 안주할 수 있다면 결코 사도를 따르지 않습니다. 사도를 따르지 않기 때문에 정도와 사도의 분리된 양상이 없습니다. 분리된 양상이 없기에 이원성이란 생각도 없습니다. 이원성이란 생각도 없는 그것이 바로 불이의 법문에 깨달아 들어가는 것입니다.

또 체실(諦實) 보살이 말했다.

거짓(虛)과 진실(實)을 분별해서 둘로 나눕니다. 그러나 보살이 진실의 본성(實性)을 본다면 오히려 그 진실도 보지 못하거늘 하물며 거짓을 보겠습니까? 왜냐하면 이 성품은 육안으로는 보이지 않고 혜안

(慧眼)으로 보아야 비로소 보이기 때문입니다. 이처럼 모든 법을 보면 보는 것도 없고 보지 못하는 것도 없습니다. 이것이 바로 불이의 법문에 깨달아 들어가는 것입니다.

이와 같이 대중 속에 있는 보살들은 각자 아는 바에 따라서 제각기 말을 마쳤다. 그리고는 문수사리 보살에게 물었다.

어떤 것을 보살이 불이의 법문에 깨달아 들어가는 것이라 말합니까?

그러자 문수사리가 여러 보살들에게 말했다.

그대들이 말한 내용은 모두 훌륭합니다. 그러나 내 생각엔, 그대들의 설명에는 여전히 둘이라는 낱말(名字)이 남아 있습니다. 만약 보살이 일체 모든 법에 대해 말하거나 설할 것도 없고 명시하거나 가르칠 것도 없다면, 온갖 어리석은 논쟁을 벗어나고 모든 분별도 끊어버립니다. 이것이 바로 불이의 법문에 깨달아 들어가는 것입니다.

그리고는 문수사리는 다시 무구칭 거사에게 물었다.

우리들은 각자 자기 뜻대로 말했습니다. 이젠 거사께서 말할 차례입니다. 어떤 것을 보살이 불이의 법문에 깨달아 들어가는 것이라 말합니까?

무구칭은 잠자코 침묵하면서 말이 없었다. 문수 사리가 말했다.

정말 훌륭합니다. 보살은 이렇게 불이의 법문에 참되게 깨달아 들어갑니다. 그 속에는 언어나 문자에 의한 분별이 전혀 없습니다.

보살들이 이렇게 법을 설하자, 그 곳에 모인 대중 5천 보살이 모두 불이의 법문을 깨달아 다 함께 무생법인(無生法忍)을 증득했다.

9 說無垢稱經不二法門品第九

時無垢稱。普問眾中諸菩薩曰。云何菩薩善能悟入不二法門。仁者皆應任己辯才各隨樂說。時眾會中有諸菩薩。各隨所樂次第而說。

時有菩薩名法自在。作如是言。生滅為二。若諸菩薩了知諸法本來無生亦無有滅。證得如是無生法忍。是為悟入不二法門。復有菩薩名曰勝密。作如是言。我及我所分別為二。因計我故便計我所。若了無我亦無我所。是為悟入不二法門。

復有菩薩名曰無瞬。作如是言。有取無取分別為二。若諸菩薩了知無取則無所得。無所得故則無增減。無作無息於一切法無所執著。是為悟入不二法門。

復有菩薩名曰勝峯。作如是言。雜染清淨分別為二。若諸菩薩了知雜染清淨無二則無分別。永斷分別趣寂滅跡。是為悟入不二法門。

復有菩薩名曰妙星。作如是言。散動思惟分別為二。若諸菩薩了知一切無有散動無所思惟。則無作意住無散動。無所思惟無有作意。是為悟入不二法門。

復有菩薩名曰妙眼。作如是言。一相無相分別為二若諸菩薩了知諸法無有一相無有異相亦無無相。則知如是一相異相無相平等。是為悟入不二法門。

復有菩薩名曰妙臂。作如是言。菩薩聲聞二心為二。若諸菩薩了知二心性空如幻。無菩薩心無聲聞心。如是二心其相平等皆同幻化。是為悟入不二法門。

復有菩薩名曰育養。作如是言。善及不善分別為二。若諸菩薩了知善性及不善性無所發起。相與無相二句平等無取無捨。是為悟入不二法門。

復有菩薩名曰師子。作如是言。有罪無罪分別為二。若諸菩薩了知有罪及與無罪二皆平等。以金剛慧通達諸法無縛無解。是為悟入不二法門。

復有菩薩名師子慧。作如是言。有漏無漏分別為二。若諸菩薩知一切法性皆平等。於漏無漏不起二想。不著有想不著無想。是為悟入不二法門。

復有菩薩名淨勝解。作如是言。有為無為分別為二。若諸菩薩了知二法性皆平等。遠離諸行覺慧如空。智善清淨無執無遣。是為悟入不二法門。

復有菩薩名那羅延。作如是言。世出世間分別為二。若諸菩薩了知世間本性空寂。無入無出無流無散亦不執著。是為悟入不二法門。

復有菩薩名調順慧。作如是言。生死涅槃分別為二。若諸菩薩了知生死其性本空。無有流轉亦無寂滅。是為悟入不二法門。

復有菩薩名曰現見。作如是言。有盡無盡分別為二。若諸菩薩。了知都無有盡無盡。要究竟盡乃名為盡。若究竟盡不復當盡則名無盡。又有盡者。謂一剎那一剎那中。定無有盡則是無盡。有盡無故無盡亦無。了知有盡無盡性空。是為悟入不二法門。

復有菩薩名曰普密。作如是言。有我無我分別為二。若諸菩薩了知有我尚不可得何況無我。見我無我其性無二。是為悟入不二法門。

復有菩薩名曰電天。作如是言。明與無明分別為二。若諸菩薩了知無明本性是明。明與無明俱不可得。不可算計超算計路。於中現觀平等無二。是為悟入不二法門。

復有菩薩名曰憙見。作如是言。色受想行及識與空分別為二。若知取蘊性本是空。即是色空非色滅空。乃至識蘊亦復如是。是為悟入不二法門。

復有菩薩名曰光幢。作如是言。四界與空分別為二。若諸菩薩了知四界即虛空性。前中後際四界與空。性皆無倒悟入諸界。是為悟入不二法門。

復有菩薩名曰妙慧。作如是言。眼色耳聲鼻香舌味身觸意法分別為二。若諸菩薩了知一切其性皆空。見眼自性於色無貪無瞋無癡。如是乃至見意自性。於法無貪無瞋無癡。此則為空。如是見已寂靜安住。是為悟入不二法門。

復有菩薩名無盡慧。作如是言。布施迴向一切智性各別為二。如是分別戒忍精進靜慮般若。及與迴向一切智性各別為二。若了布施即所迴向一切智性。此所迴向一切智性即是布施。如是乃至般若自性。即所迴向一切智性。此所迴向一切智性即是般若。了此一理。是為悟入不二法門。

復有菩薩名甚深覺。作如是言。空無相[1]無願分別為二。若諸菩薩了知空中都無有相。此無相中亦無有願。此無願中無心無意無識可轉。如是即於一解脫門。具攝一切三解脫門。若此通達。是為悟入不二法門。

復有菩薩名寂靜根。作如是言。佛法僧寶分別為二。若諸菩薩了知佛性即是法性法即僧性。如是三寶皆無為相。與虛空等諸法亦爾。若此通達。是為悟入不二法門。

復有菩薩名無礙眼。作如是言。是薩迦耶及薩迦耶滅分別為二。若諸菩薩知薩迦耶即薩迦耶滅如是了知畢竟不起薩迦耶見。於薩迦耶薩迦耶滅。即無分別無異分別。證得此二究竟滅性。無所猜疑無驚無懼。是為悟入不二法門。

復有菩薩名善調順。作如是言。是身語意三種律儀分別為二。若諸菩薩了知如是三種律儀。皆無作相其相無二。所以者何。此三業道皆無作相。身無作相即語無作相。語無作相即意無作相。意無作相即一切法俱無作相。若能隨入無造作相。是為悟入不二法門。

復有菩薩名曰福田。作如是言。罪行福行及不動行分別為二。若諸菩薩了知罪行福及不動皆無作相其相無二。所以者何。罪福不動。如是三行性相皆空。空中無有罪福不動三行差別。如是通達。是為悟入不二法門。

復有菩薩名曰華嚴。作如是言。一切二法皆從我起。若諸菩薩知我實性即不起二。不起二故即無了別。無了別故無所了別。是為悟入不二法門。

復有菩薩名曰勝藏。作如是言。一切二法有所得起。若諸菩薩了知諸法都無所得則無取捨。既無取捨。是為悟入不二法門。

復有菩薩名曰月上。作如是言。明之與暗分別為二。若諸菩薩了知實相無暗無明其性無二。所以者何。譬如苾芻入滅盡定無暗無明。一切諸法其相亦爾。如是妙契諸法平等。是為悟入不二法門。

復有菩薩名寶印手。作如是言。欣厭涅槃生死為二。若諸菩薩了知涅槃及與生死。不生欣厭則無有二。所以者何。若為生死之所繫縛。則求解脫。若知畢竟無生死縛。何為更求涅槃解脫。如是通達無縛無解。不欣涅槃不厭生死。是為悟入不二法門。

復有菩薩名珠髻王。作如是言。正道邪道分別為二。若諸菩薩善能安住正道邪道究竟不行。以不行故則無正道邪道二相。除二相。故則無二覺。若無二覺。是為悟入不二法門。

復有菩薩名曰諦實。作如是言。虛之與實分別為二。若諸菩薩觀諦實性尚不見實。何況見虛。所以者何。此性非是肉眼所見。慧眼乃見。如是見時於一切法無見無不見。是為悟入不二法門。

如是會中有諸菩薩。隨所了知各別說已。同時發問妙吉祥言。云何菩薩名為悟入不二法門。

時妙吉祥告諸菩薩。汝等所言雖皆是善。如我意者。汝等此說猶名為二。若諸菩薩於一切法。無言無說無表無示。離諸戲論絕於分別。是為悟入不二法門。

時妙吉祥。復問菩薩無垢稱言。我等隨意各別說已。仁者當說。云何菩薩名為悟入不二法門。

時無垢稱默然無說。妙吉祥言。善哉善哉。如是菩薩。是真悟入不二法門。於中都無一切文字言說分別。此諸菩薩說是法時。於衆會中五千菩薩皆得悟入不二法門。俱時證會無生法忍。

제10장

향대불품

香臺佛品

10 향대불품香臺佛品

그때 사리불은 이렇게 생각했다.

> 식사할 때가 되었는데, 이 대보살들은 법을 설하고 나서도 일어나질 않는구나. 우리 성문들과 보살들은 언제 식사를 할까?

무구칭은 사리불의 생각을 알고 그에게 말했다.

> 대덕(大德)[1]이여, 여래는 성문들을 위해 팔해탈(八解脫)을 설했소. 그대는 이미 그 경지에 머무르고 있는데도 재물이나 먹는 것에 마음을 뺏겨 정법(正法)을 듣지 않고 있소. 음식이 먹고 싶다면 잠깐 기다리시오. 모든 이에게 일찍이 먹어보지 못했던 음식을 대접하겠소.

무구칭은 순식간에 미묘한 적정(寂定)에 들어가 탁월한 신통력을 일으켜 보살과 대성문들에게 다음과 같은 광경을 그대로 보여주었다.

이 불국토에서 위쪽 세계로 42 항하사의 불세계(佛世界)를 지나면 또 하나의 불세계가 있다. 그 불세계의 이름은 일체묘향(一切妙香)[2]이며, 그곳의 부처 이름은 최상향대[3] 여래인데 지금 현재 평화롭게 안주하고 계신다. 그 세계 속엔 미묘한 향기가 있는데, 시방의 모든 불세계의 인간들이나 천신들이 발하는 향기보다 훨씬 뛰어난 향기이다. 그

1 부처님, 보살, 장로, 덕이 높은 수행자 등에 대한 경칭.
2 구마라집의 ≪유마경≫에선 일체묘향(衆香)이라 번역.
3 구마라집의 ≪유마경≫에선 최상향대(香積)이라 번역.

곳의 나무들은 모두 이 미묘한 향기를 발하는데, 모든 방역(方域)에 널리 퍼지고 일체에 가득 찼다. 그 세계에는 성문이나 연각과 같은 이승(二乘)의 명칭은 없고 오직 청정대보살(淸淨大菩薩)들만 있으며, 최상향대 여래는 그들에게 법을 설했다. 그 세계의 모든 누각이나 궁전, 거리, 숲과 동산, 의복들은 하나하나가 다 이 미묘한 향기로 이루어진 것이다. 그 세계의 세존과 보살들이 먹는 이 향기는 미묘하기 짝이 없는 것으로 시방의 한량없는 불국토에 널리 퍼졌다.

그때 최상향대 여래와 보살들은 함께 앉아서 식사를 하고 계셨다. 그곳엔 향엄(香嚴)이라는 이름을 가진 한 천자(天子)가 있었다. 이미 대승에 대해 깊이 귀의하는 마음을 낸 자로 그 불국토의 여래와 보살들을 공양하면서 받들고 있었다.

그때 이곳의 모든 대중들은 그 세계의 최상향대 여래와 보살들이 함께 앉아서 식사하는 모습을 다 보았다.

무구칭은 모든 보살들에게 널리 고했다.

> 여러분 대사(大士)들 중에서 누가 저 세계로 가서 미묘한 향기로 된 음식을 가져올 수 있는가?

그러나 문수사리의 위신력(威神力) 때문인지 보살들은 다 잠자코 있었다. 그러자 무구칭이 문수사리에게 말했다.

> 그대는 어째서 지금 대중들이 그렇게 할 수 있도록 가호(加護)해주지 않으십니까?

문수사리가 말했다.

거사여, 그대는 이 보살들을 경시해선 안 됩니다. 부처도 아직 배우지 못한 자를 경시하지 말라고 하셨습니다.

그러자 무구칭은 침상에서 일어나지 않은 채 대중들 앞에서 보살의 화신(化身)을 만들었다. 그 화신 보살의 몸은 금빛이었으며, 상호(相好)의 장엄함과 위덕(威德)의 광명은 그곳에 모인 대중을 압도했다. 무구칭이 말했다.

그대 선남자여, 이 불국토에서 위쪽으로 42 항하사의 불세계를 지나가면 또 하나의 불세계가 있다. 그 불세계의 이름은 일체묘향이며, 그곳의 부처 이름은 최상향대인데 여러 보살들과 함께 앉아서 음식을 들고 계신다. 그대는 그곳에 가 부처의 발에 고개 숙여 절하고 이렇게 말씀드려라.
'이 아래쪽 세계의 무구칭이 멀리서 마음으로나마 세존의 두 발에 고개 숙여 절하고 경건히 문안드립니다.
괴롭거나 아프신데 없이, 기거가 편안하고 기력이 충만해 안락하게 지내시는지요.'
그리고 소요하는 마음으로 오른쪽으로 다백천(多百千) 번 돌고 두 발에 머리 숙여 절하면서 이렇게 말해라.
'바라건대 세존께서 드시고 난 나머지 음식을 저 아래 사바(沙婆)[4] 세계에 베풀어 불사(佛事)를 지으셔서 근기 낮고 욕망의 쾌락을 쫓는 중생들로 하여금 대지혜를 기뻐하게 하고, 또 여래의 한량없는 공덕의 명성을 어디서나 듣게 하소서.'

이 말을 듣고 나서 화신 보살이 그곳에 모여 있는 대중들 앞에서 허공으로 솟구쳐 오르니 모든 대중들이 다 그 광경을 보았다. 신통력

4 saha의 음사. 우리가 사는 이 세계를 말하며, 온갖 고뇌를 참고 견뎌야 하는 세계라서 감인(堪忍) 세계라고도 함.

이 너무나 빨라 순식간에 일체묘향의 세계에 도착해 최상향대 여래의 발에 절하면서 말했다.

아래쪽 세계의 보살 무구칭이 세존의 두 발에 한량없이 고개 숙여 절하고 경건히 문안드립니다.
괴롭거나 아프신데 없이, 기거가 편안하고 기력이 충만해 안락하게 지내시는지요.

그리고 소요하는 마음으로 오른쪽으로 다백천 번 돌고 두 발에 머리 숙여 절하면서 이렇게 말했다.

바라건대 세존께서 드시고 난 나머지 음식을 저 아래 사바 세계에 베풀어 불사를 지으셔서 근기 낮고 욕망의 쾌락을 좇는 중생들로 하여금 대지혜를 기뻐하게 하고, 또 여래의 한량없는 공덕의 명성을 어디서나 듣게 하소서.

그때 그곳에 모인 일체묘향 세계의 보살들은 이 화신보살의 상호가 장엄하고 위덕의 광명이 미묘하면서도 탁월한 것을 보고 경이감에 차서 말했다.

이 대사(大士)는 지금 어디에서 온 것입니까? 사바 세계는 어느 곳에 있습니까? 어째서 근기 낮고 욕망의 쾌락을 좇는 세계라고 말하는 것입니까?

그들은 이렇게 최상향대 여래에게 묻고 나서 말했다.

바라건대 세존께서 설명해 주십시오.

최상향대 여래가 말했다.

선남자들이여, 여기서 아래쪽으로 42 항하사의 불세계를 지나면 다시 하나의 불세계가 나오는데, 그 이름을 사바라고 한다. 그곳에 계신 부처님의 명칭은 석가모니 여래인데, 지금 현재 그곳에서 안온하게 머물러 계신다. 석가모니 여래는 오탁악세[5]에 머무시면서 근기 낮고 쾌락만을 좇는 중생들을 위해 정법(正法)을 선양하고 계신다. 그곳에는 또 무구칭이라는 보살이 계신데 이미 불가사의 해탈법문에 안주해서 사바 세계의 여러 보살들에게 미묘한 법을 열어 보이고 계신다. 이 무구칭이 화신보살을 이곳에 보낸 것은 나의 공덕과 명호를 칭송하고, 동시에 이 땅이 온갖 공덕으로 장엄되어 있음을 드러냄으로서 그곳 보살들의 선근(善根)을 자라나도록 하기 위해서다.

일체묘향 세계의 보살들 모두가 다 말했다.

그 분의 공덕이 어느 정도길래 대신통력과 무외(無畏)[6]가 이 같은 화신을 만드는 데까지 이른 것입니까?

최상향대 여래가 말했다.

선남자들이여, 이 대보살은 탁월한 대공덕법을 성취했다. 한 찰나에

---

5 다섯 가지 더러움으로 가득 찬 추악한 세상. 1.겁탁(劫濁): 시대가 혼탁해 전쟁이나 질병, 기근이 끊이지 않는 것, 2.견탁(見濁): 사상의 혼란. 온갖 삿된 사상과 견해가 창궐하는 것, 3.번뇌탁(煩惱濁): 탐냄, 성냄, 어리석음 등의 번뇌로 인간의 마음이 더렵혀짐, 4.중생탁(衆生濁): 중생의 과보가 쇠락하면서 마음이 둔화되고 신체가 약해짐. 인간의 자질이 저하되는 것, 5.명탁(命濁): 중생의 수명이 짧아지는 것. 마지막에는 10세가 됨.

6 무소외(無所畏)라고도 하며 부처님이나 보살이 가르침을 펼 때 어떤 두려움도 느끼지 않는 지혜.

> 한량없고 가없는 보살의 화신을 지어 시방의 모든 국토에 전부 보내 불사를 짓게 하니, 이는 한량없는 중생의 안락과 번영을 위한 것이다.

그리고 나서 최상향대 여래는 온갖 묘한 향기가 흘러나오는 그릇에 다 온갖 묘한 향기를 풍기는 음식을 담아서 무구칭이 보낸 화신보살의 손에 건네주었다.

그러자 그 불국토의 9백만 대보살들이 동시에 한 목소리로 최상향대 여래에게 청했다.

> 우리들도 이 화신보살과 함께 저 아래 사바 세계에 가서 석가모니 여래를 뵈옵고 경건히 예를 드리고 공양을 한 다음 정법을 듣고 싶습니다. 아울러 무구칭과 여러 보살들을 뵈옵고 경건히 예를 드리고 공양하고 싶습니다. 바라건대 세존께서 허락해 주옵소서.

최상향대 여래가 말했다.

> 선남자들이여, 그대들이 가고 싶다면 지금이 좋은 기회다. 그러나 그대들 모두는 스스로 몸의 향기(身香)를 거두고 나서 사바 세계에 들어가야 한다. 그곳 중생들이 향기에 취해 방탕하지 않도록 하기 위해서다. 그대들 모두는 스스로 자신들의 아름다운 모습(色相)을 숨긴 채 사바 세계에 들어가야 한다. 그곳 보살들이 부끄러워하는 생각을 내지 않도록 하기 위해서다. 또 그대들은 저 사바 세계에 대해서 경멸하는 생각을 일으켜 혐오하지 않도록 하라. 왜냐하면, 선남자들이여, 일체의 불국토는 다 허공 같기 때문이다. 모든 붓다는 중생들을 성숙시키고 싶기 때문에 중생이 즐기는데 따라 갖가지 불국토를 나타낸다. 어떤 국토는 청정하고 어떤 국토는 오염돼 있고, 어떤 국토는 결정된 모습이 없지만, 사실상 모든 불국토는 근본적으로는 청정해서 차별이 없는 것이다.

그러자 화신보살은 음식이 가득찬 그릇을 받아들고 9백만 보살들과 함께 최상향대 여래의 위신력과 무구칭의 신통력에 의지해 그 일체묘향 세계에서 사라져 순식간에 사바 세계의 무구칭 방에 나타났다.

무구칭은 9백만 개의 사자좌를 만들어 최상향대 세계의 보살들을 그 자리에 앉게 했는데, 그 미묘함과 장엄함은 전에 만든 사자좌와 똑같아 전혀 차이가 없었다. 그러자 화신보살은 음식이 가득찬 그릇을 무구칭에게 건네주었다. 그 음식의 미묘한 향기는 바이살리 성과 삼천대천세계에 널리 퍼졌다. 한량없고 가없는 미묘한 향기가 퍼졌기 때문에 일체의 세계가 그 향기로 진동했다. 바이살리 성의 모든 브라만과 장자 거사, 사람과 비인(非人)들이 이 향기를 맡고 놀라움으로 가득 찼다. 그들은 몸과 마음이 한량없이 황홀해지는 걸 느꼈다.

당시 바이살리 성 릿차비족의 왕 이름은 월개(月蓋)였다. 그와 8만4천 릿차비족은 갖가지로 장엄하고서 무구칭의 방으로 들어왔다. 그들은 방 안에 있는 수많은 보살과 장엄하게 장식된 높고 넓은 사자좌를 보고는 너무나 기쁜 마음이 솟구쳐 놀라운 광경이라 찬탄했다. 그리고는 여러 보살들과 대성문들에게 예를 드리고는 한쪽으로 물러나 있었다.

또 모든 지신(地神)과 허공신(虛空神), 욕계(欲界)와 색계(色界)의 온갖 천인들이 이 미묘한 향기를 맡고서 저마다 한량없이 많은 권속들을 데리고 무구칭의 방으로 들어왔다.

무구칭이 존자 사리불을 비롯한 대성문들에게 말했다.

존자들이여, 여래께서 베푼 감로 맛의 음식을 들어보시오. 이 음식은 대자비(大悲)로 훈제한 것이니, 졸렬하고 왜소한 마음으로 이 음식을 먹지는 마시오. 만약 그런 마음으로 먹는다면 절대로 소화할 수 없을 것이오.

그런데 그곳에 모인 대중 중에 근기 낮은 성문이 이렇게 생각했다.

이 음식이 너무나 적은데 어떻게 이 모든 대중을 다 먹일 수 있겠는가?

그러자 화신보살이 말했다.

그대들의 사소한 복과 지혜로 여래의 한량없는 복과 지혜를 측량하지 마시오. 왜냐하면 사대양의 물이 다 말라붙는다 해도 이 미묘한 향기의 음식은 절대로 동이 나지 않을 것이기 때문이요. 가령 한량없는 대천세계의 모든 중생 하나 하나가 이 밥을 먹는데, 그 먹은 음식이 수미산처럼 거대하고, 또 이런 일을 1겁이나 1백겁을 계속해도 이 음식이 동나는 일은 없을 것입니다. 왜냐하면 이 음식은 결코 다함이 없는 계율(戒), 선정(定), 지혜(慧), 해탈(解脫), 해탈지견(解脫知見)에서 나온 것이기 때문입니다. 여래께서 드시고 남은 음식은 한량없는 삼천대천 세계의 모든 중생들이 수십만 겁 동안 그 향기 음식을 먹는다 해도 결코 동이 날 수 없는 것입니다.

그리하여 그곳에 모인 대중들이 다 이 향기 음식을 먹었다. 모두가 배불리 먹었는데도 음식은 여전히 남았다. 온갖 성문들과 보살들, 인간과 천인 등 모든 대중이 이 음식을 먹고 나서 몸이 안락해졌다. 마치 일체안락장엄세계(一切安樂莊嚴世界)의 보살이 누리는 일체 안락의 경지에 머무는 것 같았다. 또 대중들 몸의 털구멍은 미묘한 향기를 발했는데, 마치 일체묘향 세계에 있는 숱한 묘향수(妙香樹)들이 늘 한량없는 온갖 미묘한 향기를 뿜어내는 것과 같았다.

그때 무구칭이 위쪽 일체묘향 세계에서 온 보살들에게 물었다.

그곳의 최상향대여래께서는 보살들을 위해 어떤 법을 설하는지 알려줄 수 있겠소?

일체묘향 세계의 보살들이 다 함께 대답했다.

우리 땅의 여래께서는 보살들에게 문자나 언어로 법을 설하지는 않습니다. 오로지 미묘한 향기로써 보살들을 다 조복(調伏)시킵니다. 보살들이 저마다 묘향수 밑에 편안히 앉아있으면, 그 묘향수들은 제각기 온갖 향기를 내뿜습니다. 그러면 보살들은 이 미묘한 향기를 맡고서 일체덕장엄정(一切德莊嚴定)[7]을 얻습니다. 이 선정을 얻는 것이 바로 일체 보살의 공덕을 갖추는 것입니다.

반대로 일체묘향 세계에서 온 보살들이 무구칭에게 물었다.

이곳의 여래 석가모니께서는 중생들에게 어떤 법을 설하십니까?

무구칭이 말했다.

이 땅의 중생들은 너무도 억센지라 다스리고 교화하기가 지극히 어렵습니다. 그래서 여래께서는 이 다스리고 교화하기 어려운 중생들을 적당한 설법[8]으로 조복시켜 교화시킵니다. 그 설법은 바로 다음과 같습니다.

7 일체의 공덕으로 장엄이 된 선정이란 뜻.

8 중생들이 이해할 수 있는 수준에 맞게 그때그때 알맞는 설법을 하는 것을 말함. 각자의 근기에 맞게 법을 설한다고 해서 대기설법(對機說法)이라고 함.

이것은 지옥으로 가는 길(地獄趣)이다,
이것은 축생의 세계로 가는 길(傍生趣)이다,
이것은 아귀의 세계로 가는 길(餓鬼趣)이다,
이것은 불행으로 가는 길이다,
이것은 신체 장애의 길이다.
이것은 몸으로 저지른 악행이고,
이것은 몸으로 저지른 악행의 과보이다.
이것은 말로 저지른 악행이고, 이것은 말로 저지른 악행의 과보이다.
이것은 뜻으로 저지른 악행이고,
이것은 뜻으로 저지른 악행의 과보이다.
이것은 생명을 끊는 것이고, 이것은 생명을 끊은 것에 대한 과보이다.
이것은 주어지지 않은 것을 취하는 것이고,
이것은 주어지지 않은 것을 취한데 대한 과보이다.
이것은 욕망에 의한 삿된 행동이고,
이것은 욕망의 삿된 행동에 대한 과보이다.
이것은 허망한 거짓말이고, 이것은 허망한 거짓말에 대한 과보이다.
이것은 이간질하는 말이고, 이것은 이간질하는 말에 대한 과보이다.
이것은 거친 나쁜 말이고, 이것은 거친 나쁜 말에 대한 과보이다.
이것은 더러움이 섞인 말이고,
이것은 더러움이 섞인 말에 대한 과보이다.
이것은 탐욕이고, 이것은 탐욕에 대한 과보이다.
이것은 성냄이고, 이것은 성냄에 대한 과보이다.
이것은 삿된 견해이고, 이것은 삿된 견해에 대한 과보이다.
이것은 인색함이고, 이것은 인색함에 대한 과보이다.
이것은 계율을 파괴하는 것이며,
이것은 계율을 파괴하는 것에 대한 과보이다.
이것은 원망하는 것이고, 이것은 원망함에 대한 과보이다.
이것은 게으름이고, 이것은 게으름에 대한 과보이다.
이것은 마음의 흐트러짐이고,
이것은 마음의 흐트러짐에 대한 과보이다.
이것은 어리석음이며, 이것은 어리석음에 대한 과보이다.

이것은 배운 것을 받아들이는 것이며,
이것은 배운 것을 초월하는 것이다.
이것은 별해탈(別解脫)[9]을 갖는 것이며,
이것은 별해탈을 범하는 것이다.
이것은 이루어진 것(應作)이며, 이것은 이루어진 것이 아니다.
이것은 요가[10]이며, 이것은 요가가 아니다.
이것은 영원히 끊는 것이며, 이것은 영원히 끊는 것이 아니다.
이것은 장애이며, 이것은 장애가 아니다.
이것은 죄를 범하는 것이며, 이것은 죄에서 벗어나는 것이다.
이것은 갖가지로 오염된 것이며, 이것은 청정한 것이다.
이것은 바른 길(正道)이며, 이것은 삿된 길(邪道)이다.
이것은 선(善)이며, 이것은 악(惡)이다.
이것은 세간(世間)이며, 이것은 세간을 벗어나는 것이다.
이것은 죄가 있는 것이며, 이것은 죄가 없는 것이다.
이것은 번뇌가 있는 것(有漏)이며, 이것은 번뇌가 없는 것(無漏)이다.
이것은 유위(有爲)이며, 이것은 무위(無爲)이다.
이것은 공덕이며, 이것은 과실(過失)이다.
이것은 고통이 있는 것이며, 이것은 고통이 없는 것이다.
이것은 즐거움이 있는 것이며, 이것은 즐거움이 없는 것이다.
이것은 싫어서 벗어나야 할 것이며, 이것은 좋아서 즐겨야 할 것이다.
이것은 버릴만한 것이며, 이것은 닦아 익힐만한 것이다.
이것은 생사(生死)이며, 이것은 열반이다.

이처럼 법에는 한량없는 문(門)이 있습니다. 이 땅의 중생들은 그 마음이 억세서 여래는 이 같은 갖가지 법문(法門)으로 중생의 마음

9 별해탈계(別解脫戒)와 같으며 계율을 뜻한다. 불살생계를 내려 살생의 악함을 설하고, 불투도계를 내려 도둑질의 잘못을 설하듯이 하나하나의 계율이 각각의 악함을 따로따로 해탈하기 때문에 별해탈이라고 함.

10 yoga. 한역에서 소리나는 대로 읽은 것은 유가(瑜伽). 자세와 호흡을 가다듬어 정신을 통일하고 순화시키며 초자연력을 얻고자 하는 인도 고유의 수행 방법.

을 편안케 하여 그들을 조복[11]시키는 것입니다. 비유컨대, 코끼리와 말이 사나워 말을 듣지 않으면 갖가지 채찍을 가해 그들 뼈에 사무치게 한 뒤에 조복시킵니다. 마찬가지로 이 땅의 억센 중생들은 지극히 교화하기 어려운지라 여래는 이 같은 절실한 언어를 방편으로 써서 은근히 깨우치고 가르친 뒤에 조복시켜서 정법(正法)에 들게 하는 것입니다.

일체묘향 세계에서 온 보살들은 이 말씀을 다 듣고 놀라워하면서 모두 이렇게 말했다.

너무도 기이하십니다, 세존 석가모니께서 이토록 힘든 일을 하시다니. 석가모니께서는 한량없이 존귀한 공덕을 숨기시고 이러한 놀랄 만한 조복의 방편을 나타내십니다. 또 근기 낮고 비천한 중생을 성숙시키기 위해 갖가지 법문으로 조복해서 그들을 이롭게 합니다. 그리고 이 사바 세계에 사는 보살들 역시 온갖 수고를 달게 받습니다.그들은 가장 뛰어나고 보기 드물고 견고하고 불가사의한 대자비와 정진을 성취해서 여래의 무상정법(無上正法)[12]을 돕고 거들어서 교화하기 어려운 중생들에게 이익을 줍니다.

무구칭이 말했다.

그렇소. 진실로 대사가 말한 그대로요. 석가모니 여래께서는 지극히 어려운 일을 하십니다. 즉 한량없이 존귀한 공덕을 숨기시며, 어떤 수고로움도 꺼리지 않습니다. 또 방편을 써서 억세서 교화하기 어려운 중생을 조복합니다. 이 불국토에 태어난 보살들도 온갖 수고를

11 안으로는 자신의 몸과 마음을 다스려 악을 버리고, 밖으로는 장애가 되는 것을 항복시키는 것.

12 더 이상의 경지가 없는 최고의 진리.

달게 받습니다. 그 결과 가장 뛰어나고 보기 드물고 견고하고 불가사의한 대자비와 정진을 성취해서 여래의 무상정법을 돕고 거들어 한량없는 중생을 이롭게 합니다.

대사들은 알아야 하오. 사바 세계에서 평생 동안 보살행을 실천하고 중생을 이롭게 해서 얻은 공덕은 일체묘향 세계에서 백천 대겁(大劫) 동안 보살행을 실천하고 중생을 이롭게 해서 얻은 공덕보다 많다는 것을.

왜냐하면 사바 세계는 대략 열 가지 닦아나가는 착한 법(善法)이 있는데, 이 착한 법은 다른 시방세계의 청정 불국토에는 없는 것이기 때문이오. 그 열 가지 착한 법이란 무엇인가?

첫째, 보시를 베풀어 가난한 이들을 다스립니다.

둘째, 청정한 계율로써 금기를 깨는 이를 다스립니다.

셋째, 인욕으로 성내는 이를 다스립니다.

넷째, 정진으로 게으른 자를 다스립니다.

다섯째, 선정으로 마음이 흐트러진 이를 다스립니다.

여섯째, 뛰어난 지혜로 어리석은 이를 다스립니다.

일곱째, 여덟 가지 불행에 빠지는 길[13]을 없앨 걸 설해서 일체의 불행한 중생을 두루 다스립니다.

여덟째, 대승의 정법을 설해서 일체의 소승법 즐기는 이를 다스립니다.

아홉째, 갖가지 뛰어난 선근(善根)으로 아직 선근을 심지 못한 이를 널리 다스립니다.

열째, 더 이상 위가 없는 사섭법(四攝法)으로 늘 일체 중생을 성숙시킵니다.

이상을 열 가지 닦아나가는 착한 법이라고 합니다. 사바 세계는 이 열 가지 법을 다 갖추고 있으나, 다른 시방세계의 청정 불국토는

13 팔난(八難)과 같은 뜻으로, 부처님을 볼 수도 없고 불법을 들을 수도 없는 여덟 가지 경계를 말함. 1.지옥, 2.아귀, 3.축생(이상 셋은 고통이 너무 심해 불법을 듣지 못함), 4.장수천(長壽天, 장수를 즐기느라 구도심을 일으키지 않음), 5.변지(邊地, 이곳은 즐거움이 너무 많아 불법을 듣지 않음), 6.농맹음아(聾盲瘖瘂, 감각기관이 망가져서 불법을 듣거나 보지 못함), 7.세지변총(世智弁聰, 세간의 지혜에 뛰어나 올바른 이법을 따르지 않음), 8.불전불후(佛前佛後, 부처님이 세상에 나오지 않았을 때).

갖추고 있지 못합니다.

그러자 저 일체묘향 세계에서 온 보살들이 다시 말했다.

사바 세계의 보살들은 몇 가지 법을 아무 훼손 없이 성취해야 목숨을 마친 뒤 다른 정토에서 태어납니까?

무구칭이 말했다.

사바 세계의 보살들은 여덟 가지 법을 아무 훼손 없이 성취해야 목숨을 마친 뒤 다른 정토에서 태어나오. 여덟 가지란 무엇인가?
첫째, 보살은 이렇게 생각해야 하오. '나는 중생을 위해 당연히 착한 일을 해야 한다.하지만 그 착한 일에 대한 과보를 바래서는 안 된다.'
둘째, 보살은 이렇게 생각해야 하오. '나는 저 일체 중생을 대신해 온갖 고뇌를 받고, 내가 성취한 모든 선근(善根)을 다 되돌려서 베풀겠다.'
셋째, 보살은 이렇게 생각해야 하오. '나는 저 일체 중생을 대할 때 항상 평등한 마음과 걸림 없는 마음으로 대하겠다.'
넷째, 보살은 이렇게 생각해야 하오. '나는 저 일체 중생을 대할 때 교만한 마음을 버리고 그들을 붓다처럼 공경하고 사랑하겠다.'
다섯째, 보살은 한 번도 들어보지 못한 아주 심오한 경전에 대해 믿음과 이해를 가져야 하오. 그 경전을 잠깐이라도 들으면 의심도 하지 말고 비방도 없어야 하오.
여섯째, 보살은 타인의 이익에 대해서는 질투하는 마음이 없어야 하고, 자기의 이익에 대해서는 교만한 마음을 일으키지 말아야 하오.
일곱째, 보살은 자기의 마음을 조복해야 하오. 늘 자기의 허물을 살필 뿐 남의 잘못은 비방하지 말아야 하오.
여덟째, 보살은 항상 방일하지 말아야 하오. 늘 착한 법을 즐기면서 묻고 탐구하여 깨달음을 돕는 법(菩提分法)들을 정진 수행해야 하오.

사바 세계의 보살들이 이 여덟 가지 법을 아무 훼손 없이 모두 성취한다면 목숨을 마친 뒤에는 다른 정토에서 태어납니다.

이처럼 무구칭과 문수사리를 비롯한 보살들이 대중들 속에서 갖가지 미묘한 법을 설하자 백천 중생이 동시에 아뇩다라삼먁삼보리의 마음을 일으켰으며, 일만 보살이 다 무생법인을 증득했다.

10 香臺佛品第十

時舍利子作是思惟。食時將至。此摩訶薩說法未起。我等聲聞及諸菩薩。當於何食。時無垢稱知彼思惟便告之曰。大德。如來為諸聲聞說八解脫。仁者已住。勿以財食染污其心而聞正法。若欲食者且待須臾。當令皆得未曾有食。

時無垢稱便入如是微妙寂定。發起如是殊勝神通。示諸菩薩大聲聞眾。上方界分去此佛土。過四十二殑伽沙等諸佛世界。有佛世界名一切妙香。其中有佛號最上香臺。今現在彼安隱住持。彼世界中有妙香氣。比餘十方一切佛土人天之香。最為第一。彼有諸樹皆出妙香。普薰方域一切周滿。彼中無有二乘之名。唯有清淨大菩薩眾。而彼如來為其說法。彼世界中一切臺觀宮殿經行園林衣服。皆是種種妙香所成。彼佛世尊及菩薩眾。所食香氣微妙第一。普薰十方無量佛土。時彼如來與諸菩薩方共坐食。彼有天子名曰香嚴。已於大乘深心發趣。供養承事彼土如來及諸菩薩。時此大眾一切皆覩彼界如來與諸菩薩方共坐食如是等事。

時無垢稱遍告一切菩薩眾言。汝等大士。誰能往彼取妙香食。以妙吉祥威神力故。諸菩薩眾咸皆默然。時無垢稱告妙吉祥。汝今云何於此大眾。而不加護令其乃爾。妙吉祥言。居士。汝今不應輕毀諸菩薩眾。如佛所言勿輕未學。

時無垢稱。不起于床居眾會前化作菩薩。身真金色相好莊嚴。威德光明蔽於眾會而告之曰。汝善男子。宜往上方去此佛土過四十二殑伽沙等諸佛世界。有佛世界名一切妙香。其中有佛號最上香臺。與諸菩薩方共坐食。汝往到彼頂禮佛足。應作是言。於此下方有無垢稱。稽首雙足敬問世尊。少病少惱起居輕利。氣力康和安樂住不。遙心右繞多百千匝。頂禮雙足作如是言。願得世尊所食之餘。當於下方堪忍世界施作佛事。令此下劣欲樂有情當欣大慧。亦使如來無量功德名稱普聞。

時化菩薩於衆會前上昇虛空。舉衆皆見。神通迅疾經須臾頃。便到一切妙香世界頂禮最上香臺佛足。又聞其言。下方菩薩名無垢稱。稽首雙足。敬問世尊。少病少惱起居輕利。氣力康和安樂住不。遙心右繞多百千匝。頂禮雙足作如是言。願得世尊所食之餘。當於下方堪忍世界施作佛事。令此下劣欲樂有情當欣大慧。亦使如來無量功德名稱普聞。時彼上方菩薩衆會。見化菩薩相好莊嚴威德光明微妙殊勝歎未曾有。今此大士從何處來。堪忍世界為在何所。云何名為下劣欲樂。尋問最上香臺如來。唯願世尊為說斯事。佛告之曰。諸善男子。於彼下方去此佛土過四十二殑伽沙等諸佛世界。有佛世界名曰堪忍。其中佛號釋迦牟尼如來應正等覺。今現在彼安隱住持居五濁世。為諸下劣欲樂有情宣揚正法。彼有菩薩名無垢稱。已得安住不可思議解脫法門。為諸菩薩開示妙法遣化菩薩來至此間。稱揚我身功德名號。并讚此土衆德莊嚴。令彼菩薩善根增進。彼菩薩衆咸作是言。其德何如乃作是化。大神通力無畏若斯。彼佛告言。諸善男子。是大菩薩成就殊勝大功德法。一剎那頃。化作無量無邊菩薩。遍於十方一切國土。皆遣其往施作佛事。利益安樂無量有情。

於是最上香臺如來。以能流出衆妙香器。盛諸妙香所薰之食。授無垢稱化菩薩手。時彼佛土有九百萬大菩薩僧。同時舉聲請於彼佛。我等欲與此化菩薩俱往下方堪忍世界。瞻仰釋迦牟尼如來。禮敬供事聽聞正法。并欲瞻仰禮敬供事彼無垢稱及諸菩薩。唯願世尊加護聽許。彼佛告曰。諸善男子。汝便可往今正是時。汝等皆應自攝身香入堪忍界。勿令彼諸有情醉悶放逸。汝等皆應自隱色相入堪忍界。勿令彼諸菩薩心生愧恥。汝等於彼堪忍世界。勿生劣想而作障礙。所以者何。諸善男子。一切國土皆如虛空。諸佛世尊為欲成熟諸有情故。隨諸有情所樂示現種種佛土。或染或淨無決定相。而諸佛土實皆清淨無有差別。

時化菩薩受滿食器。與九百萬諸菩薩僧。承彼佛威神及無垢稱力。於彼界沒經須臾頃至於此土無垢稱室欻然而現。時無垢稱化九百萬師子之座。微妙莊嚴與前所坐諸師子座都無有異。令諸菩薩皆坐其上。時化菩薩以滿食器授無垢稱。如是食器妙香普薰。廣嚴大城及此三千大千世界。無量無邊妙香薰故。一切世界香氣芬馥。廣嚴大城諸婆羅門長者居士人非人等。聞是香氣得未曾有。驚歎無量身心踊悅。

時此城中離呫毘王名為月蓋。與八萬四千離呫毘種。種種莊嚴悉來入于無垢稱室。見此室中諸菩薩眾其數甚多諸師子座高廣嚴飾。生大歡喜歎未曾有。禮諸菩薩及大聲聞却住一面。時諸地神及虛空神。并欲色界諸天子眾聞是妙香。各與眷屬無量百千。悉來入[*]于無垢稱室。時無垢稱便語尊者舍利子等諸大聲聞。尊者可食如來所施甘露味食。如是食者大悲所薰。勿以少分下劣心行而食此食。若如是食定不能消。

時眾會中有劣聲聞。作如是念。此食甚少。云何充足如是大眾。時化菩薩便告之言。勿以汝等自少福慧測量如來無量福慧。所以者何。四大海水乍可有竭。是妙香食終無有盡。假使無量大千世界。一切有情一一摶食。其食摶量等妙高山。如是摶食。或經一劫或一百劫猶不能盡。所以者何。如是食者。是無盡戒定慧解脫解脫知見所生。如來所食之餘。無量三千大千世界一切有情。經百千劫食此香食終不能盡。於是大眾皆食此食。悉得充滿而尚有餘。時諸聲聞及諸菩薩。并人天等一切眾會。食此食已其身安樂。譬如一切安樂莊嚴世界菩薩。一切安樂之所住持。身諸毛孔皆出妙香。譬如一切妙香世界眾妙香樹常出無量種種妙香。

時無垢稱問彼上方諸來菩薩。汝等知不。彼土如來於其世界。為諸菩薩云何說法。彼諸菩薩咸共答言。我土如來不為菩薩文詞說法。但以妙香令諸菩薩皆悉調伏。彼諸菩薩各各安坐妙香樹下。諸妙香樹各各流出種種香氣。彼諸菩薩聞斯妙香。便獲一切德莊嚴定。獲此定已即具一切菩薩功德。

時彼上方諸來菩薩問無垢稱。此土如來釋迦牟尼。為諸有情云何說法。無垢稱曰。此土有情一切剛強極難調化。如來還以種種能伏剛強語言而調化之。云何名為種種能伏剛強語言。謂為宣說此是地獄趣。此是傍生趣。此是餓鬼趣。此是無暇生。此是諸根缺。此是身惡行是身惡行果。此是語惡行是語惡行果。此是意惡行是意惡行果。此是斷生命是斷生命果。此是不與取是不與取果。此是欲邪行是欲邪行果。此是虛誑語是虛誑語果。此是離間語是離間語果。此是麁惡語是麁惡語果。此是雜穢語是雜穢語果。此是貪欲是貪欲果。此是瞋恚是瞋恚果。此是邪見是邪見果。此是慳悋是慳悋果。此是毀戒是毀戒果。此是瞋恨是瞋恨果。此是懈怠是懈怠果。此是心亂是心亂果。此是愚癡是愚癡果。此受所學此越所學。此持別解脫此犯別解脫。此是應作此非應作。此是瑜伽此非瑜伽。此是永斷此非永斷。此是障礙此非障礙。此是犯罪此是出罪。此是雜染此是清淨。此是正道此是邪道。此是善此是惡。此是世間此出世間。此是有罪此是無罪。此是有漏此是無漏。此是有為此是無為。此是功德此是過失。此是有苦此是無苦。此是有樂此是無樂。此可厭離此可欣樂。此可棄捨此可修習。此是生死此是涅槃。如是等法有無量門。此土有情其心剛強。如來說此種種法門。安住其心令其調伏。譬如象馬[怡 - 台+龍]悷不調加諸楚毒乃至徹骨然後調伏。如是此土剛強有情極難調化。如來方便以如是等苦切言詞。慇懃誨喻然後調伏趣入正法。

時彼上方諸來菩薩。聞是說已得未曾有。皆作是言。甚奇世尊釋迦牟尼。能為難事。隱覆無量尊貴功德。示現如是調伏方便。成熟下劣貧匱有情。以種種門調伏攝益。是諸菩薩居此佛土。亦能堪忍種種勞倦。成就最勝希有堅牢不可思議大悲精進。助揚如來無上正法。利樂如是難化有情。無垢稱言。如是大士誠如所說。釋迦如來能為難事。隱覆無量尊貴功德。不憚劬勞方便調伏如是剛強難化有情。諸菩薩眾生此佛土。亦能堪忍種種勞倦。成就最勝希有堅牢不可思議大悲精進。助揚如來無上正法。利樂如是無量有情。大士當知。堪忍世界行菩薩行。饒益有情經於一生所得功德。多於一切妙香世界百千大劫行菩薩行饒益有情所得功德。所以者何。堪忍世界略有十種修集善法。餘十方界清淨佛土之所無有。何等為十。一以惠施攝諸貧窮。二以淨戒攝諸毀禁。三以忍辱攝諸瞋恚。四以精進攝諸懈怠。五以靜慮攝諸亂意。六以勝慧攝諸愚癡。七以說除八無暇法普攝一切無暇有情。八以宣說大乘正法普攝一切樂小法者。九以種種殊勝善根普攝未種諸善根者。十以無上四種攝法恒常成熟一切有情。是為十種修集善法。此堪忍界悉皆具足。餘十方界清淨佛土之所無有。時彼佛土諸來菩薩。復作是言。堪忍世界諸菩薩眾。成就幾法無毀無傷。從此命終生餘淨土。無垢稱言。堪忍世界諸菩薩眾。成就八法無毀無傷。從此命終生餘淨土。何等為八。一者菩薩如是思惟。我於有情應作善事。不應於彼希望善報。二者菩薩如是思惟。我應代彼一切有情受諸苦惱。我之所有一切善根悉迴施與。三者菩薩如是思惟。我應於彼一切有情其心平等心無罣礙。四者菩薩如是思惟。我應於彼一切有情摧伏憍慢敬愛如佛。五者菩薩信解增上。於未聽受甚深經典。暫得聽聞無疑無謗。六者菩薩於他利養無嫉妬心。於己利養不生憍慢。七者菩薩調伏自心。常省己過不譏他犯。八者菩薩恒無放逸於諸善法常樂尋求精進修行菩提分法。堪忍世界諸菩薩眾。若具成就如是八法無毀無傷。從此命終生餘淨土。

其無垢稱。與妙吉祥諸菩薩等。於大眾中宣說種種微妙法時。百千眾生同發無上正等覺心。十千菩薩悉皆證得無生法忍。

제11장

보살행품
菩薩行品

11 보살행품菩薩行品

그때 부처님은 암라팔리 숲[1]에서 대중들에게 법을 설하고 있었다. 그런데 대중들이 모인 그곳의 땅이 돌연 커지고 넓어지며 청정히 장엄되면서 일체의 대중이 다 금빛 색조를 띠었다. 그러자 아난다[2]가 즉시 부처님에게 여쭈었다.

> 세존이여, 이것은 어떤 조짐입니까? 대중들이 모인 곳이 돌연 이처럼 커지고 넓어지며 청정히 장엄되면서 일체 대중들이 다 금빛을 띠다니요.

부처님께서 아난다에게 말했다.

> 이것은 무구칭과 문수사리가 자신들을 에워싸고 있는 수많은 대중들을 데리고 이곳 모임에 오고 싶다는 생각을 냈기 때문에 이런 조짐이 나타난 것이다.

그때 무구칭이 문수사리에게 말했다.

> 우리는 지금 여러 대사와 함께 여래를 찾아뵙고 예를 드리고 공양한 뒤 세존에게 오묘한 법을 들읍시다.

---

1 이 ≪설무구칭경≫이 맨 처음 시작될 때 부처님이 계시던 곳.

2 부처님의 십대제자 가운데 하나로, 부처님이 열반에 드실 때까지 시중을 들었음. 여기서 여러 성문과 보살들, 제자들이 함께 유마힐을 문병하러 갔을 때도 그는 부처님 옆에 남아 있었다는 것을 알 수 있음.

문수사리가 말했다.

> 지금이 갈 때니 동행하시죠.

그러자 무구칭은 신통력으로 여러 대중들을 본래 있던 곳과 사자좌에서 일어나지 않도록 한 채 오른 손바닥에 올려놓고서 부처님의 처소로 가 그곳에 내려놓았다. 그리고는 세존의 두 발에 경건히 절을 하고 오른쪽으로 일곱 번을 돈 뒤 한쪽 편으로 물러나 부처님을 향해 합장한 채 엄숙히 서있었다. 대보살들도 사자좌에서 내려와 세존의 두 발에 경건히 절을 하고 오른쪽으로 세 번 돈 뒤 한쪽으로 물러나 부처님을 향해 합장한 채 엄숙히 서있었다. 대성문들과 제석천, 범천, 호세, 사천왕들도 모두 자리에서 나와 세존의 두 발에 경건히 절을 하고 한쪽 편으로 물러나 부처님을 향해 합장한 채 엄숙히 서있었다. 그러자 세존은 법대로 보살들을 비롯한 일체의 대중들을 위문하고서 이렇게 말했다.

> 그대들 대사는 제각기 자기 자리로 돌아가시오.

대중들은 부처님의 권유를 받고 제각기 자리로 돌아가서 경건히 앉았다.

세존이 사리불에게 말했다.

> 그대는 이 뛰어난 보살과 대사(大士)들의 자유자재한 신통력의 활동을 보았는가?

사리불이 말했다.

예, 보았습니다.

세존이 다시 물었다.

그대는 어떤 인상을 받았는가?

사리불이 말했다.

생각하기 어렵다는 인상을 받았습니다. 저는 대사의 불가사의를 보면서 그 활동과 신통력과 공덕이 헤아릴 수도 없고, 사유할 수도 없고, 측량할 수도 없고, 비교할 수도 없다는 인상을 받았습니다.

그러자 아난다가 즉시 부처님에게 여쭈었다.

지금 풍기는 이 향기는 예전엔 맡아본 적이 없는 향기입니다. 이 향은 누구에게서 나는 향입니까?

붓다가 말했다.

그 향기는 이 보살들의 털구멍에서 나는 향기이니라.

그러자 사리불이 아난다에게 말했다.

우리들의 털구멍에서도 그 향기가 나옵니다.

아난다가 말했다.

이런 미묘한 향기가 어떤 인연으로 그대들의 몸에서 나는 것입니까?

사리불이 말했다.

이는 무구칭의 자재로운 신통력 때문입니다. 무구칭께서는 저 위쪽 일체묘향 세계의 최상향대여래에게 화신보살을 보내 그 곳의 붓다가 드시고 남은 음식을 얻도록 청했습니다. 그렇게 해서 얻은 음식을 방 안으로 갖고 와 대중들에게 공양한 것입니다. 그 음식을 먹은 이들은 모두 털구멍에서 이 향기를 내뿜습니다.

그러자 아난다가 무구칭에게 물었다.

이 미묘한 향기는 얼마나 오래갑니까?

무구칭이 말했다.

이 음식이 완전히 소화될 때 까지는 향기가 계속 남습니다.

아난다가 말했다.

이 음식을 먹은 지가 오래되었다면 당연히 다 소화됐을 것입니다.

무구칭이 말했다.

이 음식의 위세는 7일 낮 7일 밤 동안 몸 안에 머물러 있습니다. 이 기간이 지난 뒤에야 비로소 점차 소화됩니다. 오랫동안 소화되지 않았다 해도 걱정할 것이 없습니다.

아난다여, 여러 성문승 중에서 아직 정성이생위(正性離生位)[3]에 들

3 마음이 번뇌의 속박에서 완전히 벗어난 경지.

지 못한 자가 이 음식을 먹으면 반드시 정성이생위에 든 뒤에라야 비로소 소화됩니다.
아직 욕망을 벗어나지 못한 자가 이 음식을 먹으면 욕망을 벗어난 뒤에라야 비로소 소화가 됩니다.
아직 해탈하지 못한 자가 이 음식을 먹으면 마음의 해탈(心解脫)[4]을 한 뒤에라야 비로소 소화가 됩니다.

대승 보살의 종성(種性)으로 아직 아뇩다라삼먁삼보리를 발하지 못한 자가 이 음식을 먹으면 아뇩다라삼먁삼보리를 발한 뒤에라야 비로소 소화가 됩니다.
이미 아뇩다라삼먁삼보리의 마음을 발한 자가 이 음식을 먹으면 무생법인을 증득한 뒤에라야 비로소 소화가 됩니다.
이미 무생법인을 증득한 자가 이 음식을 먹으면 불퇴전(不退轉) 경지에 안주한 뒤에라야 비로소 소화가 됩니다.
이미 불퇴전 경지[5]에 안주한 자가 이 음식을 먹으면 일생보처(一生補處)[6]에 안주한 뒤에라야 비로소 소화가 됩니다.

아난다여, 예컨대 세간에는 최상의 맛(最上味)이라는 약 중의 왕이 있습니다. 만약 온갖 독이 온 몸에 퍼진 중생을 만나 그 약을 먹게 한다면, 그 독이 완전히 제거될 때까지는 이 약 중의 왕은 소화되지 않습니다. 모든 독이 다 없어진 뒤에야 비로소 소화됩니다. 이 음식을 먹는 것도 마찬가지입니다. 모든 번뇌의 온갖 독들이 다 없어질 때까지는 이 음식도 소화되지 않습니다. 번뇌가 완전히 소멸한 뒤에라야 비로소 소화됩니다.

4 마음이 번뇌의 속박에서 완전히 벗어나는 것.
5 수행이 향상되기만 할 뿐 더 이상 퇴보하지 않는 경지.
6 한 번의 생만 더 거치면 붓다의 지위에 오르는 경지. 미륵보살이 도솔천에서 한 번의 생을 거친 뒤 사바세계에 내려와 석가세존 다음의 붓다가 되서 용화회상(龍華會上)을 연다고 한다.

아난다가 말했다.

불가사의합니다. 대사들이 가져온 이 향기 음식은 중생을 위해 갖가지 불사(佛事)[7]를 지을 수 있습니까?

부처님께서 말씀하셨다.

그렇다. 그대 말처럼 불가사의하다. 이 무구칭이 가져온 향기 음식은 중생을 위해 갖가지 불사를 지을 수 있다.

그리고는 붓다는 다시 아난다에게 고했다.

가령 무구칭이 가져온 향기 음식이 중생을 위해 갖가지 불사를 짓듯이, 다른 시방세계에서도 마찬가지로 불사를 짓는다.
어떤 불국토에서는 온갖 광명으로 불사를 지으며,
어떤 불국토에서는 보리수로서 불사를 지으며,
어떤 불국토에서는 보살들로서 불사를 지으며,
어떤 불국토에서는 여래의 색신(色身)의 상호를 나타냄으로서 불사를 지으며,
어떤 불국토에서는 갖가지 꼭두각시 인간(化人)으로 불사를 지으며,
어떤 불국토에서는 갖가지 의복으로 불사를 지으며,
어떤 불국토에서는 침구로 불사를 지으며,
어떤 불국토에서는 온갖 음식으로 불사를 지으며,
어떤 불국토에서는 온갖 숲과 동산으로 불사를 지으며,
어떤 불국토에서는 온갖 누대와 궁전으로 불사를 지으며,
어떤 불국토에서는 허공으로 불사를 짓는다.

7 부처님의 일, 곧 중생을 교화하는 일.

왜냐하면 온갖 중생은 이 방편을 통해 조복되기 때문이다.
어떤 불국토에서는 중생을 위해 갖가지 언설과 비유를 통해 꿈같고, 허깨비 같고, 빛의 그림자 같고, 물 속의 달 같고, 메아리 소리 같고, 아지랑이 같고, 거울 속의 형상 같고, 뜬구름 같고, 건달바성(健達縛城)[8] 같고, 인드라 그물[9] 같다는 비유를 널리 설함으로서 불사를 짓는다.
어떤 불국토에서는 음성과 언어와 문자를 통해 온갖 법의 성품(性)과 모습(相)을 널리 설함으로서 불사를 짓는다. 또 언설도 없고, 꾸짖거나 칭찬하는 일도 없고, 추구하는 것도 없고, 쓸데없는 논쟁도 없고, 겉으로 드러내 보이는 것도 없는 청정하고 고요한 불국토도 있는데, 이 불국토에서 교화 받은 중생은 이 청정한 고요를 통해 자연히 모든 법의 성품과 모습에 깨달아 들어가는 것으로서 불사를 짓는다.

아난다여, 시방세계의 모든 불국토는 그 수효가 끝이 없으니, 불사를 짓는 것도 또한 헤아릴 수가 없다고 알아야 한다. 요컨대 모든 붓다가 지닌 위의(威儀)와 노력과 도움과 베풂은 다 중생을 교화하고 조복시키기 위한 것이다. 그래서 일체 모든 것을 다 불사라 부르는 것이다. 또 모든 세간의 사마(四魔)[10]와 팔만사천 번뇌문은 중생들의 번뇌이다. 일체의 여래는 바로 이 법으로 모든 중생을 위해 불사를 짓는다.

---

8 실체 없이 허망한 환영으로 나타난 것을 말함. 제석천에서 음악을 관장하는 건달바가 거짓으로 나타낸 성. 신기루.

9 인드라는 제석천을 가리킴. 제석천의 궁전을 장식하는 그물에는 코마다 보배 구슬이 달려 있는데, 그것들 각각은 서로 다른 보배 구슬들을 비추어서 그 비추는 모습이 끝없이 이어짐.

10 사람을 괴롭히는 네 종류의 마. 1.번뇌마(煩惱魔): 몸과 마음을 괴롭히는 탐욕 등의 번뇌, 2.음마(陰魔): 갖가지 고통을 일으키는 오온, 3.사마(死魔): 죽음, 4.타화자재천마(他化自在天魔): 사람의 선행을 방해하는 욕계 육천인 타화자재천의 마왕. 자재천마 또는 마왕 파순이라고도 함.

아난다여, 이 법문의 이름이 바로 '일체의 불법에 깨달아 들어감'이라고 알아야 한다. 만약 보살이 이 법문에 들면, 비록 일체를 성취해서 한량없이 광대한 공덕으로 장엄한 불국토를 보더라도 애착하는 마음을 일으키지 않으며, 전혀 공덕이 없는 오염된 불국토를 보더라도 걱정 근심을 일으키지 않는다. 오히려 모든 부처님에게 최고의 믿음과 공경을 바치면서 경이에 차서 찬탄한다. 모든 부처님이신 세존들의 일체 공덕은 평등하고 원만해서 일체 만법의 궁극적이고 진실한 평등성을 얻었기 때문이다. 다만 서로 다른 중생들을 성숙시키려 하기 때문에 갖가지 다양한 불국토를 나타내는 것이다.

그대는 반드시 이렇게 알아야 한다.-가령 모든 불국토가 의지하는 땅은 뛰어난 곳도 있고 열등한 곳도 있어서 한결같지 않지만 그 위의 허공은 전혀 차별이 없는 것처럼, 불세존은 중생들을 성숙시키기 위해 갖가지 다른 색신(色身)을 나타내지만 걸림이 없는 복덕과 지혜는 궁극적으로 원만하여 전혀 차별이 없다고.

아난다여, 일체의 여래들은 모든 불법을 완성한다는 점에서 똑같다. 즉 여래들의 형상, 빛깔, 광휘, 신체, 상호, 족성(族姓)의 존귀함, 청정한 계율, 선정, 지혜, 해탈, 해탈지견, 십력(十力), 사무외(四無畏), 부처님만이 갖고 있는 특성들(不共法), 대자(大慈), 대비(大悲), 대희(大喜), 대사(大捨), 번영, 행복, 위의, 수행, 길, 수명, 법의 가르침, 중생을 성숙시키고 해탈시키는 것, 불국토를 청정케 하는 것이 다 똑같다. 이처럼 여래들의 불법은 다 똑같고 완성되어 있고 다함이 없기 때문에 그들 모두를 '정등각'(正等覺)이라고도 하고 '여래'라고도 하고 '부처'라고도 말하는 것이다.[11]
아난다여, 설령 내가 이 세 낱말의 의미(三句義)를 자세히 분별해서

11 여래는 진리를 따라서 왔고 진리에서 나타나는 자라는 뜻인데, 여래십호(如來十號)라고 해서, 이 여래를 부르는 호칭에 열 가지가 있음. 정등각, 부처도 그 가운데 하나임. 정등각은 바르고 완전하게 진리를 남김없이 깨달은 이를 말하고, 부처는 buddha를 소리나는 대로 읽은 것으로, 깨달은 자라는 뜻.

충분히 설명하고, 그대가 1겁 동안 머물면서 그 겁이 끝날 때까지 쉬지 않고 듣는다 해도 그 뜻을 다 이해하지 못할 것이다. 또 삼천대천세계의 중생들이 그대 아난다처럼 기억(念)과 다라니(總持)와 배움(多聞)에서 최고가 되어 모두 1겁 동안 머물면서 그 겁의 수명이 끝날 때까지 쉬지 않고 듣는다 해도 그 뜻을 다 이해할 수 없을 것이다. 이 정등각, 여래, 부처 세 낱말의 오묘한 뜻은 모든 부처님을 제외하고는 아무도 정확하게 이해할 수 없다.
실제로 아난다여, 모든 부처님의 보리와 공덕은 한량이 없으며, 여래의 지혜와 걸림 없는 묘한 말솜씨 역시 불가사의한 것이다.

이렇게 설법을 마치자 아난다가 부처님에게 말했다.

세존이여, 저는 이제부터 감히 기억과 다라니와 배움에서 제일이라고 말하지 못하겠습니다.[12]

붓다가 아난다에게 말했다.

그대는 마음이 위축될 필요가 없다. 왜냐하면 내가 예전부터 그렇게 말한 것은 성문들 중에서 기억과 다라니와 배움에서 제일간다는 것이지 보살에 대한 것은 아니니 그렇게 생각지 말라. 설사 지혜(智)가 있는 자라도 보살들의 일은 측량하질 못한다.
아난다여, 온갖 대해(大海)의 원천과 깊고 얕음은 측량할 수 있어도 보살의 지혜와 앎과 정념(定念)과 다라니와 변재(辯才)의 대해는 측량할 수가 없다. 그대들 성문은 보살행의 경지를 생각조차 할 수 없다. 이 무구칭이 밥 한 그릇 먹을 동안 조화를 부리고 신통력을 나타낸 것을 성문이나 독각(獨覺)들은 백천 대겁동안 조화를 부리고

12 아난다는 십대제자 가운데 부처님의 설법을 가장 많이 들었으므로 다문제일(多聞第一)이라고 불렸음.

신통력을 나타낸다 해도 따라갈 수 없다.

그때 저 위쪽 일체묘향 세계에서 온 보살들이 모두 일어나 석가모니에게 예배하고 합장 공경하면서 말하였다.

세존이여, 우리들이 처음 이곳에 와서 이 불국토의 갖가지 더러움을 보고는 경멸하는 생각을 일으켰습니다. 이제는 다 뉘우치고 그런 마음을 버리겠습니다. 왜냐하면 모든 붓다의 경계와 방편의 교묘함은 불가사의하기 때문입니다. 중생을 성숙시키고자 하기 때문에 이런 저런 중생의 갖가지 욕망에 대응해 이런저런 불국토를 나타내십니다. 오로지 바라는 것은 세존께서 사소한 법이라도 내려주시는 것입니다. 일체묘향세계에 돌아가면 그 법을 통해 항상 여래를 생각하겠습니다.

이렇게 말을 마치자 세존은 그 보살들에게 말씀하셨다.

선남자여, 보살들의 해탈 법문이 있으니, 이름하여 '다함이 있는(有盡) 해탈법문과 다함이 없는(無盡) 해탈법문'이라 한다. 다함이 있는 것은 유위(有爲), 즉 생멸이 있는 법을 말한다. 다함이 없는 것은 무위(無爲),즉 생멸이 없는 법을 말한다. 보살은 유위를 다해서도 안 되며, 마찬가지로 무위에 머물러서도 안 된다.
보살이 유위를 다해선 안 된다고 하는 것은 무엇을 말함인가? 그것은 보살이 크나큰 사랑의 마음(大慈)을 버리지도 않고 크나큰 연민의 마음(大悲)을 잃지도 않는 것이다. 일찍이 일으킨 드높은 의락(意樂)과 일체지심(一切智心)을 굳게 간직하면서 잠시도 잊지 않는 것이다. 중생을 성숙시키는데 한시도 게을리 하지 않는 것이다. 사섭법(四攝法)을 한시도 저버리지 않는 것이다. 정법을 보호하고 지키는데 신명(身命)을 아끼지 않는 것이다. 갖가지 선한 일을 닦아 익히면서도 결코 싫어하지 않는 것이다. 공덕을 잘 회향하는 것을 기뻐하는 것이다. 정법을 구하는 것을 게을리 하지 않는 것이다. 법의 가르침을 펴는데 인색하지 않는 것이다. 모든 붓다를 늘 우러르면서 공양하는 것이다.

짐짓 생사를 받더라도 두려움이 없는 것이다. 흥망성쇠를 만나더라도 기뻐하거나 슬퍼하지 않는 것이다. 아직 배우지 못한 자를 경멸하지 않는 것이다. 이미 배운 자는 붓다처럼 공경하는 것이다. 번뇌 속에서도 이치대로 생각할 수 있는 것이다. 멀리 벗어나 홀로 있는 즐거움에 대해서도 탐착하지 않을 수 있는 것이다. 자기의 행복에 대해서는 집착하지 않고, 남의 행복에 대해서는 깊은 마음으로 함께 기뻐하는 것이다. 닦아 익힌 선정과 해탈, 등지(等至)를 지옥처럼 생각해 애착하지 않는 것이다. 삼도육취(三道六趣)[13]에 생사유전하는 것을 집 뜰이나 열반처럼 생각해 싫어하지 않는 것이다. 구걸하러 오는 자에 대해서는 좋은 친구라 생각하는 것이다. 모든 소유를 아낌없이 버리면서 일체지(一切智)로 회향할 생각을 일으키는 것이다. 금기를 깨는 자에 대해선 구원할 생각을 일으키는 것이다.

바라밀다는 부모처럼 생각해 속히 성취하는 것이다. 보리분법(菩提分法)은 날개처럼 생각해 궁극적인 것으로 여기지 않는 것이다. 온갖 착한 법을 늘 부지런히 닦아 익히는 것이다. 자신의 영역을 모든 불국토의 공덕으로 장엄하기를 즐기는 것이다. 다른 불국토에 대해선 깊은 마음으로 흔쾌히 찬미하고, 자기 불국토는 속히 성취하는 것이다. 온갖 상호(相好)로 원만하게 장엄하고 청정하고 걸림 없는 대보시행을 닦는 것이다. 몸과 말과 마음을 청정하게 장엄하기 위해 일체의 계율을 범하는 악법을 멀리 벗어나는 것이다. 몸과 마음을 굳세고 인내할 수 있도록 하기 위해 일체의 분노, 원망, 번뇌를 멀리 벗어나는 것이다. 수행이 조속히 궁극에 이르도록 겁을 지내는 동안

13 삼도는 삼악도로서 육도(六道)에 포함된다. 육취는 육도(六道)와 같은 말로서, 중생의 업에 따라 윤회하는 여섯 가지의 세계 즉 지옥, 아귀, 축생, 아수라, 인간, 천상을 말함.

한없이 생사를 윤회하는 것이다. 자신의 마음을 굳세고 용맹스럽게 하기 위해 붓다의 한량없는 공덕을 듣기를 게을리 하지 않는 것이다.

번뇌의 적을 영원히 무찌르기 위해 방편을 통해 반야의 칼과 몽둥이를 갈고 닦는 것이다. 온갖 중생의 무거운 짐을 지기 위해 온(蘊), 처(處), 계(界)에 대해 완전히 통달하기를 구하는 것이다. 일체의 마군(魔軍)을 꺾어버리기 위해 게으름 없이 치열하게 정진하는 것이다. 무상정법(無上正法)을 수호하고 지키기 위해 태만함을 버리고 부지런히 훌륭한 방편과 조화의 지혜(智)를 구하는 것이다. 온갖 세간의 사랑과 교화를 위해 늘 욕심을 줄이고 만족할 줄 아는 행실을 즐겨 익히는 것이다. 세간의 법에 늘 더럽혀지지 않으면서도 일체의 세간을 순리대로 따를 수 있는 것이다. 온갖 위의를 조금도 허물어뜨리지 않으면서도 모든 행동을 나타낼 수 있는 것이다.

갖가지 신통과 묘한 지혜를 발휘해서 일체 중생을 안락케 하고 이롭게 하는 것이다. 일체의 배운 정법을 잘 받아 지녀서 묘한 지혜(妙智)와 정념(正念)과 다라니를 일으키는 것이다. 모든 기관(根)의 높고 낮은 지혜를 낳아서 일체 중생의 의혹을 끊는 것이다. 갖가지 걸림 없는 말솜씨(辯才)를 증득해서 정법을 펴되 늘 막힘이나 걸림이 없는 것이다. 인간과 천상의 뛰어난 즐거움을 누리기 위해 청정한 열 가지 착한 길(十善道)[14]를 부지런히 닦는 것이다. 범천(梵天)의 길을 올바로 개발하기 위해 사무량(四無量)의 지혜를 부지런히 수행하는 것이다. 모든 붓다의 너무나 미묘한 음성을 얻기 위해 설법을 청해 기뻐하고 찬미하는 것이다. 모든 붓다의 미묘한 위의를 얻기 위해 늘 탁월한 적정의 삼업(三業)[15]을 닦는 것이다. 수행 정진

14 열 가지 악한 길(十惡道)을 버리는 것을 말함. 십악은 살아 있는 것을 죽이는 것(殺生), 도둑질(偸盜), 음행(邪淫), 거짓말(妄語), 이간질하는 말(兩舌), 욕설(惡口), 교묘하게 꾸민 말(綺語), 탐욕, 성냄(瞋恚), 어리석음(邪見)의 열 가지 악으로, 이것을 버리는 것이 십악도임.

15 몸(身), 입(口), 뜻(意)의 세 가지 행실을 청정히 하는 것.

이 일념 일념마다 증진하도록 일체의 법에 대해 마음이 더럽혀지거나 걸림이 없는 것이다.

보살들을 잘 조어(調御)하기 위해 늘 대승으로 중생들의 배움을 권장하는 것이다. 지니고 있는 공덕을 잃거나 파괴하지 않기 위해서 언제 어느 때라도 방일하지 않는 것이다. 선근(善根)의 확실한 성숙과 증진을 위해서 늘 크나큰 염원(大願)을 닦기를 즐기는 것이다. 일체의 불국토를 장엄하기 위해 늘 부지런히 광대한 선근을 닦아 익히는 것이다. 닦아 익힌 수행이 궁극적으로 다함이 없기 위해서 늘 공덕을 회향하고 훌륭한 방편을 닦는 것이다.
선남자들이여, 이러한 법을 수행할지니, 이것이 바로 '보살이 유위를 다하지 않는다'고 말하는 것이다.

보살이 무위에도 머물지 않는다는 것은 무엇을 말함인가?
이를테면 보살들이 공(空)을 행하더라도 그 공을 증명하기를 즐기지 않는 것이다. 무상(無相)을 행하더라도 그 무상을 증명하기를 즐기지 않는 것이다. 무원(無願)을 행하더라도 그 무원을 증명하기를 즐기지 않는 것이다. 무작(無作)을 행하더라도 그 무작을 증명하기를 즐기지 않는 것이다. 온갖 유위법이 다 덧없다는 걸 보면서도 선근 심는 것을 싫증내지 않는 것이다. 세간의 일체 유위법이 다 고통인 줄 보면서도 생사 속에서 자발적으로 생을 받는 것이다.
안으로 '나'(我)가 없다는 사실을 관찰하면서도 끝내 자신(自身)을 저버리지 않는 것이다. 밖으로 중생이 없다는 사실을 관찰하면서도 늘 교화로 인도하기를 게을리 하지 않는 것이다. 열반이 궁극적으로 적멸하다는 사실을 보면서도 끝내 적멸에는 떨어지지 않는 것이다. 영원히 벗어나는 것이 궁극적인 안락이란 사실을 보면서도 끝내 몸과 마음을 싫어하거나 염려하지 않는 것이다. 아알라야가 없다는 사실을 관찰하면서도 맑고 깨끗한 법장(法藏)[16]을 저버리지 않는 것이

16 부처님의 종성. 우주의 근본 진리. 부처님의 공덕.

다. 모든 법이 궁극적으로는 무생(無生)임을 보면서도 늘 중생의 짐을 짊어지는 것이다. 번뇌 없음(無漏)을 보면서도 끊임없이 생사에 유전하는 것이다.

행 없음(無行)을 보면서도 중생들을 성숙시키는 일을 행하는 것이다. 나 없음(無我)을 보면서도 중생에 대한 대비심(大悲心)을 버리지 않는 것이다. 생이 없음(無生)을 보면서도 이승(二乘)의 정위(正位)[17]에 떨어지지 않는 것이다. 모든 법이 궁극적으로 공적(空寂)하다는 걸 보면서도 닦아놓은 복덕(福德)은 공적치 않게 하는 것이다. 모든 법이 궁극적으로 헛되다는 걸 보면서도 닦아놓은 지혜에서 벗어나지 않는 것이다. 모든 법이 궁극적으로 실(實) 없다는 걸 보면서도 늘 원만한 사유에 안주하는 것이다. 모든 법이 궁극적으로는 독립적이 아니란 걸 보면서도 늘 부지런히 자연지(自然智) 구하기를 힘쓰는 것이다. 모든 법이 영원히 머문 흔적이 없다는 걸 보면서도 궁극적인 의미에서 부처님의 종성(佛種)에 안주하는 것이다.
선남자들이여, 이 법을 수행할지니, 이것이 바로 '보살이 무위에도 머물지 않는 것'이라 말하는 것이다.
또 선남자들이여, 보살들은 늘 복덕의 자산을 쌓는 수행을 부지런히 하기 때문에 무위에 머물지 않는다. 늘 지혜의 자산을 부지런히 쌓기 때문에 유위를 다하지 않는다. 크나큰 사랑(大慈)을 성취해 어떤 결함도 없기 때문에 무위에도 머물지 않는다. 크나큰 연민(大悲)을 성취해 어떤 결함도 없기 때문에 유위를 다하지도 않는다. 중생을 이롭게 하고 행복하게 하기 때문에 무위에도 머물지 않는다. 모든 불법을 궁극에까지 원만히 성취하기 때문에 유위를 다하지도 않는다.
일체의 상호로 장엄한 부처님의 색신(色身)을 원만히 성취하기 때문에 무위에 머물지도 않는다. 일체의 신력(神力), 무외(無畏) 등 붓다의 지혜로 이루어진 몸(佛智身)을 증득하기 때문에 유위를 다하지 않는다. 교묘한 방편으로 중생을 교화하기 때문에 무위에 머물지도

17 소승의 열반.

않는다. 미묘한 지혜를 훌륭히 관찰하기 때문에 유위를 다하지 않는다. 불국토의 궁극적인 원만함을 닦고 다스리기 때문에 무위에 머물지 않는다. 붓다의 영원하고 파괴되지 않는 초인적 힘이 늘 다함이 없기 때문에 유위를 다하지 않는다. 늘 중생에게 이익이 되는 일을 하기 때문에 무위에 머물지 않는다. 끊임없이 법의 뜻(法義)을 수용하기 때문에 유위를 다하지 않는다. 선근(善根)을 쌓는 일에 다함이 없기 때문에 무위에 머물지 않는다. 갖고 있는 선근의 힘을 파괴시키지 않기 때문에 유위를 다하지 않는다.

본래의 염원을 원만히 성취하고자 하기 때문에 무위에 머물지 않는다. 드높은 의락(意樂)이 훌륭하고 청정하기 때문에 유위를 다하지 않는다. 항상 오신통[18]에서 노닐기 때문에 무위에 머물지 않는다. 부처님의 지혜인 육신통[19]이 아주 원만하기 때문에 유위를 다하지 않는다. 바라밀다의 자량이 충만하기 때문에 무위에 머물지 않는다. 근본적인 마음의 활동들이 아직 완성되지 않았기 때문에 유위를 다하지 않는다.

법재(法財)의 보배를 모으는데 언제나 싫증을 내지 않기 때문에 무위에 머물지 않는다. 제한된 법(少分法)은 별로 희구하지 않기 때문에 유위를 다하지 않는다. 굳센 서원(誓願)은 늘 물러남이 없기 때문에 무위에 머물지 않는다. 그 서원을 끝내 채울 수 있기 때문에 유위를 다하지 않는다. 일체의 묘한 법약(法藥)을 모으기 때문에 무위에 머물지 않는다. 그 응하는데 따라 법약을 주기 때문에 유위를 다하

18 선정을 닦음으로써 얻는 초인간적인 능력을 신통 또는 신통력이라고 함. 1.자기와 타인의 먼 미래까지 투사하는 천안통(天眼通), 2.육신의 귀로는 들을 수 없는 소리를 듣는 천이통(天耳通), 3.타인의 심리를 자유자재로 아는 타심통(他心通), 4.전생의 일을 아는 숙명통(宿命通), 5.마음대로 변화를 나타낼 수 있는 신족통(神足通).

19 앞의 오신통에, 번뇌를 완전히 벗어난 누진통(漏盡通)을 합쳐서 육신통이라고 함. 오신통까지는 사선정을 닦은 자면 누구나 얻을 수 있는 것이지만 마지막 누진통은 오로지 깨달음을 얻은 부처님이 얻을 수 있는 것임.

지 않는다. 중생의 번뇌라는 병을 완전히 알기 때문에 무위에 머물지 않는다. 중생의 번뇌라는 병을 없애기 때문에 유위를 다하지 않는다.

선남자들이여, 이처럼 보살은 유위를 다하지도 않고 무위에 머물지도 않으니, 이를 '다함이 있고(有盡) 다함이 없는(無盡) 해탈법문에 안주하는 것'이라 부른다. 그대들 모두는 부지런히 배우고 닦아야 한다.

이때 일체묘향 세계 최상향대 여래의 불국토에서 온 보살들은 이 다함이 있고 다함이 없는 해탈법문을 다 들었다. 법의 가르침이 그들의 마음을 열어주고 격려하자 모두의 마음에는 커다란 기쁨이 솟아올랐다. 그래서 그들은 한량없는 온갖 뛰어난 향과 꽃 등의 장엄 도구로 세존과 보살들, 그리고 이 다함이 있고 다함이 없는 해탈법문을 공양하고, 다시 갖가지 뛰어난 미묘한 꽃과 향을 삼천대천세계에 두루 흩뿌리니 그 향과 꽃은 대지를 덮어 무릎까지 깊이 파묻혔다.

그리고 나서 보살들은 세존의 두 발에 경건히 절하고 오른쪽으로 세 번 돈 뒤, 석가모니와 보살들과 설법한 법문을 찬양하였다. 그리고는 이 불국토에서 홀연히 사라진 뒤 순식간에 자기들 나라로 돌아갔다.

11 說無垢稱經菩薩行品第十一

佛時猶在菴羅衛林為眾說法。於眾會處。其地欻然廣博嚴淨。一切大眾皆現金色。時阿難陀即便白佛。世尊。此是誰之前相。於眾會中欻然如是廣博嚴淨。一切大眾皆現金色。佛告具壽阿難陀曰。是無垢稱與妙吉祥。將諸大眾恭敬圍繞。發意欲來赴斯眾會現此前相。時無垢稱語妙吉祥。我等今應與諸大士詣如來所頂禮供事瞻仰世尊聽受妙法。妙吉祥曰。今正是時可同行矣。時無垢稱現神通力。令諸大眾不起本處并師子座住右掌中。往詣佛所到已置地。恭敬頂禮世尊雙足。右繞七匝却住一面。向佛合掌儼然而立。諸大菩薩下師子座。恭敬頂禮世尊雙足。右繞三匝却住一面。向佛合掌儼然而立。諸大聲聞釋梵護世四天王等亦皆避座。恭敬頂禮世尊雙足。却住一面向佛合掌儼然而立。於是世尊如法慰問諸菩薩等一切大眾。作是告言。汝等大士。隨其所應各復本座。時諸大眾蒙佛教勅。各還本座恭敬而坐。

爾時世尊告舍利子。汝見最勝菩薩大士自在神力之所為乎。舍利子言。唯然已見。世尊復問。汝起何想。舍利子言。起難思想。我見大士不可思議。於其作用神力功德。不能算數不能思惟。不能稱量不能述歎。時阿難陀即便白佛。今所聞香昔來未有。如是香者為是誰香。佛告之言。是諸菩薩毛孔所出。時舍利子語阿難陀。我等毛孔亦出是香。阿難陀曰。如是妙香仁等身內何緣而有。舍利子言。是無垢稱自在神力。遣化菩薩往至上方最上香臺如來佛土。請得彼佛所食之餘。來至室中供諸大眾。其間所有食此食者。一切毛孔皆出是香。時阿難陀問無垢稱。是妙香氣當住久如。無垢稱言。乃至此食未皆消盡。其香猶住。阿難陀曰。如是所食其經久如當皆消盡。無垢稱言。此食勢分七日七夜住在身中。過是已後乃可漸消。雖久未消而不為患。具壽當知。諸聲聞乘未入正性離生位者。若食此食。要入正性離生位已然後乃消。未離欲者。若食此食。要得離欲然後乃消。未解脫者。若食此食。要心解脫然後乃消。諸有大乘菩薩種性未發無上菩提心者。若食此食。要發無上菩提心已然後乃消。已發無上菩提心者。若食此食。要當證得無生法忍然後乃消。其已證得無生忍者若食此食。要當安住不退轉位然後乃消。其已安住不退位者。若食此食。要當安住一生繫位然後乃消。具壽當知。譬如世間有大藥王名最上味。若有眾生遇遭諸毒遍滿身者與令服之。乃至諸毒未皆除滅。是大藥王猶未消盡。諸毒滅已然後乃消。食此食者亦復如是。乃至一切煩惱諸毒未皆除滅。如是所食猶未消盡。煩惱滅已然後乃消。阿難陀言。不可思議。如是大士所致香食。能為眾生作諸佛事。佛即告言。如是如是。如汝所說不可思議。此無垢稱所致香食。能為眾生作諸佛事。

爾時佛復告阿難陀。如無垢稱所致香食。能為眾生作諸佛事。如是於餘十方世界。或有佛土以諸光明而作佛事。或有佛土以菩提樹而作佛事。或有佛土以諸菩薩而作佛事。或有佛土以見如來色身相好。而作佛事。或有佛土以諸化人而作佛事。或有佛土以諸衣服而作佛事。或有佛土以諸臥具而作佛事。或有佛土以諸飲食而作佛事。或有佛土以諸園林而作佛事。或有佛土以諸臺觀而作佛事。或有佛土以其虛空而作佛事。所以者何。由諸有情因此方便而得調伏。或有佛土為諸有情種種文詞。宣說幻夢光影水月響聲陽焰鏡像浮雲健達縛城帝網等喻而作佛事。或有佛土以其音聲語言文字。宣說種種諸法性相而作佛事。或有佛土清淨寂寞無言無說。無訶無讚無所推求。無有戲論無表無示。所化有情因斯寂寞。自然證入諸法性相而作佛事。如是當知。十方世界諸佛國土其數無邊。所作佛事亦無數量。以要言之。諸佛所有威儀進止受用施為。皆令所化有情調伏。是故一切皆名佛事。又諸世間所有四魔八萬四千諸煩惱門。有情之類為其所惱。一切如來即以此法。為諸眾生而作佛事。汝今當知。如是法門名為悟入一切佛法。若諸菩薩入此法門。雖見一切成就無量廣大功德嚴淨佛土不生喜貪。雖見一切無諸功德雜穢佛土不生憂恚。於諸佛所發生上品信樂恭敬歎未曾有。諸佛世尊一切功德平等圓滿。得一切法究竟真實平等性故。為欲成熟差別有情。示現種種差別佛土。汝今當知。如諸佛土雖所依地勝劣不同。而上虛空都無差別。如是當知。諸佛世尊為欲成熟諸有情故。雖現種種色身不同而無障礙。福德智慧究竟圓滿都無差別。

汝今當知。一切如來悉皆平等。所謂最上周圓無極形色威光。諸相隨好族姓尊貴。清淨尸羅定慧解脫解脫知見。諸力無畏不共佛法。大慈大悲大喜大捨利益安樂。威儀所行正行壽量。說法度脫成熟有情。清淨佛土。悉皆平等。以諸如來一切佛法悉皆平等。最上周圓究竟無盡。是故皆同名正等覺。名為如來。名為佛陀。汝今當知。設令我欲分別廣說此三句義。汝經劫住無間聽受。窮其壽量亦不能盡。假使三千大千世界有情之類。皆如阿難得念總持多聞第一。咸經劫住無間聽受。窮其壽量亦不能盡。此正等覺如來佛陀三句妙義。無能究竟宣揚決擇。唯除諸佛。如是當知。諸佛菩提功德無量。無滯妙辯不可思議。說是語已。時阿難陀白言。世尊。我從今去不敢自稱得念總持多聞第一。佛便告曰。汝今不應心生退屈。所以者何。我自昔來但說汝於聲聞眾中得念總持多聞第一。非於菩薩。汝今且止。其有智者不應測量諸菩薩事。汝今當知。一切大海源底深淺猶可測量。菩薩智慧念定總持辯才大海無能測者。汝等聲聞置諸菩薩所行境界不應思惟。於一食頃是無垢稱示現變化所作神通。一切聲聞及諸獨覺。百千大劫示現變化神力所作。亦不能及時彼上方諸來菩薩。皆起禮拜釋迦牟尼。合掌恭敬白言。世尊。我等初來見此佛土種種雜穢生下劣想。今皆悔愧捨離是心。所以者何。諸佛境界方便善巧不可思議。為欲成熟諸有情故。如如有情所樂差別。如是如是示現佛土。唯然世尊。願賜少法當還一切妙香世界。由此法故常念如來。說是語已。世尊告彼諸來菩薩言。善男子。有諸菩薩解脫法門。名有盡無盡。汝今敬受當勤修學。云何名為有盡無盡。言有盡者。即是有為有生滅法。言無盡者。即是無為無生滅法。菩薩不應盡其有為。亦復不應住於無為。云何菩薩不盡有為。謂諸菩薩不棄大慈不捨大悲。曾所生起增上意樂。一切智心繫念寶重而不暫忘。成熟有情常無厭倦。於四攝事恒不棄捨。護持正法不惜身命。求習諸善終無厭足。常樂安立迴向善巧。詢求正法曾無懈倦。敷演法教不作師倦。常欣瞻仰供事諸佛。故受生死而無怖畏。雖遇興衰而無欣慼。於諸未學終不輕陵。於已學者敬愛如佛。於煩惱雜能如理思。於遠離樂能不耽染。於己樂事曾無味著。於他樂事深心隨喜。於所修習靜慮解脫等持等至。如地獄想而不味著。於所遊歷界趣生死。如宮苑想而不厭離。於乞求者生善友想。捨諸所有皆無顧恪於一切智起迴向想。於諸毀禁起救護想。於波羅蜜多如父母想。速令圓滿。於菩提分法如翼從想。不令究竟。於諸善法常勤修習。於諸佛土恒樂莊嚴。於他佛土深心欣讚。於自佛土能速成就。為諸相好圓滿莊嚴。修行清淨無礙大施。為身語心嚴飾清淨。遠離一切犯戒惡法。為令身心堅固堪忍。遠離一切忿恨煩惱。為令所修速得究竟。經劫無數生死流轉。為令自心勇猛堅住。聽佛無量功德不倦。為欲永害煩惱怨敵。方便修治般若刀杖。為欲荷諸有情重擔。於蘊界處求遍了知。為欲摧伏一切魔軍。熾然精進曾無懈怠。為欲護持無上正法。離慢勤求善巧化智。為諸世間愛重受化。常樂習行少欲知足。於諸世法恒無雜染。而能隨順一切世間。於諸威儀恒無毀壞。而能示現一切所作。發生種種神通妙慧。利益安樂一切有情。受持一切所聞正法。為起妙智正念總持。發生諸根勝劣妙智。為斷一切有情疑惑。證得種種無礙辯才。敷演正法常無擁滯。為受人天殊勝喜樂。勤修清淨十善業道。為正開發梵天道路。勤進修行四無量智。為得諸佛上妙音聲。勸請說法隨喜讚善。為得諸佛上妙威儀。常修殊勝寂靜三業。為令所修念念增勝。於一切法心無染滯。為善調御諸菩薩僧。常以大乘勸眾生學。為不失壞所有功德。於一切時常無放逸。為諸善根展轉增進。常樂修治種種大願。為欲莊嚴一切佛土。常勤修習廣大善根。為令所修究竟無盡。常修迴向善巧方便。諸善男子修行此法。是名菩薩不盡有為。

云何菩薩不住無為。謂諸菩薩雖行於空。而於其空不樂作證。雖行無相。而於無相。不樂作證。雖行無願。而於無願不樂作證。雖行無作。而於無作不樂作證。雖觀諸行皆悉無常。而於善根心無厭足。雖觀世間一切皆苦。而於生死故意受生。雖樂觀察內無有我。而不畢竟厭捨自身。雖樂觀察外無有情。而常化導心無厭倦。雖觀涅槃畢竟寂靜。而不畢竟墮於寂滅。雖觀遠離究竟安樂。而不究竟厭患身心。雖樂觀察無阿賴耶。而不棄捨清白法藏。雖觀諸法畢竟無生。而常荷負利眾生事。雖觀無漏。而於生死流轉不絕。雖觀無行。而行成熟諸有情事。雖觀無我。而於有情不捨大悲。雖觀無生。而於二乘不墮正位。雖觀諸法畢竟空寂。而不空寂所修福德。雖觀諸法畢竟遠離。而不遠離所修智慧。雖觀諸法畢竟無實。而常安住圓滿思惟。雖觀諸法畢竟無主。而常精勤求自然智。雖觀諸法永無幖幟。而於了義安立佛種。諸善男子。修行此法。是名菩薩不住無為。

又善男子。以諸菩薩常勤修集福資糧故不住無為。常勤修集智資糧故不盡有為。成就大慈無缺減故不住無為。成就大悲無缺減故不盡有為。利益安樂諸有情故不住無為。究竟圓滿諸佛法故不盡有為。成滿一切相好莊嚴佛色身故不住無為。證得一切力無畏等佛智身故不盡有為。方便善巧化眾生故不住無為。微妙智慧善觀察故不盡有為。修治佛土究竟滿故不住無為。佛身安住常無盡故不盡有為。常作饒益眾生事故不住無為。領受法義無休廢故不盡有為。積集善根常無盡故不住無為。善根力持不斷壞故不盡有為。為欲成滿本所願故不住無為。於永寂滅不希求故不盡有為。圓滿意樂善清淨故不住無為。增上意樂善清淨故不盡有為。恒常遊戲五神通故不住無為。佛智六通善圓滿故不盡有為。波羅蜜多資糧滿故不住無為。本所思惟未圓滿故不盡有為。集法財寶常無厭故不住無為。不樂希求少分法故不盡有為。堅牢誓願常無退故不住無為。能令誓願究竟滿故不盡有為。積集一切妙法藥故不住無為。隨其所應授法藥故不盡有為。遍知眾生煩惱病故不住無為。息除眾生煩惱病故不盡有為。諸善男子。菩薩如是不盡有為不住無為。是名安住有盡無盡解脫法門。汝等皆當精勤修學。

爾時一切妙香世界。最上香臺如來佛土諸來菩薩。聞說如是有盡無盡解脫門已。法教開發勸勵其心。皆大歡喜身心踊躍。以無量種上妙香花諸莊嚴具。供養世尊及諸菩薩并此所說有盡無盡解脫法門。復以種種上妙香花。散遍三千大千世界。香花覆地深沒於膝。時諸菩薩恭敬頂禮世尊雙足右繞三匝。稱揚讚頌釋迦牟尼及諸菩薩并所說法。於此佛土欻然不現。經須臾間便住彼國。

제12장

관여래품

觀如來品

12 관여래품觀如來品

이때 세존께서 무구칭에게 물었다.

선남자여, 그대는 무엇보다도 여래의 몸(如來身)을 보고 싶어 했기 때문에 이곳에 온 것이다. 그대는 어떻게 여래를 본다고 말하겠는가?

무구칭이 말했다.

저는 여래를 볼 때 전혀 보는 바 없이 봅니다. 여래는 과거(前際)에서 오는 것도 아니며, 미래(後際)로 가버리는 것도 아니며, 현재에 머무는 것도 아니기 때문입니다. 까닭인즉, 여래는 색 자체의 성품(色眞如性)이긴 해도 색(色)은 아니며, 수 자체의 성품(受眞如性)이긴 해도 수(受)는 아니며, 상 자체의 성품(想眞如性)이긴 해도 상(想)은 아니며, 행 자체의 성품(行眞如性)이긴 해도 행(行)은 아니며, 식 자체의 성품(識眞如性)이긴 해도 식(識)은 아니기 때문입니다.

여래는 사대(四大)에서 발견되지 않으니 허공과 같습니다. 육처(六處)에서 나온 것도 아니니 여섯 감관의 길을 초월해 있습니다. 삼계(三界)에 연루되지 않으며, 세 가지 오염(三垢)[1]을 영원히 벗어나 있습니다. 세 가지 해탈(三解脫)에 순응하고, 삼명(三明)[2]에 이르되, 밝음 없이 밝고 이름 없이 이릅니다. 일체 법에 대해 여래는 무집착의 정상에 도달해 있습니다. 여래는 실상의 극한이자 비극한이며, 진여(眞如)이자 비진여(非眞如)입니다. 여래는 진여의 경계(境)에 늘 머무는 것도 아니며, 진여의 지혜(智)에 항상 밝게 응하는 것도

1 삼독(三毒)과 같은 뜻으로 탐욕(貪), 성냄(瞋), 어리석음(癡)을 말함.
2 명(明)은 지혜로 밝게 아는 것. 육신통 중 천안통, 숙명통, 누진통을 가리킴.

아닙니다. 하지만 진여의 경계와 지혜는 그 본성이 서로 함께 하면서도 여의어 있습니다.

여래는 원인(因)에서 생긴 것도 아니며, 조건(緣)에서 일어난 것도 아닙니다. 특정한 모습이 없지는 않지만 그렇다고 해서 본래 그 모습을 갖고 있는 건 아닙니다. 단일한 모습(一相)도 아니요 다양한 모습(異相)도 아닙니다. 어떤 개념도 아니고 마음의 구축물도 아니지만 그렇다고 비개념도 아닙니다.

여래는 차안(此岸)도 아니요, 피안(彼岸)도 아니고,[3] 그 중간의 흐름도 아닙니다. 여기에 있는 것도 아니고, 저기에 있는 것도 아니며, 그 밖의 다른 곳에 있는 것도 아닙니다. 여래는 안(內)에 있지도 않고 밖(外)에 있지도 않으며, 안과 밖에 동시에 있는 것도 아니며, 안과 밖에 동시에 있지 않은 것도 아닙니다. 이미 가버린(已去) 것도 아니요 앞으로 갈(當去) 것도 아니며 현재 가고 있는(今去) 것도 아닙니다. 이미 온(已來) 것도 아니요 앞으로 올(當來) 것도 아니며 현재 오고 있는(今來) 것도 아닙니다. 지혜(智)도 아니요 그 지혜의 경계(境)도 아닙니다.

인식 주체(能識)도 아니요 인식 대상(所識)도 아닙니다. 숨겨진(隱) 것도 아니요 드러난(顯) 것도 아닙니다. 어둠(闇)도 아니요 광명(明)도 아닙니다. 머무는 것도 아니요 움직이는 것도 아닙니다. 어떤 명칭(名)이나 모습(相)도 없습니다. 강한(强) 것도 아니요 약한(弱) 것도 아닙니다. 국지적인 것(方分)에 머물지 않고 국지적인 것을 벗어나 있지도 않습니다. 오염된 것도 아니고 청정한 것도 아닙니다. 유위(有爲)도 아니고 무위(無爲)도 아닙니다. 영원히 적멸한 것도 아니고 적멸하지 않은 것도 아닙니다. 가르칠만한 것도 없고 설명할 만

3 차안은 '이쪽 언덕'이라는 뜻이고 피안은 '저쪽 언덕'이라는 뜻인데, 생사윤회를 거듭하는 세계를 차안이라고 하며 그것을 벗어나 깨달음에 이른 열반의 세계를 피안이라고 함.

한 뜻도 없습니다.

보시도 없고 인색함도 없습니다. 계율도 없고 계율을 범하는 것도 없습니다. 인욕도 없고 성냄도 없습니다. 부지런함도 없고 게으름도 없습니다. 고요히 가라앉음(定)도 없고 흐트러짐(亂)도 없습니다. 지혜도 없고 어리석음도 없습니다. 참도 없고 거짓도 없습니다. 나가는(出) 것도 없고 들어오는(入) 것도 없습니다. 가는(去) 것도 없고 오는(來) 것도 없습니다. 일체의 언어와 시설이 끊어졌습니다.

복전(福田)[4]도 아니요 복전 아닌 것도 아닙니다. 공양 받을만한 자(應供)도 아니요 공양 받을만한 자 아닌 것도 아닙니다. 파악하는 주체(能執)도 아니요 파악의 대상(所執)도 아닙니다. 지각의 주체(能取)도 아니요 지각의 대상(所取)도 아닙니다. 모습도 아니요 모습 아닌 것도 아닙니다. 행위도 아니요 비행위도 아닙니다. 늘어나는 것도 없고 줄어드는 것도 없어 평등합니다. 실상의 경계(眞實際)와 동일하고 법계의 성품(法界性)과 균등합니다.

능히 칭하는 것(能稱)도 아니고 칭해지는 것(所稱)도 아니라서 온갖 칭함을 벗어나 있습니다. 능히 헤아리는 것(能量)도 아니고 헤아려지는 것(所量)도 아니라서 온갖 헤아림을 초월해 있습니다. 앞으로 향하는(向) 것도 없고 뒤로 등지는(背) 것도 없어서 온갖 향배를 초월해 있습니다. 용기도 없고 비겁함도 없어 모든 용기와 비겁함을 초월해 있습니다. 큰 것(大)도 아니고 작은 것(小)도 아니며 넓은 것(廣)도 아니고 좁은 것(狹)도 아닙니다. 보는 것(見)도 없고 듣는 것(聞)도 없고 깨닫는 것(覺)도 없고 아는 것(知)도 없습니다. 모든 속박을 벗어나서 확연히 해탈해 있으며, 일체지지(一切智智)의 평등함을 깨달았습니다.
모든 중생과 둘이 아님을 획득했고, 모든 법의 무차별성을 성취했습

4 복덕을 낳는 밭, 복덕의 씨를 뿌려 키우는 곳이라는 뜻. 사람들이 공덕의 씨를 뿌릴 수 있는 대표적인 복전으로는 불 · 법 · 승 삼보가 있음.

니다. 어느 곳에서나 죄도 없고 비난도 없고 혼탁함도 없고 더러움도 없고 장애도 없습니다. 온갖 분별을 벗어나 작위(作)도 없고 생(生)도 없습니다. 거짓(虛)도 없고 진실(實)도 없고 생기(起)도 없고 소멸(盡)도 없습니다. 과거도 없고 미래도 없으며, 공포(怖)도 없고 오염(染)도 없습니다. 걱정도 없고 기쁨도 없고 싫어함도 없고 즐거워함도 없습니다. 어떤 분별로도 파악할 수 없으며, 어떤 낱말이나 언어로도 설명할 수 없습니다.

세존이여, 여래 몸의 모습이 이렇습니다. 반드시 이렇게 보아야지 달리 보아서는 안 됩니다. 이렇게 보는 것을 바르게 봄(正觀)이라 하며, 달리 보는 것을 삿되게 봄(邪觀)이라 합니다.

그때 사리불이 부처님께 여쭈었다.

세존이여, 이 무구칭은 어디서 목숨을 마치고 나서 이 사바 세계[5]에 태어난 것입니까?

세존이 말했다.

그대가 직접 무구칭에게 물어라.

사리불이 무구칭에게 물었다.

당신은 어느 곳에서 목숨을 마친 뒤 이 땅에 태어났습니까?

무구칭이 말했다.

5 sabhā를 소리나는 대로 읽은 것. 우리가 사는 이 세계를 말하며, 온갖 고뇌를 참고 견뎌야 하는 세계라서 감인(堪忍) 세계라고도 함.

사리불이여, 당신은 모든 법을 완전히 알아서 증득했습니다. 그런데 그 법에 죽고 나는 일이 조금이라도 있습니까?

사리불이 말했다.

무구칭이여, 그 법에 죽고 나는 일은 전혀 없습니다.

무구칭이 말했다.

일체 모든 법을 완전히 알아서 나고 죽는 일이 없음을 증득했다면 어째서 어느 곳에서 목숨을 마친 뒤 이 땅에서 태어났냐고 묻는 것입니까?
사리불이여, 당신 생각은 어떻습니까? 환상으로 이루어진 남녀는 어느 곳에서 죽은 뒤 이곳에 태어난 것입니까?

사리불이 말했다.

환상으로 이루어진 남녀는 죽었다거나 살았다는 일이 있을 수 없습니다.

무구칭이 말했다.

여래께서는 '일체 모든 법이 환상으로 이루어졌다'고 말씀하지 않았습니까?

사리불이 말했다.

그렇습니다.

무구칭이 말했다.

일체 모든 법의 자체 성품(自性)과 자체 모습(自相)이 환상으로 이루어진 것이라면, 어째서 당신은 어느 곳에서 목숨을 마친 뒤 이 땅에서 태어났냐고 묻는 것입니까?
사리불이여, 죽음은 바로 모든 활동(行)이 끊어진 모습이고, 삶은 바로 모든 활동이 지속하는 것입니다. 보살은 죽더라도 일체의 착한 법을 쌓는 활동을 중단하지 않으며, 보살은 태어나더라도 일체의 악한 법을 짓는 활동을 지속하지 않습니다.

이때 세존께서 사리불에게 말했다.

묘희(妙喜)라는 붓다의 세계가 있는데, 그곳 여래의 호칭은 무동(無動)이다. 무구칭은 중생을 구원하기 위해 그곳에서 목숨을 마친 뒤 이 세계에 태어난 것이다.

사리불이 말했다.

너무나 기이합니다, 세존이여. 그 청정한 불국토를 버리고 더러움으로 가득 찬 이 곳을 즐길 수 있다니, 무구칭 같은 대사는 결코 없었을 것입니다.

무구칭이 말했다.

사리불이여, 당신은 어떻게 생각하십니까? 햇빛이 세상의 어둠과 함께 하겠습니까?

사리불이 말했다.

아닙니다, 거사여. 태양이 뜨면 뭇 어둠은 사라집니다.

무구칭이 말했다.

태양은 무엇 때문에 섬부주(贍部洲)[6]를 운행합니까?

사리불이 말했다.

어둠을 없애고 밝게 비추기 위해섭니다.

무구칭이 말했다.

보살도 그렇습니다. 중생을 구원하기 위해 이 예토(穢土)[7]에 태어나지만, 어떤 번뇌에도 물들지 않으면서 중생들의 번뇌의 어둠을 몰아냅니다.

이때 모든 대중들이 다 묘희 공덕으로 청정하게 장엄된 불국토의 무동여래와 그곳의 보살들과 성문들을 보기를 열망했다. 부처님은 대중들의 뜻을 알고 무구칭에게 말했다.

선남자여, 지금 이곳에 모인 신선들을 비롯한 모든 대중들이 묘희 공덕으로 청정하게 장엄된 불국토의 무동여래와 그곳의 보살들과 성문들을 보기를 열망한다. 그대가 그 세계를 보여주어 저들의 소원

6 세계의 한가운데 있는 수미산의 남쪽에 있는 대륙 이름. 남섬부주라고 하는데 줄여서 섬부주라고 함. 현재 우리가 살고 있는 땅.

7 더러움으로 가득 찬 땅. 탐 · 진 · 치의 삼독으로 가득 찬 중생들의 땅을 말하며, 반대말은 정토(淨土).

을 들어주도록 하라.

그러자 무구칭은 이렇게 생각했다.

나는 이 자리에서 일어나지 않고 신통력을 써서 신속히 저 묘희 세계와 윤위산(輪圍山), 숲과 동산, 샘과 계곡, 강과 큰 바다, 수미산과 수미산을 둘러싼 봉우리와 골짜기들, 해와 달과 별, 천룡, 귀신, 제석천왕의 궁전들, 보살들과 성문들, 마을과 성읍과 왕도, 집에서 살고 있는 크고 작은 남녀들을 옮겨오리라.
나는 무동여래 응정등각의 큰 보리수와 바다처럼 광대한 대중들 속에 앉아 계시면서 설법하시는 무동여래와 중생들 속에서 불사를 성취하는 온갖 보배로운 연꽃과 섬부주(蟾部洲)에서 삼십삼천(三十三天)에 오르는 세 개의 보배 계단, 그리고 무동여래를 뵙고 예배하고 공양한 뒤 법을 듣기 위해 삼십삼천에서 세간으로 보배 계단을 내려오는 천신들과 섬부주 사람들이 삼십삼천의 천신들과 숲, 동산, 궁궐이 보고 싶어 이 보배 계단으로 오르는 모습 등—이처럼 한량없는 공덕이 한데 어우러진 청정한 묘희 세계를 아래로는 수륜(水輪)[8]에서부터 위로는 색구경천(色究竟天)[9]에 이르기까지 몽땅 잘라내서 오른손 손바닥에 올려놓고 마치 도공의 물레처럼, 또는 꽃다발을 꿰는 것처럼 이 세계로 들여와 대중들에게 보이리라.

이렇게 생각한 무구칭은 자리에서 일어나지 않고 삼매에 들어 탁월한 신통력을 일으켰다. 그리고는 이내 묘희 세계를 잘라내 오른 손바닥에다 올려놓고 이 세계 속에 들여 놓았다. 그 땅의 보살들과 성문들,

8 이 세계 맨 밑에는 풍륜(風輪), 그 위에는 수륜(水輪), 수륜 위에는 금륜(金輪)이 있어서 세계를 떠받치고 있다고 함.

9 색계는 초선천의 3천, 2선천의 3천, 3선천의 3천, 4선천의 9천 총 18천으로 이루어졌는데, 색구경천은 그 중 맨 위에 있는 하늘(天)이다.

인간, 천신들 중에서 천안통(天眼通)[10]을 얻은 자들은 모두 경악하면서 소리쳤다.

> 누가 우리를 데려간다. 누가 우리를 데려간다. 바라건대 세존이여 우리를 구원하소서. 바라건대 선서(善逝)[11]여 우리를 구원하소서.

그러자 무동여래가 중생들을 교화하기 위해 방편으로 말했다.

> 선남자들이여, 너희들은 두려워 말라. 이는 무구칭의 신통력으로 이끄는 것이라 나도 어쩔 수가 없구나.

묘희 세계의 처음 배우는 인간이나 천신들 중 아직 천안통을 얻지 못한 자들은 여전히 편안한 상태에서 아무 것도 알지도 못하고 보지도 못하다가 이 말을 듣자 놀라면서 서로 물었다.

> 우리가 지금 어디로 가는 걸까?

그러나 묘희 세계가 이 사바 세계로 들어와도 갖가지 모습은 늘거나 줄지 않고, 사바 세계 자체도 압박을 받지 않았다. 저 세계와 이 세계가 서로 섞였지만, 대중들은 자신들의 거주처가 전혀 달라지지 않았음을 보았다.

이때 석가모니께서 대중들에게 말씀하셨다.

---

10 부처님이나 보살이 지니는 신통력 가운데 하나로, 자기와 타인의 먼 미래까지 투시하는 능력.

11 '잘 가는 사람, 잘 간 사람'이라는 뜻으로, 미혹의 세계를 넘어 깨달음의 세계에 이른 부처님을 일컫는 말 가운데 하나.

> 너희 신선들은 묘희 세계 무동여래의 장엄한 불국토와 보살들과 성문들을 보았는가?

모든 대중이 다 같이 말했다.

> 세존이여, 이미 보았습니다.

그러자 무구칭이 곧 신통력으로 갖가지 아름답고 미묘한 천상의 꽃과 그 밖의 말향(末香)[12]을 만들어 대중들과 함께 석가모니와 무동여래와 보살들에게 꽃을 뿌리는 공양을 하였다. 세존이 다시 대중들에게 말했다.

> 너희 신선들이 이같은 공덕으로 장엄된 불국토를 이루고자 보살이 되기를 바라는 자는 반드시 무동여래가 본래부터 수행한 보살행들을 배워야 한다.

무구칭이 신통력으로 이러한 묘희 세계를 나타냈을 때, 사바 세계의 84나유타[13] 사람들과 천신들이 다 같이 아뇩다라삼먁삼보리의 마음을 냈으며, 모두가 묘희 세계에서 태어나기를 원했다. 세존은 그들 모두에게 반드시 무동여래가 살고 계시는 불국토에 다시 태어날 것임을 수기[14]했다.

---

12 가루로 된 향을 총칭해서 말향이라 한다.

13 nayuta를 소리나는 대로 읽은 것. 매우 큰 수를 나타내는 인도의 수의 단위로, 천만이라고도 하고 천억이라고도 함.

14 수행자가 미래에 최고의 깨달음을 얻으리라는 것을 부처님이 예언, 약속하는 것. 보살에게 미래에 부처가 되리라고 예연, 인가, 약속을 주는 것.

무구칭은 이 세계 중생들의 이익을 위해 신통력을 써서 묘희 세계와 무동여래와 보살, 성문들을 옮겨 왔으며, 그 일을 마치자 묘희 세계를 다시 원위치로 돌려놓았다. 원위치로 돌려놓는 순간 묘희 세계와 사바 세계가 분리되면서 양쪽의 대중들은 서로를 보았다.

이때 세존이 사리불에게 말했다.

그대는 묘희 세계의 무동여래와 보살들을 보았는가?

사리불이 말했다.

세존이여, 이미 보았습니다. 바라건대 중생들이 이 장엄한 불국토에 살 수 있도록 하소서. 바라건대 중생들이 이 복덕과 지혜와 원만한 공덕을 성취해 모두가 다 무동여래처럼 완전케 하소서. 바라건대 중생들이 모두 무구칭처럼 자재로운 신통력을 얻게 하소서.
세존이여, 우리가 훌륭한 이익을 얻은 것은 이 무구칭 대사같은 분을 가까이서 뵐 수 있었기 때문입니다. 여래가 현세에 살고 계시든 아니면 열반에 드셨든 중생들은 이 탁월한 법문을 듣기만 해도 뛰어난 이익을 얻습니다. 하물며 이 법을 듣고 나서 믿고, 이해하고, 수지독송(受持讀頌)[15]하고, 다른 사람을 위해 널리 설명해주는 것이겠습니까? 또 방편과 정진 수행을 하는 것이겠습니까?
중생들이 이 탁월한 법문을 얻는다면 법의 진귀한 보물 창고를 얻은 것이나 마찬가지입니다.
중생들이 이 탁월한 법문을 믿고 이해한다면 모든 붓다를 계승해서 상속하는 것입니다.
중생들이 이 탁월한 법문을 읽고 외운다면 보살과 붓다의 동행자가

15 잘 받아 지녀서 항상 읽고 외우는 것.

되는 것입니다. 만약 중생들이 이 탁월한 법문을 받아서 지닌다면 무상정법(無上正法)을 보유하는 것입니다.

공양을 하면서 이 법을 배우는 자들은 자신들의 집 안에 여래가 있다는 걸 알 것입니다.

만약 이 탁월한 법문을 쓰고 베껴서 공양한다면 이는 일체의 복덕과 일체지지(一切智智)를 거두어들이는 것입니다.

이 탁월한 법문을 기뻐하는 자들은 위대한 법(大法)의 공양물을 마련하는 것입니다. 이 탁월한 법문의 사구송(四句頌) 하나라도 남을 위해 설명한다면 이는 이미 불퇴전위(不退轉位)[16]에 가까운 것입니다.

만약 선남자나 선여인이 이 탁월한 법문을 믿고 이해하고, 인내로서 받아들이고, 좋아하며 즐기고, 관찰할 수 있다면 이는 곧 아뇩다라삼먁삼보리의 수기를 받은 것입니다.

16 물러나지 않는 경지.

12 觀如來品第十二

爾時世尊問無垢稱言。善男子。汝先欲觀如來身故而來至此。汝當云何觀如來乎。無垢稱言。我觀如來都無所見。如是而觀。何以故。我觀如來非前際來非往後際現在不住。所以者何。我觀如來色真如性。其性非色受真如性。其性非受想真如性。其性非想行真如性。其性非行識真如性。其性非識。不住四界。同虛空界。非六處起。超六根路。不雜三界。遠離三垢。順三解脫。隨至三明。非明而明非至而至。至一切法無障礙際。實際非際。真如非如。於真如境常無所住。於真如智恒不明應。真如境智其性俱離。非因所生非緣所起。非有相非無相。非自相非他相。非一相非異相。非即所相非離所相。非同所相非異所相。非即能相非離能相。非同能相非異能相。非此岸非彼岸非中流。非在此非在彼非中間。非內非外非俱不俱。非已去非當去非今去。非已來非當來非今來。非智非境。非能識非所識。非隱非顯。非闇非明。無住無去。無名無相。無強無弱。不住方分不離方分。非雜染非清淨。非有為非無為。非永寂滅非不寂滅。無少事可示。無少義可說。無施無慳。無戒無犯。無忍無恚。無勤無怠。無定無亂。無慧無愚。無諦無妄。無出無入。無去無來。一切語言施為斷滅。非福田非不福田。非應供非不應供。非能執非所執。非能取非所取。非相非不相。非為非不為。無數離諸數。無礙離諸礙。無增無減。平等平等。同真實際。等法界性。非能稱非所稱超諸稱性。非能量非所量超諸量性。無向無背超諸向背。無勇無怯超諸勇怯。非大非小非廣非狹。無見無聞無覺無知。離諸繫縛蕭然解脫。證會一切智智平等。獲得一切有情無二。逮於諸法無差別性。周遍一切無罪無愆無濁無穢無所礙著。離諸分別無作無生。無虛無實無起無盡。無曾無當無怖無染。無憂無喜無厭無欣。一切分別所不能緣。一切名言所不能說。世尊如來身相如是。應如是觀。不應異觀。如是觀者名為正觀。若異觀者名為邪觀。

爾時舍利子白佛言。世尊。此無垢稱從何命終。而來生此堪忍世界。世尊告曰。汝應問彼。時舍利子問無垢稱。汝從何沒來生此土。無垢稱言。唯舍利子。汝於諸法遍知作證。頗有少法可沒生乎。舍利子言。唯無垢稱。無有少法可沒生也。無垢稱言。若一切法遍知作證無沒生者。云何問言。汝從何沒來生此土。又舍利子。於意云何。諸有幻化所作男女。從何處沒而來生此。舍利子言。幻化男女不可施設有沒生也。無垢稱言。如來豈不說一切法如幻化耶。舍利子言。如是如是。無垢稱言。若一切法自性自相如幻如化。云何仁者欻爾問言。汝從何沒來生此土。又舍利子。沒者即是諸行斷相。生者即是諸行續相。菩薩雖沒不斷一切善法行相菩薩雖生不續一切惡法行相。

爾時世尊告舍利子。有佛世界名曰妙喜。其中如來號為無動。是無垢稱為度眾生。從彼土沒來生此界。舍利子言。甚奇世尊。如此大士未曾有也。乃能捨彼清淨佛土。而來樂此多雜穢處。無垢稱曰。唯舍利子。於意云何。日光豈與世間闇冥樂相雜住。舍利子言。不也居士。日輪纔舉眾冥都息。無垢稱曰。日輪何故行贍部洲。舍利子言。為除闇冥作照明故。無垢稱曰。菩薩如是。為度有情生穢佛土。不與一切煩惱雜居。滅諸眾生煩惱闇耳。

爾時大眾咸生渴仰。欲見妙喜功德莊嚴清淨佛土無動如來及諸菩薩聲聞等眾。佛知眾會意所思惟。告無垢稱言。善男子。今此會中諸神仙等一切大眾咸生渴仰。欲見妙喜功德莊嚴清淨佛土無動如來及諸菩薩聲聞等眾。汝可為現令所願滿。

時無垢稱。作是思惟。吾當於此不起于座。以神通力速疾移取妙喜世界。及輪圍山園林池沼泉源谿谷大海江河。諸蘇迷盧圍繞峯壑。日月星宿天龍鬼神。帝釋梵王宮殿眾會。并諸菩薩聲聞眾等。村城聚落國邑王都。在所居家男女大小。乃至廣說。無動如來應正等覺。大菩提樹聽法安坐。海會大眾諸寶蓮華。往十方界為諸有情作佛事者。三道寶階自然涌出。從贍部洲至蘇迷頂。三十三天。為欲瞻仰禮敬供養不動如來及聞法故。從此寶階每時來下。贍部洲人為欲觀見三十三天園林宮室。每亦從此寶階而上。如是清淨妙喜世界。無量功德所共合成下從水際輪上至色究竟。悉皆斷取置右掌中。如陶家輪若花鬘貫。入此世界示諸大眾。

其無垢稱既作是思。不起于床入三摩地。發起如是殊勝神通。速疾斷取妙喜世界。置于右掌入此界中。彼土聲聞及諸菩薩人天大眾得天眼者。咸生恐怖俱發聲言。誰將我去。誰將我去。唯願世尊救護我等。唯願善逝救護我等。時無動佛為化眾生方便告言。諸善男子。汝等勿怖。汝等勿怖。是無垢稱神力所引非我所能。彼土初學人天等眾。未得殊勝天眼通者。皆悉安然不知不見。聞是語已咸相驚問。我等於今當何所往。妙喜國土雖入此界。然其眾相無減無增。堪忍世間亦不迫迮。雖復彼此二界相雜。各見所居與本無異。

爾時世尊釋迦牟尼告諸大眾。汝等神仙普皆觀見妙喜世界無動如來莊嚴佛土及諸菩薩聲聞等耶。一切咸言。世尊已見。時無垢稱即以神力。化作種種上妙天花及餘末香。與諸大眾令散供養釋迦牟尼無動如來諸菩薩等。於是世尊復告大眾。汝等神仙欲得成辦如是功德莊嚴佛土為菩薩者。皆當隨學無動如來本所修行諸菩薩行。

其無垢稱以神通力。示現如是妙喜界時。堪忍土中有八十四那庾多數諸人天等。同發無上正等覺心。悉願當生妙喜世界。世尊咸記皆當往生無動如來所居佛土。

時無垢稱。以神通力移取如是妙喜世界無動如來諸菩薩等。為欲饒益此界有情。其事畢已還置本處。彼此分離兩眾皆見。

爾時世尊告舍利子。汝已觀見妙喜世界無動如來菩薩等不。舍利子言。世尊已見。願諸有情皆住如是莊嚴佛土。願諸有情成就如是福德智慧圓滿功德。一切皆似無動如來。願諸有情皆當獲得自在神通如無垢稱。世尊。我等善獲勝利。瞻仰親近如是大士。其諸有情若但聞此殊勝法門。當知猶名善獲勝利。何況聞已信解受持讀誦通利廣為他說。況復方便精進修行。若諸有情手得如是殊勝法門。便為獲得法珍寶藏。若諸有情信解如是殊勝法門。便為紹繼諸佛相續。若諸有情讀誦如是殊勝法門。便成菩薩與佛為伴。若諸有情受持如是殊勝法門。便為攝受無上正法。若有供養學此法者。當知其室即有如來。若有書寫供養如是殊勝法門。便為攝受一切福德一切智智。若有隨喜如是法門。便為施設大法祠祀。若以如是殊勝法門一四句頌為他演說。便為已逮不退轉位。若善男子或善女人。能於如是殊勝法門。信解忍受愛樂觀察。即於無上正等菩提已得授記。

제13장

법공양품
法供養品

13 법공양품法供養品

이때 제석천(帝釋天)이 부처님께 여쭈었다.

세존이여, 저는 부처님과 문수사리로부터 수많은 법문을 들었으나 이처럼 불가사의하고 자재신변(自在神變)[1]하는 해탈법문은 들은 적이 없습니다. 저는 부처님께서 설한 뜻을 이렇게 이해합니다. 만약 중생이 이렇게 설한 법문을 듣고 믿고 이해하고 수지독송(受持讀誦)하고 철저히 사무치고 남을 위해 널리 설명해 준다면, 이러한 중생들은 훌륭한 법기(法器)[2]가 되리라는 건 결정코 의심의 여지가 없습니다. 하물며 이 법문을 이치대로 부지런히 닦아 익히는 것이겠습니까? 이같은 중생은 모든 악도(惡趣)의 험한 길을 막아버리고 모든 선도(善趣)의 평탄한 길을 열어젖혀서 늘 일체의 부처님과 보살들을 볼 것입니다. 모든 외도(外道)의 갖가지 다른 논의를 굴복시킬 것이고, 일체의 포악한 마군(魔軍)을 꺾을 것입니다. 깨달음의 길(菩提道)을 청정케 하여 묘각(妙覺)[3]에 안주해서 여래가 행한 길을 실천할 것입니다.

세존이여, 만약 중생들이 이렇게 설한 법문을 듣고 믿고 이해하고 수지독송하고 나아가 이치대로 부지런히 닦아 익힌다면, 저는 반드시 모든 권속을 데리고 그 선남자나 선여인들을 공경하고 공양하겠습니다.

세존이여, 만약 마을이나 성읍, 국왕의 수도 중에서 이 법문을 수지독송하고 뜻을 설명해 유통시키는 곳이 있다면, 마찬가지로 저는 모

1 자재는 구속되거나 걸리지 않고 자유로움을 말하고, 신변은 부처님이나 보살이 중생을 제도하기 위해 신통력을 보이는 것을 말함.

2 붓다의 가르침을 받아들일만한 그릇. 불도를 수행할만한 사람.

3 온갖 번뇌를 끊어버린 붓다의 경지. 보살 수행 52단계(位)에서 최후의 경지로서 불과(佛果)를 증득한다.

든 권속을 데리고 법을 들으러 그곳에 가겠습니다. 아직 믿지 못한 자들은 반드시 믿게 하고, 이미 믿고 있는 자들은 법대로 보호하여 어떤 장애나 난관도 없도록 하겠습니다.

세존께서 제석천에게 말했다.

훌륭하고 훌륭하다. 그대가 말한 그대로다. 그대는 이제 여래가 설한 이 미묘한 법문을 기뻐할 수 있구나.
제석천이여, 이렇게 알아야 한다. 과거, 현재, 미래의 부처님들이 지닌 아뇩다라삼먁삼보리는 모두 이 실제적인 법문 속에 대략적으로 드러나 있다. 이 때문에 선남자나 선여인들이 이 법문을 듣고 믿고 이해하고 수지독송하고 철저히 사무치고 남을 위해 널리 설명해주고 쓰고 베껴서 공양한다면, 이는 곧 과거, 현재, 미래의 부처님들을 공양하는 것이다.
또 제석천아, 이 삼천대천세계는 여래로 가득 차 있으니, 마치 감자밭 같고, 대나무 숲 같고, 갈대밭 같고, 삼밭 같고, 벼 심은 논 같고, 산림이 우거진 것과 같다. 예컨대 어떤 선남자나 선여인이 1겁이나 그 이상을 지나도록 모든 여래를 공경 존중하고 찬미하고, 또 천상계와 인간계의 온갖 다양한 공양물과 안락한 거처로 공양한다고 치자. 또 여래가 반열반에 든 후 한분 한분을 공양하고자 전신사리(全身舍利)[4]를 담은 칠보로 만든 사리탑을 세우는데, 그 탑의 넓이는 사대주(四大洲)만 하고 높이는 범천에까지 이르며 양산과 깃발과 깃대와 받침대와 향기 나는 꽃으로 장식되어 있다고 하자. 또 이렇게 칠보로 장엄한 한 분 한 분 여래의 사리탑을 세운 뒤 1겁이나 그 이상 동안 천상계와 인간계의 꽃다발, 타는 향, 바르는 향, 말향, 의복, 양산, 보배 깃발, 등불, 다양한 악기 등 갖가지 진귀한 공양물로

4 신골(身骨), 영골(靈骨). 6바라밀의 공덕이나 계율, 선정, 지혜를 닦음으로서 생긴다고 한다. 전신사리는 온 몸이 그대로 사리인 것. 화장한 뒤 낟알처럼 나오는 사리는 쇄신(碎身) 사리라 함.

여래를 공경 존중하고 찬미하고 공양한다고 치자.
그대는 어떻게 생각하는가, 이 선남자와 선여인이 이 인연으로 인해 많은 복을 얻겠는가?

제석천이 답했다.

매우 많습니다, 세존이여. 생각하기 어려울 정도입니다, 선서(善逝)여. 백천구지나유타 겁이라도 그 복의 양은 다 설할 수 없습니다.

부처님께서 제석천에게 말했다.

그렇도다. 내 지금 다시 그대에게 진실로 말하노라. 만약 선남자나 선여인이 이 불가사의하고 자재신변한 해탈법문을 듣고서 믿고 이해하고 수지독송하고 널리 설해서 얻은 복은 그보다도 훨씬 많다. 왜냐하면 부처님들의 아뇩다라삼먁삼보리가 이로부터 나왔기 때문이다. 법공양(法供養)[5]만이 이런 법문을 공양할 수 있지 재물로써는 불가능하다. 제석천아, 아뇩다라삼먁삼보리의 공덕이 많기 때문에 이 법을 공양하는 복도 매우 많다는 사실을 알아야 한다.

그리고 세존께서는 다시 제석천에게 말했다.

아득한 옛날 생각할 수도 없고 측량할 수도 없고 헤아릴 수도 없는 대겁 이전에 부처님이 세상에 나왔는데, 그 이름은 약왕여래(藥王如來), 응정등각(應正等覺), 명행족(明行足), 선서(善逝), 세간해(世間解), 무상사(無上師), 조어장부(調御丈夫), 천인사(天人師), 부처

5 공양이란 불법승 삼보나 중생, 부모님, 스승, 죽은 이들에게 무언가를 드리거나 바치는 것을 말하는데, 법 공양은 중생에게 법을 설하는 것을 뜻함.

(佛), 세존(世尊)[6]이었다. 그 부처님의 세계는 대엄(大嚴)이라 불렸으며, 겁의 이름은 엄정(嚴淨)이었다. 약왕여래는 20중겁동안 세상에 머물렀는데, 성문승은 36억나유타였으며 보살들은 12억나유타였다. 당시 전륜왕이 있었는데, 그 이름을 보개(寶蓋)라 하였다. 칠보(七寶)를 성취해 사대주(四大洲)를 다스렸으며, 천명이나 되는 자식들은 단정하고 용감해서 적군을 굴복시킬 수 있었다.

당시의 전륜왕 보개는 그 권속들과 함께 5중겁동안 약왕여래를 공경 존중하고 찬미하면서 받들어 섬겼다. 천상계와 인간계의 갖가지 뛰어나고 즐거운 공양물과 미묘하고 편안한 거처로써 약왕여래를 받들고 공양하면서 5겁을 지냈다. 당시 보개왕이 천명의 자식들에게 말했다.

'너희들은 명심하라. 나는 지금껏 약왕여래를 공양해왔다. 이제부터는 너희들이 나처럼 약왕여래를 받들고 공양해야 한다.'

천 명의 자식들은 기쁜 마음으로 부왕의 가르침을 받아들여 '그러겠습니다'라고 대답했다. 그리고는 5중겁동안 모두가 협동해서 권속들과 함께 약왕여래를 공경 존중하고 찬미하면서 받들어 섬겼다. 인간계와 천상계의 온갖 뛰어나고 즐거운 공양물과 갖가지 미묘하고 안락한 거처로써 약왕여래를 받들면서 공양하였다.

보개왕의 천 명의 왕자들 중 월개(月蓋)라는 왕자가 있었다. 그는 홀로 한가로운 곳에 살면서 이렇게 생각했다.

'우리는 지금 이토록 진중하고 경건하게 약왕여래를 공양하고 있다. 하지만 이보다 더 극진한 최상의 경건한 공양은 없는 것일까?'

그러자 부처님이 신통력으로 공중에서 마치 하늘이 소리를 내는 것처럼 말씀하셨다.

'월개여, 명심하라. 온갖 공양 중에서 법공양이 가장 훌륭한 것임을.'

월개 왕자가 여쭈었다.

'법공양이란 무엇을 말하는 것입니까?'

하늘이 월개 왕자에게 답했다.

6 이를 여래 10호(號)라 하며 붓다의 별칭들이다.

'그대는 약왕여래에게 가서 '세존이여, 법공양이란 무엇을 말하는 것입니까?'라고 여쭈어라. 그러면 부처님은 그대를 위해 충분히 설명해 주리라.'

월개 왕자는 하늘이 말하는 것을 들었다. 곧 약왕여래를 찾아가 두 발에 정중하게 절하고 오른쪽으로 세 번 돈 뒤 한쪽에 물러서서 여쭈었다.

'세존이여, 저는 모든 공양 중에서 법공양이 가장 훌륭하다고 들었습니다. 법공양이란 어떤 것입니까?'

약왕여래께서 월개 왕자에게 말씀하셨다.

'월개야, 명심하거라. 법공양이란 모든 붓다들이 설한 경전을 말한다. 미묘하고 깊고 깊어서 일체의 세간은 믿고 받아들이기가 지극히 어려우며 측량하기도 어렵고 보기도 어렵다.

유현(幽玄)하고 오묘하며 오염되지도 않았으며, 그 뜻은 완전해서 분별로서 알 수 있는 것이 아니다.

경전들은 보살장(菩薩藏)[7]을 내포하고 있으며, 다라니와 경전의 왕이라는 불인(佛印)[8]이 찍혀 있다.

불퇴전의 법륜을 분별해서 보여주며, 여섯 바라밀이 이로부터 일어났다.

중생의 응하는 바에 따라 순리대로 잘 교화하며,
보리분법(菩提分法)을 올바르게 행하고,
칠각지(七覺支)를 몸소 이끌어 내고,
대자대비를 변설하여 중생에게 보이고,
모든 중생들을 구원하고 안락케 하며,
온갖 마라의 잘못된 견해를 완전히 벗어났으며,
깊고 깊은 연기법(緣起法)을 잘 분별해 드러내며,
안으로 '나'가 없고(無我) 밖으로 중생이 없는 것을 판단하고,
이 둘 사이에 목숨 있는 자(壽命者)도 없고 양육하는 자(養育者)도

---

7 보살의 수행과 증득한 결과.

8 불심인(佛心印). 붓다의 깨달음 자체를 불심(佛心)이라 하고, 결정코 변하지 않는 것을 인(印)이라 한다.

없으니 궁극적으로 보특가라(補特伽羅)[9]의 성품이 없다.
또 공(空)과 무상(無相)과 무원(無願)과 무작(無作)과 무생(無生)과 상응하여 묘각(妙覺)의 자리를 마련하고 법륜을 굴릴 수 있으며,
천룡, 야차, 건달바들이 다 함께 존중하고 찬미하며,
중생들을 대법공양으로 인도하며,
중생의 대법공양이 성취되도록 하며,
일체의 성현이 다 채택하며,
모든 보살의 미묘한 수행을 개발하며,
진실한 법의 뜻(法義)이 귀결하는 바이며,
가장 뛰어난 무애(無碍)[10]가 이로부터 나왔으며,
모든 법을 무상(無常), 고(苦), 무아(無我), 적정(寂靜)으로 자세히 설하여 네 가지 법으로 요약하며,
일체의 탐욕과 계율을 범하는 것과 성냄과 게으름과 잘못된 생각과 나쁜 지혜와 공포와 온갖 외도의 삿된 이론과 나쁜 견해와 집착을 없애고,
모든 중생의 착한 법을 개발해서 그 세력을 증진시키며,
모든 악마의 군대를 쳐부순다.
모든 붓다와 성현들이 다 함께 칭송하는 것으로서 삶과 죽음의 큰 고통을 없앨 수 있으며, 열반의 큰 즐거움을 보일 수 있다. 삼세와 시방의 모든 붓다들은 다함께 이 경전을 설하고 있는 것이다.
이 경전을 즐겨 듣고 믿고 이해하고 수지독송하고 철저히 사무치고 심오한 뜻을 잘 사유 관찰하여 그 뜻을 명료히 하고 확고히 하고 눈앞에 현전하듯이 잘 분별해 보여주고, 다시 남을 위해 잘 설명해 주고, 마지막으로 능숙한 방편으로 정법을 수호한다면 이 모든 것이 소위 법공양인 것이다.
월개야, 법공양이란 이런 것이다.
법을 법답게 조복하는 것이며, 법을 법답게 행하는 것이다.

---

9 pudgala를 소리나는 대로 읽은 것. 개체, 개체성, 개인을 말하는데, 죽어서 다시 태어나는 주체. 즉 아(我)와 같은 의미.

10 걸림이 없이 자유로움.

연기(緣起)를 차례대로 관찰하면서 온갖 삿된 견해를 벗어나는 것이다.
무생법인을 닦아 익히는 것이다.
나도 없고 중생도 없다는 것을 깨닫는 것이다.
온갖 인연에 대해 거스리거나 다투지 않고 이의를 일으키지 않는 것이다.
내[我]와 내 것[我所]에 관한 온갖 소견을 벗어나는 것이다.
뜻[義]에 의지하지 문자[文]에는 의지하지 않는 것이다.
지혜[智]에 의지하지 알음알이[識]에는 의지하지 않는 것이다.
뜻을 완전히[了義] 설한 경전에 의지하지 뜻을 완전히 설하지 못한 [不了義] 세속의 경전에 의지해 집착을 일으키지 않는 것이다.
법의 본성(法性)에 의지하지 보특가라의 소견들에 의지하지 않는 것이다.
온갖 법을 그 성품(性)과 모습(相) 그대로 깨달아 이해하는 것이다.
갈무리하고 섭수함[藏攝]이 없는데 들어가 아알라야(阿賴耶)를 소멸시키는 것이다. 무명(無明)에서부터 늙고 죽음(老死)에 이르는 과정을 없애 근심 걱정 고통 번뇌를 제거하는 것이다.
이러한 12연기에 대한 관찰을 끝없이 일으켜 늘 지속하는 것이다.
중생들이 온갖 소견을 버리길 바라는 것이다.
이러한 것을 소위 최상의 법공양이라고 말한다.'

부처님께서 제석천에게 말씀하셨다.

월개 왕자는 약왕여래로부터 이같은 최상의 법공양 설법을 듣고서 순법인(順法忍)[11]을 얻었다. 그는 즉시 보석으로 장식된 보의(寶衣)

11 보살의 수행 단계를 복인(伏忍), 신인(信忍), 순인(順忍), 무생인(無生忍), 적멸인(寂滅忍)의 5인(忍)으로 분류하는데, 그 중 순인을 가리킴. 복인은 번뇌를 다스렸지만 아직 끊지는 못한 단계. 신인은 번뇌 없는 믿음을 얻은 단계. 순인은 이치에 순응하여 깨달음으로 향하는 단계. 무생인은 제법무생의 이치를 인전하고 안주하는 단계. 적멸인은 모든 미혹을 끊고 깨달음에 안주하는 단계.

를 벗고 약왕여래를 받들어 공양하면서 여쭈었다.
'세존이여, 바라건대 저는 부처님께서 열반에 든 뒤라도 정법을 받아들이고, 법공양을 드려 정법을 수호하고 싶습니다. 바라건대 여래께서는 신통력으로 더욱 더 도와주셔서 제가 아무 어려움 없이 마군을 항복시켜 정법을 수호하고 보살행을 닦게 하소서.'
약왕여래는 월개 왕자의 드높은 의락(意樂)을 알고서 이내 수기하면서 말씀하셨다.
'그대는 여래가 열반에 든 뒤라도 법성(法城)을 수호할 수 있으리라.'
왕자는 수기를 받자 너무나 기뻤다. 왕자는 약왕여래가 세상에 머물면서 가르친 성스러운 법에 대해 청정한 믿음을 일으켜 즉시 가법(家法)을 버리고 출가를 하였다. 출가한 뒤에도 왕자는 용맹정진하여 부지런히 착한 법을 닦았다. 부지런히 착한 법을 닦았기 때문에 출가한지 얼마 되지 않아 오신통을 얻었으며, 절대적이고 궁극적인 다라니와 끊임없이 미묘한 변설을 터득했다. 약왕여래가 열반에 든 뒤, 왕자는 자신이 터득한 신통과 지혜의 힘으로 10중겁동안 여래가 굴리는 법륜을 따라 굴렸다.
월개 비구는 만 10중겁동안 법륜을 굴리면서 정법을 수호했으며, 용맹정진으로 백천구지의 중생을 교화해서 아뇩다라삼먁삼보리에서 물러나지 않도록 했다. 14나유타의 중생을 교화해서 성문승과 독각승을 만들어 마음을 잘 다스리게 했으며, 한량없는 중생을 방편으로 잘 인도해서 천상세계에 나게 했다.

부처님께서 제석천에게 말씀하셨다.

당시의 전륜성왕 보개가 어찌 다른 사람이겠는가? 의심을 하거나 딴 생각을 하지 말라. 왜냐하면 바로 보염여래(寶焰如來)라고 알아야 하기 때문이다. 왕자 천 명은 현겁(賢劫)[12] 중에 1천 보살이 되어

12 세계가 이루어지고(成) 유지되고(住) 붕괴되고(壞) 텅 비는(空) 네 시기를 대겁(大劫)이라 하는데, 과거의 대겁을 장엄겁(莊嚴劫), 현재의 대겁을 현겁(賢劫), 미래의

차례차례 성불할 것이다. 처음으로 성불한 부처님의 명호는 크라쿠찬다(迦洛迦孫馱) 여래였으며, 마지막으로 성불한 부처님의 명호는 로차(盧至)라 불릴 텐데, 네 분은 이미 세상에 나왔고 나머지 분들은 앞으로 나올 것이다.

당시 법을 수호한 월개 왕자가 어찌 다른 사람이겠는가? 바로 나이다. 제석천이여, 명심하라. 나는 부처님들에게 드리는 일체의 공양 중에서 법공양이 가장 훌륭하다고 설했다. 법공양이야말로 가장 뛰어나고 가장 미묘하고 더 이상 위가 없는 것이다. 따라서 제석천아, 부처님에게 공양을 드리고 싶은 자는 반드시 법공양으로 해야지 재물로서 하지 말라.

대겁을 성수겁(星宿劫)이라 함. 또 현겁의 주겁(住劫) 때 석가모니 부처님 등 1천 부처님께서 출현하여 세상을 구원한다고 함.

13 說無垢稱經法供養品第十三

爾時天帝釋白佛言。世尊。我雖從佛及妙吉祥聞多百千法門差別。而未曾聞如是所說不可思議自在神變解脫法門。如我解佛所說義趣。若諸有情聽聞如是所說法門。信解受持讀誦通利廣為他說。尚為法器決定無疑。何況精勤如理修習。如是有情關閉一切惡趣險徑。開闢一切善趣夷塗。常見一切諸佛菩薩。降伏一切外道他論。摧滅一切暴惡魔軍。淨菩提道安立妙覺履踐如來所行之路。復言。世尊。若諸有情聽聞如是所說法門。信解受持乃至精勤如理修習。我當與其一切眷屬恭敬供養是善男子善女人等。世尊。若有村城聚落國邑王都受持讀誦開解流通此法門處。我亦與其一切眷屬。為聞法故共詣其所。諸未信者當令其信。諸已信者如法護持令無障難。

爾時世尊告天帝釋。善哉善哉。如汝所說。汝今乃能隨喜如來所說如是微妙法門。天帝當知。過去未來現在諸佛。所有無上正等菩提。皆於如是所說法門略說開示。是故若有諸善男子或善女人。聽聞如是所說法門。信解受持讀誦通利。廣為他說書寫供養。即為供養過去未來現在諸佛。又天帝釋。假使三千大千世界滿中如來。譬如甘蔗及竹葦麻稻山林等。若善男子或善女人。經於一劫或一劫餘。恭敬尊重讚歎承事。以諸天人一切上妙安樂供具一切上妙安樂所居。奉施供養於諸如來。般涅槃後供養一一全身舍利。以七珍寶起窣堵波。縱廣量等四洲世界。其形高峻上至梵天。表柱輪盤香花幡蓋。眾珍伎樂嚴飾第一。如是建立一一如來七寶莊嚴窣堵波已。經於一劫或一劫餘。以諸天人一切上妙花鬘燒香塗香末香衣服幡蓋寶幢燈輪眾珍伎樂種種供具。恭敬尊重讚歎供養。於意云何。是善男子或善女人。由此因緣獲福多不。天帝釋言。甚多世尊。難思善逝。百千俱胝那庾多劫。亦不能說其福聚量。佛告天帝。如是如是。吾今復以誠言語汝。若善男子或善女人。聽聞如是不可思議自在神變解脫法門。信解受持讀誦宣說所獲福聚甚多於彼。所以者何。諸佛無上正等菩提從此生故。唯法供養乃能供養如是法門。非以財物。天帝當知。無上菩提功德多故。供養此法其福甚多。

爾時世尊告天帝釋。乃往過去不可思議不可稱量無數大劫有佛出世。名曰藥王如來應正等覺明行圓滿善逝世間解無上丈夫調御士天人師佛世尊。彼佛世界名曰大嚴。劫名嚴淨。藥王如來壽量住世二十中劫。其聲聞僧有三十六俱胝那庾多數。其菩薩衆十二俱胝。時有輪王名曰寶蓋。成就七寶主四大洲。具足千子端嚴勇健能伏他軍。時王寶蓋與其眷屬。滿五中劫恭敬尊重讚歎承事藥王如來。以諸天人一切上妙安樂供具一切上妙安樂所居奉施供養過五劫已。時寶蓋王告其千子。汝等當知。我已供養藥王如來。汝等今者亦當如我奉施供養。於是千子聞父王教。歡喜敬受。皆曰善哉。一切協同滿五中劫。與其眷屬恭敬尊重讚歎承事藥王如來。以諸人天一切上妙安樂供具一切上妙安樂所居。奉施供養。

時一王子名為月蓋。獨處閑寂作是思惟。我等於今如是慇重恭敬供養藥王如來。頗有其餘恭敬供養最上最勝過於此不。以佛神力於上空中。有天發聲告王子曰。月蓋當知。諸供養中其法供養最為殊勝。即問。云何名法供養。天答月蓋。汝可往問藥王如來。世尊。云何名法供養。佛當為汝廣說開示。王子月蓋聞天語已。即便往詣藥王如來。恭敬慇懃頂禮雙足。右遶三匝却住一面白言。世尊。我聞一切諸供養中。其法供養最為殊勝。此法供養其相云何。

藥王如來告王子曰。月蓋當知。法供養者。謂於諸佛所說經典。微妙甚深似甚深相。一切世間極難信受難度難見。幽玄細密無染了義。非分別知菩薩藏攝。總持經王佛印所印。分別開示不退法輪。六到彼岸由斯而起。善攝一切所應攝受。菩提分法正所隨行。七等覺支親能導發。辯說開示大慈大悲。拔濟引安諸有情類。遠離一切見趣魔怨。分別闡揚甚深緣起。辯內無我外無有情。於二中間無壽命者。無養育者。畢竟無有補特伽羅性。空無相無願無作無起相應。能引妙覺能轉法輪。天龍藥叉健達縛等。咸共尊重稱歎供養引導衆生大法供養。圓滿衆生大法祠祀。一切聖賢悉皆攝受。開發一切菩薩妙行。真實法義之所歸依。最勝無礙由斯而起。詳說諸法無常有苦無我寂靜。發生四種法嗢拕南。遣除一切慳貪毀禁瞋恨懈怠妄念惡慧驚怖一切外道邪論惡見執著。開發一切有情善法增上勢力。摧伏一切惡魔軍衆。諸佛聖賢共所稱歎。能除一切生死大苦。能示一切涅槃大樂。三世十方諸佛共說。於是經典若樂聽聞信解受持讀誦通利。思惟觀察甚深義趣。令其顯著施設安立。分別開示明了現前。復廣為他宣揚辯說。方便善巧攝護正法。如是一切名法供養。

復次月蓋。法供養者。謂於諸法如法調伏。及於諸法如法修行。隨順緣起離諸邪見。修習無生不起法忍。悟入無我及無有情。於諸因緣無違無諍不起異議。離我我所無所攝受。依趣於義不依於文。依趣於智不依於識。依趣了義所說契經。終不依於不了義說。世俗經典而生執著。依趣法性終不依於補特伽羅見有所得。如其性相悟解諸法。入無藏攝滅阿賴耶。息除無明乃至老死。息除愁歎憂苦熱惱。觀察如是十二緣起。無盡引發常所引發。願諸有情捨諸見趣。如是名為上法供養。

佛告天帝。王子月蓋。從藥王佛聞說如是上法供養。得順法忍。即脫寶衣諸莊嚴具。奉施供養藥王如來。白言。世尊。我願於佛般涅槃後攝受正法。作法供養護持正法。唯願如來。以神通力哀愍加威。令得無難降伏魔怨。護持正法修菩薩行。藥王如來既知月蓋增上意樂。便記之曰。汝於如來般涅槃後能護法城。時彼王子得聞授記歡喜踊躍。即於藥王如來住世聖法教中。以清淨信棄捨家法趣於非家。既出家已勇猛精進修諸善法。勤修善故。出家未久獲五神通。至極究竟得陀羅尼無斷妙辯。藥王如來般涅槃後。以其所得神通智力。經十中劫隨轉如來所轉法輪。月蓋苾芻滿十中劫。隨轉法輪護持正法。勇猛精進安立百千俱胝有情。令於無上正等菩提得不退轉。教化十四那庾多生。令於聲聞獨一覺乘心善調順。方便引導無量有情令生天上。

佛告天帝。彼時寶蓋轉輪王者。豈異人乎。勿生疑惑莫作異觀。所以者何。應知即是寶焰如來。其王千子。即賢劫中有千菩薩次第成佛。最初成佛名迦洛迦孫駄如來。最後成佛名曰盧至。四已出世餘在當來。彼時護法月蓋王子。豈異人乎。即我身是。天帝當知。我說一切於諸佛所設供養中。其法供養最尊最勝。最上最妙最為無上。是故天帝欲於佛所設供養者。當法供養無以財物。

제14장

촉루품
囑累品

14 촉루품囑累品

이 때 부처님께서 미륵보살에게 말씀하셨다.

내 이제 한량없고 헤아릴 수 없는 백천구지나유타 겁 동안 쌓아온 아뇩다라삼먁삼보리를 유통하는 대법을 그대에게 부촉하노라. 이 경전은 부처님의 위신력에 의해 유지되며, 부처님의 위신력이 수호하는 바이다. 그대는 여래가 열반에 든 뒤라도 이 오탁악세(五濁惡世)에서 그대의 신통력으로 지키고 수호해서 이 섬부주(贍部洲)에 널리 유포시켜 은폐되거나 소멸되지 않도록 하라.
왜냐하면 미래 세상의 선남자나 선여인들, 천룡, 야차, 건달바들은 한량없는 선근을 심어 아뇩다라삼먁삼보리의 마음을 일으킬 것이기 때문이다. 하지만 이 경전을 듣지 못하게 되면 한량없는 이익을 상실하게 될 것이다. 그러나 이 경전을 들을 수만 있다면 틀림없이 경전을 믿고, 기쁜 마음을 내고, 큰 절로서 받아들일 것이다. 내 이제 저 선남자 선여인들을 그대에게 부촉하나니, 그대는 반드시 그들의 생각을 보호하여 이 경전을 듣고 배우는데 장애나 난관이 없도록 하라. 또 이렇게 설한 법문을 널리 유포시켜라.
미륵아, 명심하라. 두 종류의 보살의 상인(相印)[1]이 있다. 무엇이 두 가지 상인인가?
첫째 갖가지로 꾸미는 문자나 언구(言句)의 상인을 믿고 즐기는 것이며, 둘째 깊고 깊은 법문을 두려워하지 않고 그 성품과 모습 그대로 깨달아 들어가는 상인이다. 만약 보살들이 갖가지로 꾸미는 문자나 언구를 존중해서 믿고 즐긴다면, 이는 처음 배우는 보살이라고 알아야 한다. 그러나 보살들이 아주 심오하고 오염이나 집착이 없는 불가사의하고 자재신변한 해탈법문과 미묘한 경전을 아무 두려움 없이 공포 없이 다 듣고 나서 믿고 이해하고 수지독송하고 남들에게

1 표장(標章)이란 뜻. 여기서는 범주, 표징의 뜻.

널리 설명해주고 바르게 깨달아 들어가고 정진수행을 해서 세간을 벗어난 청정한 믿음과 즐거움을 얻을 수 있다면, 이는 배움이 오래된 보살이라고 알아야 한다.

미륵아, 명심하라. 네 가지 요인 때문에 처음 배우는 보살은 스스로를 해치면서 심오한 법인(法忍)을 획득하질 못한다. 그 네 가지는 무엇인가? 첫째 전혀 들은 적이 없는 심오한 경전을 처음 듣고 나서는 경악과 의심 때문에 기쁜 마음을 내지 못하는 것이다. 둘째 이미 경전을 듣고 나서는 비방하고 깔보면서 '난 이 경전을 예전엔 듣지 못했는데 어디서 온 것일까'라고 말하는 것이다. 셋째, 이 심오한 법문을 받아들여 널리 설하는 선남자를 보아도 가까이하거나 공경하거나 예배하길 좋아하지 않는 것이다. 넷째, 나중에 가서도 깔보고 비방하고 욕하고 미워하고 질투하는 것이다.

이 네 가지 요인 때문에 처음 배우는 보살은 스스로를 해치면서 심오한 법인을 획득하질 못한다.

미륵아, 명심하라. 네 가지 이유로 심오한 법문을 믿고 이해하는 보살도 스스로를 해치면서 조속히 무생법인을 증득하질 못한다. 네 가지란 무엇인가? 첫째 대승의 마음을 냈지만 갓 수행에 들어간 처음 배우는 보살을 경멸하는 것이다. 둘째 그들을 받아들이고 가르쳐주고 깨우쳐주는 것을 즐거워하지 않는 것이다. 셋째 심오하고 광대한 배움을 깊이 존경하지 않는 것이다. 넷째 중생들에게 세간의 재물을 베풀기를 즐길 뿐 세간을 벗어난 청정한 법을 베풀지 않는 것이다.

이 네 가지 이유 때문에 심오한 법문을 믿고 이해하는 보살도 스스로를 해치면서 조속히 무생법인을 증득하질 못한다.

미륵보살은 부처님의 말씀을 다 듣고 기쁨에 차서 부처님에게 여쭈었다.

세존께서 설한 것은 너무나 희귀하고, 여래께서 말한 것은 너무나 미묘합니다. 이제부터 저는 부처님께서 제시한 보살의 과실을 벗어나도록 하겠습니다. 여래가 지닌 한량없고 헤아릴 수 없는 백천구지나유타 겁 동안 모은 아뇩다라삼먁삼보리의 대법을 저는 반드시 수호하여 은폐되거나 소멸되지 않도록 하겠습니다. 만약 미래 세상의 선남자 선여인이 대승을 찾아 배우는 참된 법기(法器)라면 저는 반드시 그들의 손이 이 심오한 경전을 잡도록 하겠으며, 염력(念力)을 주어 이 경전을 수지독송하고 쓰고 베끼고 공양하고 전도(顚倒)됨 없이 수행하고 남을 위해 널리 설하게 하겠습니다.
세존이여, 후세에 이 경전을 듣고서 믿고 이해하고 수지독송하고 전도됨 없이 수행하고 남을 위해 널리 설명하는 이가 있다면, 저는 반드시 저의 위신력으로 수호하겠습니다.

세존이 말했다.

착하도다, 착하도다. 그대가 이토록 착하니, 여래의 뛰어난 설법을 기뻐할 수 있고, 여래의 정법을 받아들여 수호할 수 있으리라.

이때 이 세계와 다른 세계에서 온 보살들이 다 같이 합장하면서 함께 말했다.

세존이여, 저희들도 여래가 열반에 든 뒤라도 제각기 다른 불국토로부터 이곳에 와서 여래의 아뇩다라삼먁삼보리의 대법을 수호하고 그 대법이 은폐되거나 소멸되지 않도록 널리 유포하겠습니다. 만약 선남자 선여인이 이 경전을 듣고나서 믿고 이해하고 수지독송하고 전도됨 없이 수행하고 남을 위해 널리 설한다면, 저는 반드시 그들을 수호하고 염력을 줘서 장애나 난관이 없도록 하겠습니다.

또 대중들 중에서 사대천왕(四大天王)[2]도 다 같이 합장하면서 똑같

2 사천왕이라고도 하고 호세사천왕(護世四天王)이라고도 함. 수미산을 둘러싼 사천하를 수호하는 천신으로 동쪽의 지국천왕(持國天王), 남쪽의 증장천왕(增長天王), 서

은 목소리로 붓다에게 말했다.

> 세존이여, 마을이나 성, 부락, 성읍, 왕의 수도 중에서 이러한 법문이 유행하는 곳이 있다면, 우리들은 반드시 권속들과 대장군(大力將) 및 군대를 이끌고 법을 들으러 그곳에 가겠습니다. 그리하여 이 법문과 이 법문을 잘 설하고 수지독송할 수 있는 자를 수호하겠습니다. 사방 백 요자나까지는 마라가 틈을 타서 엿보지 못하도록 모두를 편안케 해서 장애나 난관이 없도록 하겠습니다.

그러자 세존께서 다시 아난다에게 말씀하셨다.

> 그대는 이 법문을 잘 받아 지녀야 한다. 그리고 남을 위해 널리 설하고 유포시켜야 한다.

아난다가 말했다.

> 저는 이미 이 법문을 받아 지니고 있습니다. 세존이여, 이렇게 설한 법문의 이름을 무엇이라 할까요? 제가 어떤 이름으로 불러야 할까요?

세존께서 말씀하셨다.

> 그 명칭을 '무구칭이 불가사의(不可思議)하고 자재신변(自在神變)한 해탈법문을 설하다'라고 하라. 반드시 이렇게 이름 붙여야 한다.

쪽의 광목천왕(廣目天王), 북쪽의 다문천왕(多聞天王)을 말함.

바가반(薄伽梵)[3]이 이 경전을 다 설하자 무구칭 보살, 문수사리 보살, 아난다와 그 밖의 보살, 대성문들, 천신과 인간, 아수라 등이 부처님의 설법을 듣고 모두 크게 기뻐하면서 믿음으로 받아 지니고 받들어 행하였다.

3 bhagavat를 소리나는 대로 읽은 것. 바가바(婆伽婆)라고도 하며 위대한 자, 번뇌를 이긴 자라는 뜻. 번역해서 세존(世尊)이라고 함.

⑭ 說無垢稱經囑累品第十四

爾時佛告慈氏菩薩。吾今以是無量無數百千俱胝那庾多劫所集無上正等菩提所流大法付囑於汝。如是經典佛威神力之所住持。佛威神力之所加護。汝於如來般涅槃後五濁惡世。亦以神力住持攝受。於贍部洲廣令流布無使隱滅。所以者何。於未來世。有善男子或善女人。天龍藥叉健達縛等。已種無量殊勝善根已於無上正等菩提。心生趣向勝解廣大。若不得聞如是經典。即當退失無量勝利。若彼得聞如是經典。必當信樂發希有心歡喜頂受。我今以彼諸善男子善女人等付囑於汝。汝當護念令無障難。於是經典聽聞修學。亦令如是所說法門廣宣流布。慈氏當知。略有二種菩薩相印。何等為二。一者信樂種種綺飾文詞相印。二者不懼甚深法門如其性相悟入相印。若諸菩薩尊重信樂綺飾文詞。當知是為初學菩薩。若諸菩薩於是甚深無染無著不可思議自在神變解脫法門微妙經典無有恐畏。聞已信解受持讀誦。令其通利廣為他說。如實悟入精進修行。得出世間清淨信樂。當知是為久學菩薩。慈氏當知略由四緣初學菩薩為自毀傷不能獲得甚深法忍。何等為四。一者初聞昔所未聞甚深經典。驚怖疑惑不生隨喜。二者聞已誹謗輕毀。言是經典我昔未聞從何而至。三者見有受持演說此深法門善男子等。不樂親近恭敬禮拜。四者後時輕慢憎嫉毀辱誹謗。由是四緣初學菩薩為自毀傷不能獲得甚深法忍。

慈氏當知。略由四緣信解甚深法門菩薩。為自毀傷不能速證無生法忍。何等為四。一者輕蔑發趣大乘未久修行初學菩薩。二者不樂攝受誨示教授教誡。三者甚深廣大學處不深敬重。四者樂以世間財施攝諸有情。不樂出世清淨法施。由是四緣信解甚深法門菩薩。為自毀傷不能速證無生法忍。

慈氏菩薩聞佛語已。歡喜踊躍而白佛言。世尊所說甚為希有。如來所言甚為微妙。如佛所示菩薩過失。我當悉皆究竟遠離。如來所有無量無數百千俱胝那庾多劫所集無上正等菩提所流大法。我當護持令不隱滅。若未來世。諸善男子或善女人。求學大乘是真法器。我當令其手得如是甚深經典。與其念力。令於此經受持讀誦究竟通利書寫供養無倒修行廣為他說。世尊。後世於是經典。若有聽聞信解受持讀誦通利無倒修行廣為他說。當知皆是我威神力住持加護。世尊告曰。善哉善哉。汝為極善乃能隨喜如來善說。攝受護持如是正法。

爾時會中所有此界及與他方諸來菩薩。一切合掌俱發聲言。世尊。我等亦於如來般涅槃後。各從他方諸別世界皆來至此。護持如來所得無上正等菩提所流大法。令不隱滅廣宣流布。若善男子或善女人。能於是經聽聞信解受持讀誦究竟通利無倒修行廣為他說。我當護持與其念力令無障難。

時此眾中四大天王。亦皆合掌同聲白佛。世尊。若有村城聚落國邑王都如是法門所流行處。我等皆當與其眷屬并大力將率諸軍眾。為聞法故往詣其所。護持如是所說法門及能宣說受持讀誦此法門者。於四方面百踰繕那。皆令安隱無諸障難。無有伺求得其便者。

爾時世尊復告具壽阿難陀曰。汝應受持如是法門廣為他說令其流布。阿難陀曰。我已受持如是法門。世尊如是所說法門。其名何等。我云何持。世尊告曰。如是名為說無垢稱不可思議自在神變解脫法門。應如是持。時薄伽梵說是經已。無垢稱菩薩。妙吉祥菩薩。具壽阿難陀及餘菩薩大聲聞眾并諸天人阿素洛等。聞佛所說。皆大歡喜。信受奉行。

번역 장순용

고려대학교 사학과를 졸업하고 동대학원 철학과를 수료하였다. 민족문화추진회 국역연수원과 태동고전연구소 지곡서당을 수료한 뒤 보림선원 백봉 김기추 거사 문하에서 불법佛法을 참구하였다.

역서로는 ≪한위양진남북조 불교사≫, ≪반야심경과 생명의학≫, ≪신화엄경론≫, ≪화엄론절요≫, ≪설무구칭경≫ 등 다수가 있고, 편저로는 ≪십우도≫, ≪도솔천에서 만납시다≫, ≪허공법문≫ 등이 있다.

설무구칭경說無垢稱經

초판 인쇄 2017년 11월 3일
초판 발행 2017년 11월 10일

번　　역 | [唐] 현장玄奘
번　　역 | 장순용
펴 낸 이 | 하운근
펴 낸 곳 | 學古房

주　　소 | 경기도 고양시 덕양구 통일로 140 삼송테크노밸리 A동 B224
전　　화 | (02)353-9908 편집부(02)356-9903
팩　　스 | (02)6959-8234
홈페이지 | http://hakgobang.co.kr/
전자우편 | hakgobang@naver.com, hakgobang@chol.com
등록번호 | 제311-1994-000001호

ISBN 978-89-6071-711-4 93220

값 : 18,000원

이 도서의 국립중앙도서관 출판예정도서목록(CIP)은 서지정보유통지원시스템 홈페이지(http://seoji.nl.go.kr)와 국가자료공동목록시스템(http://www.nl.go.kr/kolisnet)에서 이용하실 수 있습니다. (CIP제어번호 : CIP2017028567)

■ 파본은 교환해 드립니다.